설레는 마음으로 오늘도 걷습니다

서종택 선禪 에세이

설레는 마음으로 오늘도 걷습니다

참 나를 만나는 걷기 명상

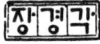

서문

⋮

2004년 4월 12일, 그날을 어제 일처럼 기억합니다. 상급 관청에 가서 회의를 마치고 돌아오는데 갑자기 속이 메슥거리며 전신에 힘이 모두 빠져나간 듯 나른했습니다. 기운이 없어서 차 안에 한참 앉아 있었습니다. 보이는 풍경이 모두 보풀이 일어나는 것처럼 가장자리가 희미하게 보였습니다.

차에서 내려 걸음을 걷는데 계속 메슥거리고 약간 비틀거리며 걸었습니다. 이게 뭐지? 왜 이래? 토하고 나자 갑자기 세상이 빙빙 도는 듯했습니다. 머리를 스치고 지나가는 생각은 '이게 중풍인가?'였습니다. 그것은 죽음 쪽에서 삶을 역광으로 바라보는 것과 같은 것입니다.

병원을 두 곳 거치고 MRI를 찍은 끝에 나의 병은 '어지럼증'으로 판명이 났습니다. 이렇게 해서 17년이라는 기나긴 세월 동안 나를 괴롭힌 어지럼증에 시달리게 된 것입니다. '어지럼증'이 되풀이될 때마다 죽음에 대한 공포가 엄습했습니다. 죽음에 대한 공포는 일종의 공황에 가깝습니다.

살아가기 위해서는 뭔가 거점이 필요했습니다. 마음을 편안하게 하려고 의학 관련 서적과 종교 서적을 닥치는 대로 읽었습니다. 이 책은 그 과정에서 거둔 결실입니다.

※

과학 서적들을 읽으면서 알려지지 않은 무언가를 추적해서 알려진 것이 나오면, 고통이 줄어들고, 마음이 진정되며, 힘을 얻었다는 느낌이 들었습니다. 어느 순간, 아, 이것이 문제였구나 싶은 착지점을 찾았습니다. 착지할 차원을 발견하자 나는 스스로 눈을 떴다고 믿었습니다.

호흡과 긴장 이완, 이 두 가지의 착지점은 찾았지만 아는 것만으로는 기분만 그럴듯했지 실제로 호흡이 느려지고 긴장이 이완되지는 않았습니다. 읽는 것만으로는 레벨업이 되지 않았습니다. '기분'을 넘어선 '경지'를 만드는 게 중요한데 경지는 마음의 영역이라 과학만으로는 도달할 수 없었습니다.

많은 사람의 고뇌는 미래를 알지 못해 두려워하는 것 때문에 일어납니다. 병으로 인한 고통조차도 현재의 병 자체보다도 '이제부터 더 나빠지지는 않을까? 죽지는 않을까?' 하는 쓸데없는 걱정 때문에 고통이 더해지고, 병이 더 악화되는 경우가 많은 것입니다.

　인간은 고통에 시달리면 허무와 죽음의 세계에서 자신을 바라보게 됩니다. 모든 종교도 죽음 쪽에서 인생을 바라봅니다. 종교의 목표는 괴로움에서 벗어나는 것입니다. 불안과 두려움에서 벗어날 수 있다면 그것은 과학이나 철학을 통해서가 아니라 종교를 통해서일 것이고, 허구적 자아상에서 벗어나는 관조를 통해서일 것입니다.
　깨달음을 얻은 사람의 어록(語錄)을 읽는 것만으로도, 고뇌의 대부분이 사라집니다. 그것은 심리적인 망아(忘我)의 경지에 가깝습니다. 자아가 없어지면 자신과 세계가 하나임을 알게 됩니다. 자신과 세계가 하나라는 그 절대적 자유에서 생기는 힘을 '생기(生氣)'라고 불러도 좋을 것입니다. 이 생기에서 우리는 '가볍고 편안한 마음'을 얻습니다.
　이 책은 그렇게 '가볍고 편안한 마음'을 찾아가는 여정을 그렸습니다. 개체의 경계를 뛰어넘는 관점을 하나라도 확보한다면 독자 여러분도 각자 자신만의 생기를 찾을 수 있을 것입니다.

※

    2021년, 당시 월간 『고경』의 조병활 편집장으로부터 연재 청탁을 받았을 때, 마음의 평온을 찾기 위한 지난 17년간의 경험에서 얻은 것을 써보고 싶었습니다. 3년 7개월, 연재하는 동안 읽어 주고 격려해 준 독자들에게 깊은 감사를 드립니다.

    『고경』 연재가 끝나자마자 단행본으로 출간하자고 제안해 준 성철사상연구원의 서재영 원장과 상경긱 편집부 정길수 선생에게 고마움을 전하고 싶습니다. 불교 서적 출판사로서 명망이 있는 장경각에서 책을 내게 되어 기쁩니다.

    이 작은 책을 독자 여러분에게 봉헌하면서 삼가 만나뵙기를 청합니다.

2025년 8월, 독락당(讀樂堂)에서
서종택

차례

서문 … 4

1부_ 나는 숨긴 게 없습니다

사람마다 나름의 꽃을 피우나니 _ 와룡산 용미봉　　… 15
꿈에서 깨어나서 본다면 _ 모란꽃　　… 23
꽃은 아무런 분별도 하지 않는다네 _ 분꽃　　… 31
한 생각 찰나에 무량세월 들어 있네 _ 북지장사 참나리꽃　　… 39
아무것도 숨긴 게 없다네 _ 두리봉 꽃향유　　… 46
꽃은 저 혼자 피었다 지네 _ 국립백두대간수목원　　… 54
여기 오길 참 잘했네요 _ 사유원　　… 62

2부_ 나는 즐겁게 바위 속에 앉아 있네

무정설법을 듣는 기쁨, 그 순간의 떨림 _ 왕건길 대곡지	⋯ 73
이 한 번의 넘어짐! _ 동화천	⋯ 81
말을 떠난 슬픔과 미소 사이에서 _ 와룡산 용미봉	⋯ 89
본래면목을 모르는 헛똑똑이들 _ 공암 풍벽	⋯ 97
그냥 물이죠, 뭐 _ 욱수골	⋯ 105
나는 즐겁게 바위 속에 앉아 있네 _ 영덕 블루로드	⋯ 113
천 줄기 눈물만 흐르네 _ 천생산 미덕암	⋯ 121
기차를 타고 바다로 _ 청하 월포리	⋯ 130
산다는 것은 멋진 일 _ 낙동강변	⋯ 137
설레는 마음으로 오늘도 걷습니다 _ 화원유원지	⋯ 145
뻐꾸기 울음이 큰 대나무를 채우네 _ 죽곡 댓잎소리길	⋯ 153
산은 산이요, 물은 물이다 _ 옻골마을	⋯ 160
말 없는 곳에 근심도 없도다 _ 최정산	⋯ 168
아득하게 먼 곳을 향해 _ 앞산 자락길	⋯ 176

3부_ 말로 하고자 하니 이미 말을 잊었네

빗소리가 들려도 괘념치 말게나 _ 운문사 솔바람길 ① ··· 187
움직이는 것은 그대들의 마음일 뿐 _ 운문사 솔바람길 ② ··· 194
참새와 목수는 처마 밑에서 운다 _ 고운사 ··· 202
깊은 밤 절집에 말없이 앉았으니 _ 봉암사 ··· 209
나비야, 청산 가자 _ 남지장사 ··· 218
"소옥아, 소옥아" 부르는 소리 _ 부석사 ··· 226
"돌아다니지 말그래이!" _ 파계사 성전암 ··· 234
바람 없는 곳에 바람이 통하나니 _ 수도암 인현왕후길 ··· 243
배고프면 밥 먹고 졸리면 잠잔다 _ 은해사 운부암 ··· 251
죽은 뒤에는 소가 되리라 _ 팔공산 내원암 ··· 259
포대화상, 그 유쾌한 삶의 방식 _ 중국 대자은사 ··· 267

4부_ 나는 차 달이며 평상에 앉았다네

탓 트밤 아시, 네가 곧 그것이다 _ 일본 교토 텐류지 ··· 277

인간은 울기 위해 태어났습니다 _ 일본 교토 시센도, 철학의 길 ··· 284

구름은 하늘에 있고 물은 물병 속에 있다네 _ 부모님 신소 ··· 293

얼굴 좀 펴게나 올빼미여, 이건 봄비가 아닌가 _ 인천 송도 ··· 301

님하, 그 물을 건너지 마오 _ 삼성현역사문화관 ··· 308

자연인이 된 옛친구가 못내 좋아서 _ 함양군 안의 ··· 317

그렇다면 밥그릇은 씻었는가? _ 봉암사 공양 ··· 325

나의 시가 내 얼굴을 환히 밝혀준다면 ··· 334

자, 차나 한 잔 할까요? ··· 342

1부 —— 나는 숨긴 게 없습니다

사람마다 나름의 꽃을 피우나니

⋮

와룡산 용미봉

어떤 운동을 하든 자신의 호흡을 관찰하고 자신의 한계 안에서 해야 합니다. 확실하게 자신의 한계 안에서 운동하는 가장 좋은 방법은 코로 호흡하는 것입니다. 입으로 호흡해야 한다면 자신의 한계를 넘은 것입니다. 그래서 경사가 급해지면 더욱 천천히 올라가야 합니다.

어떤 이유로든 몸을 무리하게 움직였을 때마다 큰 대가를 치르곤 하였습니다. 그런데 몸을 움직이는 그 어떤 일이 즐거움이 되는 때가 있습니다. 산행은 그런 즐거움 가운데 하나입니다.

한적한 산길, 길가에 수줍은 듯 피어 있는 진달래꽃도 천천히 바라보면 가슴속으로 스며듭니다. 이 행복감은 분명 생명 그 자체가 주는 기쁨이라고 할 수 있겠습니다. 비탈길을 올라가면 벚꽃 터널이 나타납니다. 벚꽃 터널 아래로 지나가는 사람들은 모두 행복해 보입니다.

　잎이 나기 전에 꽃이 먼저 피는 나무는 왕벚나무입니다. 최초의 한 그루에서 번식한 왕벚나무들이라면 모두 같은 특징을 지니고 있어 일제히 꽃을 피웠다가 한꺼번에 집니다. 그 때문에 꽃이 질 때, 마치 눈 내리듯 흩날리며 이름나운 사태를 뽐냅니다.

　활짝 피었다가 어느새 일제히 지고 마는 벚꽃에서 우리는 인생무상을 느낍니다. 벚꽃을 보면서 사람들은 덧없는 인생에서 애상(哀傷)이라는 미학을 발견했던 것입니다. 길 가다가 아주 아름다운 여인을 만나면 몰래 뒤돌아보게 됩니다. 벚꽃 터널을 지난 다음에도 몰래 뒤돌아보며 그 여운을 간직하려 합니다.

　이제 막 피어나는 벚꽃 구름은 우리 마음을 구름처럼 산속으로 떠다니게 합니다. 저기 저 벚꽃 구름은 벚꽃 속에 있을 때는 보이지 않는답니다. 무엇이든지 거기서 벗어났을 때 비로소 그것의 진정한 모습을 알아차리게 됩니다.

　와룡산 용미봉은 해발 220m의 낮은 산이지만 봄날에는 보기 드문 꽃 잔치가 벌어집니다. 정상에서 조금 내려가면 진달래꽃 잔치가 펼쳐집니다. 터질 듯 피어난 꽃들을 바라보노라면 우리 마음도 터질 듯이 부풀어 오릅니다.

　계절 따라 자기 차례가 오면 말없이 피는 꽃의 마음을 배우는 것이 화도(花道)입니다. 꽃을 피웠다면 열매를 맺어야 하고, 아직 피지 못했다면 언젠가는 피어납니다. 사람도 저마다 차이는 있을지언정 그 사람 나름의 꽃은 반드시 피어납니다.

어느 정도 내려와 문득 고개를 들고 보니 능선이 불타는 것처럼 붉게 타오릅니다. 꽃들은 스스로 열리고 자신의 색으로 물들면서 우리를 깊은 곳으로 이끌고 갑니다. 보세요. 아, 아, 끌어안고 울고 싶을 만큼 아름다운 풍경입니다.

진달래꽃을 보고 있자니 문득 100년 전에 김소월(1902~1934)이 쓴 「진달래꽃」이 생각납니다.

나 보기가 역겨워
가실 때에는
말없이 고이 보내 드리우리다

영변에 약산
진달내꼿
아름 따다 가실 길에 뿌리우리다

가시는 걸음걸음
놓인 그 꽃을
사뿐히 즈려밟고 가시옵소서

나 보기가 역겨워

가실 때에는

죽어도 아니 눈물 흘리우리다

- 김소월, 『진달내꼿』, 1925.

    100년 전에 이 시가 처음 발표되었을 때 사람들은 얼마나 놀랐을까요. 사람들은 이 시를 읽고 비로소 진달래꽃과 이별에 눈을 떴다고도 할 수 있겠지요. 지나간 100년 동안 수많은 사람이 이 시를 읽으면서 마음이 아련해지는 것을 느꼈을 겁니다.

    이 시는 글자 그대로 읽으면 작품이 참뜻을 잃고 허무한 시가 되고 맙니다. 시인의 속마음과는 반대되는 반어법으로 이 시가 표현되어 있다는 것을 알아차릴 때, 비로소 거기에서 깊은 정감이 생겨납니다. '가시는 걸음걸음 / 놓인 그 꽃을 / 사뿐히 즈려밟고 가시옵소서' 이 한마디는 실로 사람을 아연하게 만듭니다. 시인이 뿌려놓은 진달래꽃이 마치 비수처럼 빛납니다.

    하지만 사랑은 원래 쉬 변하는 것이 아니던가요? 단지 세월이 흐른 뒤 문득 뒤돌아봤을 때 아련한 그리움만 남는 것, 사랑이란 원래 그런 것이 아니었나요? 생사와 이별은 삶에서 가장 큰 일이지만 우리 마음대로 할 수 없는 일입니다.

    일본에서는 벚꽃을 두고 수많은 시와 노래, 그림과 이야기가 풍부하게 만들어졌습니다. 벚꽃은 어렴풋한 흔적을 남기며 생멸하는 시각적 은유입니다. 벚꽃은 일본 문화에서 가장 설득력 있는, 그리고 어쩌면 가장 상투적인 이미지이기도 합니다.

어느 날 신카이 마코토(1973~)는 한 여성 팬으로부터 이런 메일을 받았습니다.

"알고 계신가요? 초속 5센티미터. 벚꽃 잎이 떨어지는 속도."

애니메이션 『초속 5센티미터』(2007)는 이 한 통의 메일로 시작되었습니다. 나중에 실제 벚꽃 잎이 떨어지는 속도는 그보다 훨씬 빠르다는 게 밝혀졌지만, 이 제목이 주는 로맨틱함을 살려 영화로 만들었고, 다 아시는 바와 같이 대성공을 거두었습니다.

매년 벚꽃은 기껏 일주일 정도 핍니다. 갑자기 비가 오거나 바람이 불면 섬세한 분홍빛 꽃은 금세 다 지고 맙니다. 이 짧은 시간을 즐기기 위해 수많은 사람이 일본 전국에서 벚꽃 아래에 돗자리를 펼칩니다. 이를 하나미(花見)라고 합니다. 짧은 순간 피었다가 꽃잎을 흩날리며 떨어지는 벚꽃에서 인생의 덧없음을 겹쳐 보았던 것입니다. 하나미에 대해서 고바야시 잇사(小林一茶, 1763~1828)는 이런 하이쿠를 남겼습니다.

이 세상은 지옥 위에서 하는 꽃구경이어라
世の中は地獄の上の花見かな
— 고바야시 잇사, 『7번일기(七番日記)』.

잇사는 아버지의 유산을 놓고 계모와 상속 문제로 12년간 싸움을 합니다. 겨우 싸움이 일단락되자 51세에 고향으로 돌아와서 살다가 이듬해에 28세의 기쿠와 결혼합니다. 그리고 54세에서 61세 사이에 장남, 장녀, 차남이 차례로 태어나서 얼마 살지 못하고 죽었으며, 삼남을 낳던 부인은 세상을 떠나고 아이도 곧 숨을 거둡니다.

그 후에 잇사 자신도 중풍으로 쓰러져 고생하였으니 세상이 지옥 같지 않았겠어요. 그러나 그 와중에도 꽃은 피고 또 피었습니다. 세상은 잔혹하고 슬픈 일뿐이라 지옥과도 같지만, 그렇지만 그 위에서 하는 하나미(花見)와 같다고 잇사는 말하고 있습니다. 그렇습니다. 삶처럼 덧없는 것도 없지만 삶처럼 환상적인 것도 없습니다.

몽테뉴도 비슷한 일을 겪었습니다. 35세에 아버지가 죽고, 그 이듬해에 동생이 죽고, 또 그 이듬해에는 첫째 아이가 죽었습니다. 이후 연달아 네 자녀를 잃었습니다. 몽테뉴는 죽음에 대해 생각을 거듭한 끝에 루크레티우스(기원전 96?~기원전 55)를 인용하여 말합니다. "어찌하여 배불리 먹은 손님이 향연을 떠나듯이 인생의 향연으로부터 떠나지 않는가?" 몽테뉴는 죽음으로써 더 불행해진 사람은 없다면서 말년에는 이런 말을 남겼습니다.

이 세상은 가볍게 스쳐 지나가듯 표면 위를 미끄러지듯 사는 것이 좋다.

- 사라 베이크웰, 『어떻게 살 것인가』, 2012.

류영모(1890~1981)도 루크레티우스와 비슷한 말을 남겼는데 읽으면 읽을수록 선미(禪味)가 느껴집니다.

이 지구 위의 잔치에 다녀가는 것은 니, 니 다름없이 미련을 갖지 말아야 합니다. 자꾸 더 살자고 애쓰지를 말아야 합니다. 여기는 잠깐 잔치에 참여할 곳이지, 본디 여기서 살아온 것도 아니요, 늘 여기서 살 것도 아닙니다. 그래서 이 세상을 생각으로라도 초월하자는 것입니다.

- 박영호, 『다석 류영모』, 2009.

과학은 새로운 만큼 가치가 높아지고, 종교는 오래된 만큼 가치가 높아집니다. 철학도 항상 근원을 찾아갑니다. 죽음에 대해서는 일찍이 소크라테스(기원전 470?~기원전 399)가 선기(禪氣) 가득한 말을 남겼습니다.

어떤 사람이 죽음을 두려워한다면, 그는 지혜로운 것처럼 보여도 실제로는 지혜롭지 않으며, 무엇을 아는 것처럼 보여도 실제로는 알지 못하기 때문입니다. 인간에게 허락된 모든 복 중에서 죽음이 최고의 복일지도 모르는데, 사람들은 마치 죽음이 최악의 재앙임이 확실한 것처럼 죽음을 두려워합니다.

- 플라톤, 『소크라테스의 변명』.

소크라테스에 따르면 지혜로운 자와 아닌 자를 구분하기가 어렵지 않습니다. 조금만 아파도 죽을까 봐 두려워하는 우리는 언제쯤 죽음을 두려워하지 않는 지혜를 얻게 될까요.

오늘은 꽃구경하다가 사랑과 죽음의 미로를 오랫동안 헤맸습니다. 내려오는 길에서 아차 하는 순간, 그만 길을 잘못 들었습니다. 갈림길에서 대치골 쪽으로 내려간 것입니다. 이렇게 길을 잘못 들었을 때 우리는 비로소 감각이 깨어나고 야생을 알게 됩니다. 길을 잘못 드는 것, 그것은 언제나 산행의 즐거움 가운데 하나입니다. 길을 잃는 것은 우리가 모르는 것을 발견하는 유일한 방법입니다. 독서든, 산행이든, 인생이든, 우리는 어디에도 도착하지 않고 떠돌아다닐 뿐입니다.

꿈에서 깨어나서 본다면

⋮

모란꽃

모란꽃이 피었다는 소식을 듣고 모란꽃을 보러 갑니다. 모란과 작약은 정말 아름다운 꽃이지만 그리 흔한 꽃은 아닙니다. 특히 모란은 더 보기 쉽지 않은 꽃입니다.

모란과 작약은 꽃 모양이나 색깔은 물론 크기도 비슷해서 혼동하기 쉽습니다. 꽃이 피는 시기도 비슷하고 잎 모양까지도 비슷합니다. 모란은 나무이고, 작약은 풀이라 겨울에는 뿌리만 살아 있습니다. 모란은 예로부터 모든 꽃의 왕이며, 최고의 아름다움이었고, 부귀의 상징입니다. 모란이 피었다면 좀 멀더라도 가서 볼 만한 가치가 있습니다.

우리나라 절집에서는 모란이 부귀의 상징이라고 모란 대신에 작약을 많이 심었습니다. 작약을 흔히 '가시 없는 장미'라고 부릅니다. 장미처럼 아름답지만, 가시가 없으니 얼마나 사랑스럽습니까. 작약은 그렇게 해서 성스러운 식물이 되었습니다.

모란은 나무에 피는 작약꽃이니 훨씬 더 아름답고 귀한 꽃입니다. 모란이 십수 년을 자라면 사람 키만큼 자라고 수백 송이의 꽃이 핀다고 합니다. 그처럼 화려한 모란은 보지 못했지만 몇 송이 모란만으로도 충분하게 행복합니다.

측천무후도 모란을 좋아했고, 후대에는 양귀비를 모란에 비유하기도 했습니다. 구양수(歐陽脩, 1007~1072)는 천하의 진정한 꽃은 오로지 모란뿐이라고까지 예찬했습니다. 당나라 수도 장안에서는 봄이면 모란을 보기 위해 성을 비울 정도로 많은 사람이 나들이를 갔다고 합니다.

유독 우리나라에서는 모란꽃에 향기가 없는 줄 아는 사람이 많은 것으로 압니다. 왜 그럴까요? 교육이 잘못되었기 때문입니다. 『삼국사기』와 『삼국유사』에 모란에 대한 비슷한 이야기가 나옵니다. 더 사실에 가깝다고 여겨지는 『삼국사기』 선덕왕 본기에 아래와 같은 이야기가 실려 있습니다. 우리는 흔히 '선덕여왕'이라고 부르지만, 공식 명칭은 '선덕왕'입니다.

> 선덕왕이 즉위하였다(632년).
> 왕의 이름은 덕만으로 진평왕의 장녀이고, 어머니는 김씨 마야부인이다.

덕만은 성품이 너그럽고 어질며, 사리에 밝고 민첩하였다. 그런데 진평왕이 아들이 없이 돌아가자, 나라 사람들이 덕만을 임금으로 세우고 성조황고라는 칭호를 올렸다.

전왕(진평왕) 때에 당나라로부터 얻어온 모란꽃 그림과 꽃씨를 덕만에게 보이니, 덕만이 말하였다.

"이 꽃은 비록 아름다우나 반드시 향기가 없을 것입니다."

왕은 웃으면서 말하였다.

"너는 그것을 어떻게 아느냐?"

"이 꽃의 그림에 벌과 나비가 없는 까닭에 그것을 알았습니다. 대체로 여자가 뛰어나게 아름다우면 남자들이 따르는 법이고, 꽃에 향기가 있으면 벌 나비들이 따르기 마련입니다. 이 꽃은 아주 아름다우나 그림에 벌과 나비가 없으니 반드시 향기가 없는 꽃이겠습니다."

꽃씨를 심어 보았더니 과연 말한 것과 같았다. 덕만의 앞을 내다보는 식견이 이와 같았다.

- 『삼국사기』 권5, 「선덕왕·진덕왕·태종왕」.

물론 이 기록은 여성으로서 최초의 여왕이 될 만큼 선덕이 지혜로웠다는 일화입니다. 그런데 정말 모란에는 향기가 없는 걸까요? 나는 진짜 모란을 보기 전까지는 모란꽃에 향기가 없는 줄 알았습니다. 역사책에서 그렇게 배웠으니까요. 하지만 모란꽃에는 품종에 따라 약간의 차이는 있지만 분명 향이 있습니다. 스스로 꽃향기를 맡을 줄 아는 사람이라면 누구나 다 알 수 있는 사실입니다.

왜 『삼국사기』에는 향기가 없다고 적어 놓았을까요? 『삼국사기』를 편찬한 사람들이 원전을 제대로 평가하지 않고 그대로 인용했기 때문입니다. 『삼국사기』를 김부식이 썼다고 교과서에는 기술되어 있지만, 사실은 김부식은 편찬 책임자이고 김부식, 최산보, 정습명 등 11명이 공동으로 편찬한 책입니다. 그들이 옛날 기록을 그대로 인용하면서 출처를 제대로 밝히지 않고 서술했고, 후학들은 『삼국사기』의 서술을 그대로 사실인 양 가르치고 배웠기 때문입니다.

스스로 생각하지 않고 배운 대로 받아들이는 교육에는 분명 문제가 있습니다. 모든 서술에는 반드시 서술한 사람의 이름과 출처를 밝혀야 합니다. 읽는 사람이 스스로, 그 서술이 사실은 어떤 한 사람의 주장이라는 것을 알도록 하여야 합니다. 그 주장이 과연 맞는지 출처의 신빙성을 스스로 따져 보게 해야 합니다. 그것이 사실에 접근하는 태도, 스스로 생각하는 태도를 길러주는 유일한 방법입니다.

책이 없는 세계는 상상할 수도 없고, 책이 없으면 우리는 발전

할 수 없습니다. 하지만 맹자는 『서경』이라는 경전도 내용을 그대로 다 믿는다면 오히려 책이 없는 편이 더 낫다고까지 말했습니다. 어떤 책이든지 그 책이 써진 당시의 정치적·사회적 배경을 궁리해 가면서 읽어야 합니다. 책은 항상 비판적으로 읽어야 하며, 그 내용이 과연 믿을 만한 것인지 의심해야 합니다. 모란을 보면서 우리는 책의 신빙성에 대해서도 깊이 생각하게 됩니다.

모란은 장미와 함께 흐드러진 꽃잎이 너무나 수려하여 사람을 취하게 합니다. 중국에는 꽃잎이 300장도 넘는 모란이 있어 보는 사람을 숨넘어가게 합니다. 꽃 한 송이가 피워내는 화려함에서 모란만 한 꽃은 이 세상 어디에도 없습니다.

어떤 모란꽃잎을 한 장 한 장 직접 세어보니 16장이었습니다. 하늘하늘한 16장의 꽃잎이 만들어내는 화려함은 보는 사람을 감탄하게 합니다. "모란꽃 밑에서 죽으면 귀신이 되어도 풍류가 있다"라는 말이 생각납니다. 흐드러지게 핀 모란꽃을 좋아하는 사람도 언젠가 꽃이 떨어지는 줄 알고 봅니다. 세상 또한 이런 것인가, 내일 나는 어떻게 될 것인가. 부귀나 권력의 정점에 있는 사람도 모란꽃을 보면서 자신의 앞날을 생각하게 됩니다.

예로부터 다실을 장식하는 꽃으로 흐드러지게 피는 꽃은 쓰지 않았습니다. 너무 흐드러지게 피어 있는 모습이 다실에 어울리지 않았기 때문입니다. 다실에서는 동백꽃도 꽃봉오리만 쓴다는 사람도 있습니다. 봄날 한때, 모란도 꽃봉오리라면 다실에 꽂아두고 볼 만하지 않을까요.

모란꽃을 보기에는 오전 10시가 가장 좋다는 사람도 있습니다. 오후가 되어 꽃이 지나치게 피면 아름다움이 오히려 생기를 잃기 때문이랍니다. 이런 말들은 다 경지가 있고 함축성이 있는 말이라 스스로 가만히 생각해 볼 만합니다.

모란에 대해서는 너무 많은 시가 있고, 너무 많은 그림이 있고, 이야기 또한 너무나 많습니다. 우리나라 사람들은 아마 김영랑 시인의 「모란이 피기까지는」을 가장 많이 생각하는 듯합니다.

모란이 피기까지는

모란이 피기까지는
나는 아직 나의 봄을 기둘리고 있을 테요
모란이 뚝뚝 떨어져 버린 날
나는 비로소 봄을 여읜 설움에 잠길 테요
오월 어느날 그 하루 무덥던 날
떨어져 누운 꽃잎마저 시들어 버리고는
천지에 모란은 자취도 없어지고
뻗쳐 오르던 내 보람 서운케 무너졌느니

모란이 지고 말면 그뿐 내 한해는 다 가고 말아
삼백 예순 날 하냥 섭섭해 우옵네다
모란이 피기까지는
나는 아직 기둘리고 있을 테요 찬란한 슬픔의 봄을

- 김영랑, 『영랑시집』, 시문학사, 1935.

12행의 짧은 시이지만 유려한 가락 속에 모란의 희로애락을 남김없이 담았습니다. 직유나 은유의 도움 없이도 모란이 피기를 기다리는 마음을 독자들의 가슴에 스며들게 하는군요. 화려한 모란의 낙화를 통해 '설움'을 표출하면서도 '찬란한 슬픔'의 개화를 기다리는 시인이 자못 아름답습니다.

모란에 대한 가장 심원한 메시지는 1,200년 전 중국 한복판에 있는 안휘성 남전산 산속에서 나왔습니다. 남전(748~834) 선사가 자신을 찾아온 육궁대부와 문답을 하는 가운데 뜨락에 핀 모란꽃을 가리키며 이렇게 말합니다.

"대부, 요즘 사람들은 이 꽃을 보더라도 꿈속에서처럼 희미하게밖에 못 본다네."

- 『종용록』, 제9칙 남전모란.

이 한 말씀을 듣고 나면 가슴이 철렁합니다. 꿈에서 깨어나 실제로 본다면 얼마나 더 생생하고 아름다울까요. 비록 전해 듣는 말이라 할지라도 이런 말을 알게 되면 사람은 깊이 생각하지 않을 수 없습니다.

남전 선사의 말씀을 생각하며 모란꽃을 보고 있으면, 이 세상 전체 풍경이 확 달라지면서 참으로 생명이 세탁되는 것 같은 신선한 느낌을 받습니다.

꽃은 아무런 분별도 하지 않는다네

⋮

분꽃

 골목길에서 오랜만에 분꽃을 만났습니다. 어린 시절 친구를 만난 것처럼 반갑습니다. 옛날에는 집 안은 물론 골목길이나 조그만 빈터만 있으면 어디서나 볼 수 있었지만, 지금은 보기가 쉽지 않은 꽃입니다. 분꽃은 특이하게도 오후에 피었다가 다음날 아침에 시드는 꽃입니다.

 꽃자루가 길쭉해서 나팔꽃처럼 생겼습니다. 여자아이들은 분꽃을 따서 귀 뒤에 꽂고 다니기도 했습니다. 꽃대롱을 빨면 약간 단맛도 있었던 것으로 기억합니다. 지금 맡아 보면 은은한 향이 있지만, 기억 속에 향은 남아 있지 않습니다. 꽃봉오리도 많고 시들어 떨어진 꽃도 많아서 전체적으로 깨끗하진 않습니다.

 콜럼버스가 아메리카 대륙을 발견한 후 수많은 식물이 유럽으로 건너갑니다. 유럽인에 의해 그 식물은 일본으로 건너가고 다시 한국으로 건너옵니다. 남미나 멕시코가 원산지인 식물에는 의외로 우리 뇌리에 각인된 식물이 많습니다. 코스모스, 분꽃, 채송화, 해바라기, 달리아, 사루비아(샐비어) 등이 그런 꽃입니다. 어릴 때부터 많이 보아 온 꽃들이라 토종식물 같지만, 사실은 다 새로 들어온 꽃들입니다.

사는 것이 힘들었던 시절 수많은 사람이 코스모스, 분꽃, 채송화 같은 작은 꽃을 들여다보며 근심 걱정을 잊곤 했습니다. 유럽에서는 달리아가 사랑을 받았지만 코스모스는 상대적으로 관심을 끌지 못했습니다. 동양과 서양의 심미안에는 코스모스와 달리아 정도의 차이가 있는 것 같습니다.

화엄의 세계관, 즉 화엄의 경지에서 세계를 보면, 일화일세계(一花一世界)요, 일엽일여래(一葉一如來)입니다. 즉 꽃도 하나의 세계요, 이파리 하나도 여래입니다(남회근, 『주역계사강의』, 2011).

아름다운 풍경이나 예술 작품을 보면 내적인 만족감이 옵니다. 욕망과 관련 없는 미적 만족은 그토록 찾던 고요와 평화를 가져다줍니다. 풍경은 그 자체로 하나의 전체이며, 풍경을 바라볼 때 우리는 개인적인 나를 잊을 수 있습니다. 이런 시각적 초월은 오로지 자기 생각만 하는 것보다 훨씬 자유로운 기분을 가져다줍니다.

물론 꽃을 보고 깨달은 사람도 있습니다. 당나라의 영운 선사는 복사꽃을 보고 깨달았습니다. 20년, 30년 참선하고도 깨치지 못했는데 복사꽃을 한 번 보고 깨쳤다니, 이 얼마나 황당하고도 행복한 소식입니까. 위산영우(潙山靈祐, 771~853) 문하에 앙산(仰山, 803~887)과 향엄(香嚴, ?~898)이 유명하지만 영운도 그들 못지않으며, 가장 널리 애송되는 오도송을 남겼습니다.

영운은 위산의 설법을 듣고 밤낮으로 피로도 잊고 마치 돌아가신 부모님을 그리워하듯이 정진하니, 그와 견줄 수 있는 이가 아무도 없었다고 합니다. 그렇게 30년 동안 정진해도 깨닫지 못했습니다.

어느 날 문득, 무심히 고개를 들어 복사꽃을 바라보다가 갑자기 "아, 원래 이것이구나" 하고 깨달았습니다. 그는 기쁨을 이기지 못해 게송을 한 수 지었습니다.

> 삼십 년 동안이나 검(劍)을 찾아 헤맸으니
> 꽃 피고 싹 트는 것 몇 번이나 보았던가
> (진짜) 복사꽃을 한 번 본 후로
> 이제부터 다시는 의심하지 않으리
> 三十年來尋劍客, 幾逢花發幾抽枝.
> 自從一見桃花後, 直至如今更不疑.
>
> -『조당집』권19, 영운화상.

언어로만 접근한다면 평생을 노력해도 제대로 알지 못할뿐더러 모두 미쳐 버리고 말 것입니다. 나 역시 불이, 진아, 무념, 무심, 무아, 공(空)에 대해 생각하고 또 생각하다가 머리가 쪼개질 것 같은 날이 더러 있었습니다. 생각의 집중력이 높아지면서 그 집중력이 내부로 향할 때 상당한 부작용이 있을 수 있고, 이를 선가에서는 흔히 상기증(上氣症) 또는 선병(禪病)이라고 불렀습니다. 영운은 30년 동안이나 무명(無明)을 잘라낼 지혜의 칼을 찾아 수행했지만 깨달음을 얻지 못했으니 얼마나 힘들었겠습니까.

우리가 현재의 세계를 순전히 객관적으로 고찰하는 경지에 올라가면, 그 객관에 의해 모든 고뇌에서 벗어날 수 있을 것입니다(아르투어 쇼펜하우어, 『의지와 표상으로서의 세계』, 38. 미적 만족을 느끼는 주관적 조건). 영운은 복사꽃을 보다가 그렇게 자신의 개별성을 초월하여 순수 객관에 도달한 황홀경을 오도송으로 표현한 것입니다. 그 깨달음은 세계를 긍정하는 것이며, 거짓된 이해를 제거함으로써 얻게 되는 최고의 행복감을 말합니다.

지금도 봉은사, 송광사, 범어사, 환성사(하양), 은해사(영천), 개심사, 마곡사, 구룡사 등에 가면 심검당(尋劍堂)이란 당호가 붙은 건물이 있습니다. 대체로 선원 아니면 강원이라 일반인의 출입은 금지되어 있습니다. 절집에 웬 칼[劍]이냐고 생각하겠지만, 심검당은 바로 영운의 오도송에서 따온 것입니다. 영운의 오도송은 아직도 이처럼 우리 곁에 살아 있습니다.

영운은 한 번 보고 깨달았는데, 우리는 왜 복사꽃을 수없이 보고도 깨닫지 못하는 걸까요? 이것이 문제, 즉 화두입니다. 내가 이해한 바에 의하면, 우리가 깨닫지 못하는 것은 집착 때문입니다. 심리적 집착을 버릴 때 우리도 깨달을 수 있습니다. 모든 이원적 집착 너머 불이(不二)를 체득해야 한다는 불교의 이상을 희곡처럼 5막 14장으로 엮은 것이 『유마경』입니다.

『유마경』의 주인공 유미기사는 대승불교의 종교적 이상형으로 재가 신자이자 부자였습니다. 불경 가운데 재가자가 주인공인 불경은 『유마경』과 『승만경』뿐이라 둘 다 중요한 경전으로 여겨집니다. 유마거사가 병상에 누웠을 때, 세존의 명을 받은 문수보살이 부처님의 여러 제자들과 함께 병문안을 가서 유마거사와 주고받은 문답이 『유마경』입니다. 희곡처럼 문답으로 되어 있어서 그 맛을 보기 위해 조금 인용해 보겠습니다.

> 유마의 집에 천녀(天女)가 한 명 살고 있었다. 천녀는 보살들의 설법을 듣고 기쁨에 가득 차서, 자신의 실제 몸을 나투고 하늘 꽃을 이들 대보살과 대제자들 위에 흩뿌렸다. 그러자 보살들 몸에 뿌려진 꽃은 땅에 떨어졌지만, 대제자들 몸에 뿌려진 꽃은 그들에게 붙어 떨어지지 않았다. 모든 대제자들은 신통

력을 발휘하여 이 꽃을 떨어뜨리려고 하였지만 떨어지지 않았다. 천녀가 사리불(舍利弗)에게 물었다.

"왜 꽃을 떼어 내려고 하십니까?"

"이 꽃(으로 장식하는 것)은 (출가자의 몸에는) 어울리지 않기 때문에 떼어 내려 합니다."

"이 꽃을 법답지 못하다고 하지 마십시오. 이 꽃은 아무런 분별을 하지 않습니다. 사리불 당신이 스스로 분별하는 마음을 일으킨 것일 뿐입니다. 만일 부처님의 가르침(法)을 받들어 출가하고서도 분별하는 것이 있다면 그것이야말로 법에 합당하지 않는 것입니다. 만일 분별을 하지 않는다면 그것은 법다운 것입니다. 저 보살들을 보십시오. 꽃이 달라붙지 않는 것은 (보살들은) 이미 분별하는 마음을 끊어버렸기 때문입니다."

- 구마라집 역, 『유마힐소설경』 관중생품 제7.

여기서 사리불은 소승불교의 대표자로 등장합니다. 그래서 꽃은 세속의 장식물이지 종교적인 것이 아닙니다. 그의 마음속에는 세속적인 것과 성스러운 것이라는 두 범주가 있어서 모든 것은 그중 하나로 분류되어 버립니다. 이런 분별에서 집착이 생기고, 그 집착에서 모든 잘못된 행위와 번뇌가 생기는 것입니다. 『유마경』은 그 분별과 집착에서 벗어나야 깨달음에 도달할 수 있다고 말합니다.

불교에서 '분별'이라는 것은 일상적 의미와는 달리 '둘로 나누는 것, 곧 판단 혹은 분석적 사유'로서 이것은 언제나 미혹의 근거라는 좋지 않은 의미로 사용됩니다. 『유마경』은 쉬운 말로 주고받는 캐치볼은 아니지만, 등장 인물들의 문답 속에는 엄청난 사고의 풍경이 펼쳐져서 읽는 사람을 오싹하게 합니다.

대승경전 중에는 『유마경』이나 『법화경』처럼 희곡을 연상시키는 것 같은 경전이 많다고 할 수 있습니다. 그 수준은 다양하지만, 불교 전통이 가진 풍부함과 다양성을 보여줍니다.

『유마경』이나 『법화경』은 아시아 여러 나라의 지식인들에게 애호되고 문학에도 많은 영향을 끼쳤습니다. 『유마경』과 문학의 관계를 이야기하려면 시불(詩佛)로 칭해졌던 왕유(王維, 699~761)에 대해 언급하지 않을 수 없습니다. 그는 북종선의 보적에게 사사하고 있던 어머니의 영향을 받아 불교에 심취했으며, 자(字)를 마힐(摩詰)이라 할 정도로 유마거사를 좋아했습니다.

> 복사꽃 밤비 머금어 더욱 붉은데
> 푸른 버들잎 아침 안개 둘렀네
> 꽃잎 떨어져도 아이는 아직 쓸지 않았고
> 꾀꼬리 울어 쌓지만, 나는 그냥 잠자네
>
> - 『전당시』 권128, 전원락6.

복사꽃 만발하고 버들잎 새로운 아침 풍경입니다. 어젯밤 내린 비에 수없이 떨어진 꽃잎은 아직 쓸지 않았고, 꾀꼬리가 울어 쌓지만 은자(隱者)인 나는 늘어지게 자고 있습니다. 얼마나 한가하고 느긋하며 자유로운 정경인지 모릅니다.

붉은 복사꽃과 푸른 버들잎, 밤비와 아침 안개, 꽃잎과 꾀꼬리, 아이와 늙은 은자, 청소와 잠 등의 모든 시구가 짝을 이루어 기가 막히게 아름다운 여운을 남깁니다.

왕유는 글씨도 잘 쓰고 그림도 잘 그렸으며, 공주의 환심을 살 정도로 비파도 잘 탔습니다. 그는 불교를 신실하게 믿었고, 평생 오신채를 먹지 않았으며 화려한 복장도 하지 않았습니다. 또한 아내의 사후에는 재혼하지 않고 죽을 때까지 30년간 독신으로 살았습니다. 찻잔과 약탕기밖에 없는 방, 경전을 놓은 책상, 새끼줄로 엮은 의자에 앉아(『구당서』, 열전 왕유전), 그는 이 시를 통하여 『유마경』적 삶의 본질에 대해서 말합니다.

"유유자적, '분별'하지 않고 살아가는 삶이야말로 순전한 축복이고 순전한 기쁨이야. 그게 인생이지."

한 생각 찰나에 무량 세월 들어 있네

⋮

북지장사 참나리꽃

비가 예보되어 있지만 산행은 예정대로 진행됩니다. 박종한 교수의 30ℓ짜리 록클라이밍 전용 배낭이 단연 눈길을 끌었습니다. 나는 젊었을 때부터 큰 배낭을 메고 산에 오는 사람을 보면 야코가 죽었습니다. 큰 배낭은 젊었을 때는 돈이 없어서 못 샀고, 지금은 자신이 없어서 못 삽니다. 그는 홀로 버스를 타고 방짜유기박물관 입구에서 내려 걸어왔습니다. 우리 나이에는 감히 흉내 내기 어려운 산뜻한 품새가 아닐 수 없습니다.

오늘은 가벼운 산행입니다. 산행이란 본질적으로 놀러 가는 것입니다. 그렇지 않습니까? 우리는 걸을 때, 몸을 놀리고 있을 때, 살아 있는 것입니다. 북지장사 입구에 있는 1.3km 소나무숲길은 솔향이 가득합니다. 많은 사람이 밟고 지나간 땅을 다시 밟는 느낌은 우리를 행복하게 합니다.

소나무숲 가운데 앉아 첫 번째 휴식을 합니다. 우리 나이에는 30~40분 걷고 15분 정도 쉬는 것이 적당합니다. 산행하다가 숲그늘에 앉아서 쉴 때, 우리는 그 순간 눈에 보이는 세계의 모습을 가만히 마주하고 바라봅니다. 그 순간에 깊은 의미는 없습니다. 그러나 순간은 존재의 깊이를 지니고 있습니다. 그것은 현존의 깊이입니다.

소나무숲에는 우리 눈에는 잘 보이지 않지만, 소나무 좀벌레가 있습니다. 성충의 길이가 겨우 4mm 정도입니다. 소나무 좀벌레에는 또 거기에 편승하는 진드기가 있습니다. 그런데요, 그 작은 진드기 등에 올라타는 훨씬 더 작은 생명체들이 또 있습니다. 그것이 바로 청태 진균류의 포자입니다(조안 말루프,『나무를 안아보았나요』, 아르고스, 2005). 이들을 단순히 해충으로만 본다면 제거해야 할 벌레에 지나지 않겠지만 이들을 하나의 생명체로 본다면 경이로운 세계가 아닐 수 없습니다.

자연은 이처럼 뚜껑을 열면 우리가 모르는 것이 계속 끝없이 나옵니다. 하나의 이야기 속에 또 다른 이야기가 숨어 있는 곳, 그곳이 대자연입니다. 우리 눈에 보이는 하나의 현상 밑에는 깊이를 알 수 없는 또 다른 세계가 있습니다.

이처럼 중중무진한 세계를 『화엄경』은 이미 2,000년 전에 펼쳐 보여주었습니다. 예로부터『화엄경』80권, 약 70만 자를 요약하면

'중중무진' 4자라고 했습니다[曹郁美, 由於『華嚴經』八十卷本近七十萬字, 可化約爲「重重無盡」四字]. 그때는 그것이 사실이 아니라 종교적 환상이나 추상적 비유로만 여겨졌습니다. 고려 시대 지눌(1158~1210)은 『화엄경』을 정독하고 1207년에 이런 말을 남겼습니다.

> 『화엄경』 가운데 (여래) 출현품의 '한 티끌을 들어 대천세계를 포함한다'라는 비유와 그 뒤에 총괄적으로 말한 '여래의 지혜도 이와 같아서 중생들 몸에 깃추이져 있지만 다만 어리석은 범부들이 깨닫지 못하고 있다'라는 구절을 열람하게 되었다. 나는 책에 이마를 대고 나도 모르는 사이에 눈물을 흘렸다.
> - 지눌, 『화엄론절요』 서문, 1207.

무릇 경전을 읽고 눈물을 흘린 사람은 그리 많지 않습니다. 지눌은 『화엄경』의 여래출현품을 읽었을 때, 왜 책에 이마를 대고 자신도 모르게 눈물을 흘렸을까요? 바로 이 구절에서 깨달음을 얻었기 때문입니다. 뒤돌아보면 불교의 역사에서 한 종파를 건립한 종조(宗祖)의 위대함은 경전을 읽는 방식의 깊이에서 나옵니다. 지눌 또한 자신을 구원했던 구절에 의지해서 객관적 기초를 세우고, 그 구절을 토대로 자신의 사상을 구축해 나갔습니다.

지눌은 이 구절에 의지해서 자신의 한계로부터 해방되었고, 지금껏 몰랐던 자기 자신의 모습을 발견하고 환희의 눈물을 흘렸을 겁니다. 그리고 그 사실을 기록으로 남겨 이를 읽는 후학들에게도 깊은 감동을 전해 줍니다.

『화엄경』은 세계를 비로자나불의 현현으로 파악하고 한 티끌 속에 온 세상이 깃들어 있으며, 순간 속에 영원이 깃들어 있다고 말합니다. 신라 시대 의상(625~702)은 『화엄경』 약 70만 자를 210자로 요약하였습니다. 어느 누가 방대한 『화엄경』을 이처럼 간략하게 요약하리라 생각이나 할 수 있었겠습니까. 우리는 의상 덕분에 방대한 『화엄경』의 세계를 아름다운 게송으로 만날 수 있게 된 것입니다.

> 하나 속에 일체가 있고 일체 속에 하나가 있어
> 하나가 곧 일체요 일체가 곧 하나이네.
> 한 티끌 속에 시방세계가 들어 있고
> 낱낱의 티끌마다 또한 다 그러하네.
> 무량한 오랜 세월 한 생각 찰나와 같고
> 한 생각 찰나 속에 무량 세월 들어 있네.
> 一中一切多中一, 一卽一切多卽一. 一微塵中含十方,
> 一切塵中亦如是. 無量遠劫卽一念, 一念卽是無量劫.
>
> － 의상, 『화엄일승법계도』, 668.

『화엄경』에 따르면 하나 안에 모든 것이 들어 있습니다. 『화엄경』의 세계는 티끌 하나도 의미로 가득하고 중중무진의 서사적 긴장이 있습니다. 이 미묘한 세계는 의미와 향기로 가득한 세계이고 찬탄의 세계입니다. 의상 또한 세계 어디를 보든 거기서 비로자나불의 얼굴을 보았던 것입니다.

새벽에 내린 비로 산길은 촉촉하고 온갖 흙냄새, 나무냄새로 가득합니다. 우리가 진심으로 산길을 걸어간다면, 산길은 우리의 영혼에 말을 걸어옵니다.

"너는 누구니?"

우리는 산길을 걸을 때 진짜배기 자아를 만날 수 있습니다. 우리는 어쩌면 자아를 찾으려고 산으로 가는지도 모릅니다. 그것은 오랜 옛날부터의 전통이기도 합니다. 환하게 초록색으로 빛나는 나뭇잎마다 잎새 뒤에는 어둠이 있습니다.

북지장사로 바로 들어가지 않고 바람고개 쪽으로 올라갑니다. 북지장사 건너편 숲에서 두 번째 휴식을 취합니다. 새소리, 바람소리, 시냇물 소리, 발걸음 소리, 들어보면 호흡 소리도 들려옵니다. 우리는 평상시에는 왜 이런 소리를 듣지 못하는 걸까요.

우리가 수많은 소리를 듣지 못하는 것은 무언가 열심히 떠들고 있기 때문입니다. 남에게 떠들지 않는다고 해도 혼자 마음속에서 수다를 떨고 있기 때문입니다. 우리가 떠들기를 멈추고 들려오는 소리를 듣기 시작할 때, 산은 우리에게 또 다른 목소리를 들려줍니다.

오늘 비가 예보되어 있지만 모두 25명이 참가했습니다. 진분홍 눈부신 백일홍(배롱나무) 꽃그늘 아래 모두 모였습니다. 저 나무는 필경 누군가 한여름 붉은 꽃의 아름다움을 즐기기 위해 심었을 것입니다. 우리 가슴속에도 무언가 아름다운 것들이 영글었으면 좋겠군요. 여름 한때, 백일홍꽃은 붉게 피어 질 나낭을 환하게 밝혀줍니다. 저 붉은 빛은 사람의 혼을 빼앗아 갈 정도로 아름다우니 품격이 최고입니다.

지금 북지장사 일대에는 참나리꽃이 한창입니다. 모든 것을 다 보여줄 듯, 활짝 뒤집힌 참나리꽃은 영원히 알 수 없는 신비입니다. 하늘의 선물처럼 나타난 이 아름다움은 우리들의 내면 가장 깊은 곳으로 파고듭니다.

자연은 숨김없이 다 보여주지만 아둔한 우리 눈에는 아무것도 보이지 않습니다만, 윌리엄 블레이크(1757~1827)의 시 한 구절은 내부 풍경을 번갯불처럼 일순 환하게 보여줍니다.

    모래알 하나에서 세계를 보고
    들꽃 한 송이에서 천국을 본다
    당신의 손바닥에 무한을 쥐고

한순간의 시간 속에 영원을 보라

- William Blake, 「*Auguries of Innocence*」, 1803.

시구(詩句) 사이에 중중무진한 『화엄경』의 세계가 펼쳐져 있습니다. 윌리엄 블레이크가 신화적 상상력으로 쓴 시에 의해 『화엄경』은 서양인의 시각을 한 겹 더하고 보편성을 하나 더 보탰습니다. 이것은 세월을 뛰어넘고 동서양을 뛰어넘은 아름다운 만남입니다. 이와 같은 언설(言說)이 축적된다면 『화엄경』의 세계는 빛을 더하고 동서양이 함께 공유 가능한 세계가 될 수 있을 것입니다.

인간의 삶에서 무엇이 사실이고 무엇이 상상인지 결정하기란 쉬운 일이 아닙니다. 인간의 경험에서 가장 강력한 성취감은 미적인 경험에서 옵니다. 우리가 자연이라고 부르는 것, 즉 이 세계는 베일에 불과한 것으로 표면만 보여줍니다.

이 세계의 완전한 의미는 보이지 않는 다른 세계, 즉 저세상에 있습니다. 블레이크는 그 보이지 않는 세계를 찰칵, 소리가 나게 보여줍니다. 『화엄경』과 의상과 지눌과 블레이크 사이로 수천 년의 바람이 지나가고 매미 소리가 들려옵니다.

아무것도 숨긴 게 없다네

⋮

두리봉 꽃향유

　나는 원래 높은 산보다 낮은 산을 좋아했습니다. 팔공산보다는 염불암, 운문산보다는 사리암 정도가 좋았던 거죠. 이제 나이가 드니 높은 산은커녕 낮은 산도 힘에 부칠 때가 많습니다. 24명의 친구와 함께 연호역 석가사 주차장에서 두리봉 산행길에 나섭니다.

　석가사 주차장에서 출발해서 두리봉 너머 산불초소까지 갑니다. 그냥 만촌동, 범어동, 황금동을 잇는 동네 뒷산입니다. 높은 산은 아니지만 끊어질 듯 이어지는 오솔길이 아름답습니다. 산 아래로 대륜고, 영남공고, 정화여고, 경북고가 차례로 나타났다가 사라집니다. 좁은 산길에 우리 일행 24명이 길을 가득 메우면서 올라갑니다.

　걷는다는 것은 인간이 할 수 있는 가장 평범한 일입니다. 비록 평범한 행위이지만 제대로 걷는 일은 인생에서 가장 즐거운 일입니다. 제대로 걷지도 못하게 될 때 인생이란 또 어떤 의미를 갖는 걸까요.

우리는 햇살 가득한 산등성이를 올라갑니다. 첫 번째 쉼터입니다. 옥수수, 청계란, 땅콩, 밤, 초콜릿, 약밥, 우롱차, 도라지차 등등을 나눕니다. 간식의 흐름이 대거 자연식, 건강식으로 바뀌었습니다. 누가 빼앗아 가지 않아도 젊은 시절의 호기는 세월이 다 빼앗아 갔습니다.

산굽이를 돌 때마다 새로운 아름다움이 나타나고 새로운 세계가 펼쳐집니다. 걸을 때마다 모든 근육의 움직임이 우리 내면의 훌륭한 요소들을 끄집어냅니다. 산길을 걷는 일은 언제나 자신의 가장 아름다운 내면을 걷는 행위입니다. 아무리 낮은 산도 우리를 숭고한 곳으로 끌어올려 줍니다.

산길 곳곳에 아름다운 보라색 꽃이 길섶을 수놓듯 피었습니다. 이게 무슨 꽃인지 혹시 아시겠습니까? 스마트렌즈로 찍어보니 꽃향유로군요. 잎사귀를 씹으면 향긋한 향이 있다고 하는데 그걸 그때는 몰랐습니다. 단체로 산행을 하면 스마트렌즈도 사용하기 어렵습니다. 사진 찍고 검색하고 하다 보면 순식간에 뒤처져서 폐를 끼치게 됩니다. 무더기로 핀 꽃향유가 보석처럼 빛납니다. 산행은 항상 아름다움의 탐구이고, 또 산은 아름다움이 무엇인지 가르쳐줍니다. 나는 우연히 만나고, 또 만난 꽃향유를 소홀하게 지나치지는 않았습니다. 꽃향유는 활짝 피어 아무것도 숨긴 것이 없습니다.

아무것도 숨긴 게 없는 것을 들여다보는 데는 항상 놀라움 같은 것이 있습니다. 그것은 근원을 들여다보는 길목에 있는 놀라움 같은 것입니다. 그것을 무엇이라고 분명하게 말할 수는 없지만, 그 놀라움이 우리의 가슴을 울리는 순간이 있습니다. 대자연은, 한 송이 꽃이라 할지라도, 언제나 숨김없이 스스로를 활짝 드러냅니다.

대략 천년 전쯤, 송나라에 황정견(1045~1105)이라는 시인이 있었습니다. 그는 선종의 영향을 깊이 받은 사람인데, 저명한 선사인 법수, 조신, 유청, 오신 등과 왕래하면서 많은 일화를 남겼습니다. 그가 회당(1025~1100) 선사와 나누었던 아름다운 대화가 전해옵니다.

> 처음에 노직(魯直, 황정견)이 회당 선사에게 나아가 도를 물었더니 선사가 말하기를, "『논어』에 '너희들은 내가 무엇을 숨긴다고 하느냐, 나는 숨기는 것이 없다'라고 했는데, 공은 평소 어떻게 이해하십니까?"라고 하였다. 노직이 해석하였더니, 선사는 "아니올시다"라고 하여 미혹과 혼란이 끝이 없었다.

하루는 회당 선사를 모시고 산행을 하였는데, 때는 나무가 무성할 때였다.

선사 : 나무 향기가 납니까?

노직 : 예, 납니다.

선사 : 나는 숨긴 게 없습니다.

노직이 확 풀리면서 깨닫고 예를 갖추었다.

- 팽제청 편, 『거사전』(1775) 권26, 황노직.

회당 선사가 한 "나는 숨긴 게 없습니다"라는 말을 듣고 황정견이 깨달은 것은 무엇일까요? 내가 제대로 이해하고 있는지 확실치 않지만 아마도 그 깨달음은 궁극의 실재에 대한 직접적인 대면(對面)이었을 것입니다.

깨달음의 순간에는 모든 그릇되고 헛된 것들로부터의 해방감이 있게 되며, 결국 잘못된 개념화로 인해 파생된 모든 고통과 불안에 대한 극복이 있게 됩니다. 일단 우리가 실재 '있는 그대로'의 세계를 깨닫게 되면, 어떠한 의혹도 불합리도 모순도 존재하지 않으며 당혹이나 불안 또한 존재하지 않습니다.

석가모니도 여든 살이 되었을 때 생전에 자신이 가르쳐 주지 않고 숨긴 것은 없다고 말을 했습니다.

아난다여! 비구들은 나에게 무엇을 기대하고 있느냐? 아난다여! 나는 안과 밖이 다르지 않은 가르침을 설하였느니라. 아난다여! 여래의 가르침에는 '중요한 것은 비밀로 한다'라는 '스승의 주먹[師拳]'이라는 것은 없느니라.
- 「대반열반경」,『디가니까야』, 각묵 스님 역, 초기불전연구원, 2006.

석가모니(남방불교 전통설 : 기원전 624?~기원전 544?)와 공자(기원전 551~기원전 479)가 거의 비슷한 시기에 거의 비슷한 말을 했다는 것은 참으로 기이합니다. 그 시절 제자들은 스승이 뭔가를 숨기고 있다고 생각했나 봅니다.

윌리엄 제임스(1842~1910)에 의하면, 우리가 진리를 향해 적어도 중간까지라도 나가지 않은 한, 그 진리가 우리에게 감춰진 채로 있는 영역들이 있다고 합니다(찰스 테일러,『현대 종교의 다양성』, 문예출판사, 2015). '감춰진 채로 있는 영역'으로 말미암아 제자들은 스승이 뭔가를 숨긴다고 의심할 수도 있겠습니다. 이 일화는 배우는 사람들이 스승에 대해 갖는 영원한 의심을 반영합니다. 석가모니는 비전(秘傳)을 인정하지 않았습니다. 당당하게 눈이 있는 자는 "와서 보라"고 숨김없이 설하였습니다.

비구들이여, 이 법은 스스로 보아 알 수 있고, 시간이 걸리지 않고, 와서 보라는 것이고, 향상으로 인도하고, 지자들이 각자 알아야 하는 것이다.

- 『맛지마니까야』 2, 대림 스님 역, 초기불전연구원, 2012.

석가모니의 가르침은 현실적으로 증명되는 것[現見]이며, 때를 격하지 않고[不待時節] 과보가 있는 것이며, 와서 보라고 말할 수 있는 것[來見]이며, 잘 열반으로 인도하는 것[親近涅槃]이며, 지혜 있는 사람이라면 각기 알 수 있는 것[應自覺知]입니다.

예수(기원전 4?~30?)도 비슷한 맥락에서 "와서 보라"고 했습니다.

예수께서 돌이켜 그 따르는 것을 보시고 물어 이르시되 무엇을 구하느냐 이르되 랍비여 어디 계시오니이까 하니 (랍비는 번역하면 선생이라) 예수께서 이르시되 와서 보라 그러므로 그들이 가서 계신 데를 보고 그날 함께 거하니 때가 열 시쯤 되었더라.

- 『요한복음』 1:38~39.

석가모니와 예수가 이처럼 비슷한 맥락에서 똑같은 말을 했다는 것은 참으로 기이한 일이 아닐 수 없습니다. '와서 보라'는 것은 본래의 고유한 모습을 스스로 내보이는 것이라고 할 수 있습니다. 인간 실체의 궁극적 본질, 다시 말해서 깨달은 사람이 살아가는 인간적 삶의 본질은 말로써 표현할 수 있는 것이 아니라 직접 보는 것에 의해서만 파악될 수 있는 것이란 의미도 숨어 있는 것입니다.

2시간을 걸어 해발 194m에 있는 산불 감시 초소까지 왔습니다. 두리봉(216m) 정상은 군사시설이라 올라갈 수 없어서 빙 둘러 온 셈입니다. 뭐, 말이 났으니까 하는 말이지만 정상에 오르고자 하는 욕심은 원래 없었습니다. 그냥 이렇게 등산복을 차려입는 것이 좋고 산속에 있는 것이 좋을 뿐입니다.

나이가 들면 높은 산, 험한 산, 이름 있는 산보다 평범하고 편안한 산이 좋습니다. 호젓한 산길을 걸으면 저 멀리 새로운 세계가 열리는 듯합니다. 남 보기에 하찮아 보여도 육체를 움직이는 일은 나름대로 의미가 있는 일입니다. 어쩌면 가장 큰 즐거움은 가장 평범한 산을 오르는 데 있는지도 모릅니다.

산행길에 작고 아름다운 노란색 꽃도 많이 만났습니다. 샛노란 색깔이 뭔가 호소하는 듯합니다. 스마트렌즈로 찾아보니 아, 이 꽃이 바로 고들빼기꽃이로군요. 옛날부터 고들빼기김치를 좋아했지만, 그 꽃을 본 것은 오늘이 처음입니다. 고들빼기는 봄나물인데 꽃은 왜 가을에 피는가 싶어 좀 더 검색해 봅니다.

음, 가을에 피는 이 꽃은 '이고들빼기'로군요. 이고들빼기 뿌리로도 김치를 담그는데 깔끔한 쓴맛에 향기까지 더해진다는군요. 언젠가 이고들빼기로 담근 김치를 먹어 보리라 마음속에 적어 둡니다.

  3시간 30분, 15,000보의 산행을 마치고 나니 뿌듯합니다. 탁 트인 전망은 볼 수 없었지만, 정신적인 기쁨과 영혼의 자극은 받았습니다. 일상의 제약에서 잠시나마 벗어나 다른 형태의 삶을 맛본 하루입니다. 산비탈 조용한 곳에서 꽃과 함께 한 시간은 산행 중 가장 행복한 시간이었습니다.

꽃은 저 혼자 피었다 지네

⋮

국립백두대간수목원

봉화에 있는 국립백두대간수목원으로 갑니다. 백두대간 단풍이 수목원 입구까지 성큼 내려와 있습니다. 산 전체가 붉게 물든 단풍도 좋지만 이처럼 한두 그루 단풍도 정취가 있습니다. 아무리 긴 여행도 실상은 아름다운 장면 몇 개를 보기 위한 것입니다. 수목원은 관람객이 많아서 유일한 교통수단인 트램을 타려면 30분 정도 대기해야 합니다.

입구에 있는 방문자 센터가 해발 452m, 누구나 가보고 싶어 하는 호랑이숲은 해발 500m입니다. 트램을 타고 10분 정도 올라가면 단풍정원에 도착합니다. 우리는 단풍정원에서 전망대 숲길을 따라 걸어갑니다. 백두대간의 웅혼한 풍광이 아름답습니다. 야생화 언덕으로 올라가노라면 마음속 깊은 곳에서 야생의 생명력이 깨어납니다.

곳곳에 이름판을 세워 놓아 나무와 야생화 이름을 알아볼 수 있게 해 놓았습니다. 벌개미취 군락지도 지나고 높은 하늘 위로 떠다니는 새털구름도 보았습니다. 이 비탈에는 들국화(쑥부쟁이, 구절초, 산국)가 만발했습니다. 쑥부쟁이는 자주색 꽃, 구절초는 흰 꽃, 산국은 노란색 꽃이 핍니다. 산국 향기가 너무 좋아서 잠시 발걸음을 멈춥니다.

야생화 언덕을 올라와서 암석원과 자작나무숲을 지나 호랑이숲으로 들어갑니다. 호랑이숲에는 모두 6마리의 시베리아 호랑이가 있습니다. 백두산 호랑이는 시베리아 호랑이의 범주 안에 있습니다. 호랑이숲 전체 면적은 약 11,000평 정도에 불과해 호랑이는 갑갑할 것입니다. 동물 복지적 접근을 한다고는 하지만 5.5m 높이의 철망 안에 갇혀 있습니다.

많은 사람이 자기를 들여다보는 것을 호랑이는 물론 알고 있겠지요? 호랑이도 사람들 때문에 상당히 긴장하겠지만 사람들 또한 긴장하고 있습니다. 자연 속에서 호랑이를 만난다면 혼비백산하겠지만, 안전장치를 사이에 두고 호랑이가 우리를 향해 걸어오면 그 당당하고 아름다운 자태에 감탄합니다.

호랑이 울음소리에는 우리 귀에는 잘 들리지 않는 초저음이 섞여 있습니다. 초저음은 포식자를 알리는 신호입니다. 초저음은 내부 장기와 뼈를 진동시키고 손상시키며, 메스꺼움·멀미·두려움을 일으킵니다. 호랑이 울음소리를 들으면 오금이 얼어붙는다는 옛날 사냥꾼의 말은 거짓말이 아닙니다.

호랑이가 쭉쭉 내미는 앞발이 얼마나 크고 위력적인지 우리는 알지 못합니다. 주황색에 검은색 줄무늬가 달린 호랑이 털은 또 얼마나 아름답습니까. 사람들 대부분은 호랑이 앞다리에는 줄무늬가 없다는 사실을 알아채지 못합니다. 사람은 자신의 두 눈으로 똑똑히 본다고 해도 제대로 보는 것은 아니란 말입니다.

사람의 사정(事情)이란 이런 것입니다. 호랑이 앞다리에 줄무늬가 없다는 사실을 알아채듯이, 세상의 진실을 바로 알아보는 사람도 있습니다.

> 산 아래로 흐르는 물은 별다른 뜻이 없고
> 골짜기로 흘러드는 구름도 아무 마음이 없네
> 우리가 구름이나 물처럼 살 수 있다면
> 천지에 봄기운이 가득해 쇠나무에 꽃이 피리라
>
> — 석수정(釋守淨), 『게27수』.

이 시를 쓴 차암수정은 당대 제일의 승려인 묘희 선사 즉 대혜종고(1089~1163)의 제자란 것만 알려져 있을 뿐 자세한 것은 알지 못합니다. 때때로 우리는 사람은 전혀 모른 채 한 편의 작품을 읽어야 합니다. 그것은 답답하기도 하지만 기쁘기도 합니다.

물은 별다른 뜻 없이 흐르고, 구름은 무심하게 흘러갈 뿐입니다. 이건 누구나 다 아는 평범한 사실입니다. 그러나 '철수(鐵樹)', 즉 '쇠나무에 꽃이 피리라'라는 구절은 이해하기 쉽지 않은 구절입니다. 쇠나무에 어떻게 꽃이 피겠습니까.

우리나라에서는 '철수(鐵樹)'를 무쇠나무라고 해석하고 있지만, 바이두(百度)를 찾아보니 '철수'는 '소철'입니다. 소철은 열대 지방 식물이라 중국이나 우리나라에서는 꽃을 피우기 어려운 나무입니다. 소철에 꽃이 피는 일이 아주 드물 듯이, 깨닫는 일이 어렵다는 식으로 설명하고 있습니다. '소철꽃이 피리라'라는 구절을 불가능의 알레고리로 해석하기 때문에 '쇠나무에 꽃이 피리라'라는 식으로 은유로 이해하는 것과 해석상의 차이는 별로 없는 듯합니다.

어떻든 쇠나무나 소철에 꽃이 피는 경계는 모든 것을 뛰어넘은 절대의 세계를 표현한 것입니다. 그 절대의 풍경 앞에 우리는 압도당하고 맙니다. 그것이 바로 선의 세계입니다. 바람처럼 구름처럼 산다는 것은 어디에도 얽매이지 않는 자유의 삶이고, 자기에 대한 걱정 없이 세계를 있는 그대로 경험하는 경지입니다. 바로 거기가 선의 세계이고, 쇠나무나 소철이 꽃을 피우는 세계라고 차암수정은 노래하는 것입니다.

은유의 시 외에 순수한 인상 세계를 그려내면서 심층 세계를 보여주는 시도 있습니다. 심층 세계는 눈에 보이지 않는 세계이지만 그렇다고 실재성이 떨어지는 것은 아닙니다.

왕유(699~761)는 『구당서』 열전에 전기가 실려 있어 잘 알려진 시인입니다. 그는 날마다 십여 명의 스님에게 음식을 대접하고 담소하는 것을 즐거움으로 삼았습니다. 방안에는 아무것도 없고, 다만 찻잔과 약탕기, 그리고 경전을 놓는 책상과 새끼줄로 엮은 의자뿐이었습니다(『구당서』, 열전 왕유전).

왕유의 「신이오(辛夷塢)」입니다. '신이'란 자목련을 말합니다.

　　가지 끝 부용화(자목련꽃)
　　산속에서 붉은 꽃망울 터뜨렸네
　　고요한 계곡에는 인적조차 없는데
　　꽃만 저 혼자 피었다 지네

　　　　　　　　　　- 『전당시』 권128, 왕유, 「신이오」.

어려운 말이 하나도 없어서 읽으면 바로 이해할 수 있습니다. 「신이오」가 노래하는 세계는 순수 인상의 표층 세계입니다. 물론 이 세계가 전부는 아닙니다. 이 시에는 심원한 심층 세계가 있습니다.

이 시에는 자목련만 있고 인간, 즉 '나'가 없습니다. 깊은 산속에서 저 혼자 피었다 지는 자목련은 인간의 접근 방식 너머에서 빛나고 있습니다. 이 시의 밝은 개방성은 '나'가 없는 무아에서 솟아납니다.

왕유의 시는 저 혼자 피었다 지는 자목련이라는 표층을 통해서 고요함과 무상(無常)이라는 심층 세계를 보여줄 뿐 아니라 자신과 세상을 모두 잊은 무아의 경계를 보여줍니다. 만 가지 생각이 다 가라앉은 고요한 심층 세계를 자목련을 통하여 노래한 것입니다.

호랑이숲에서 산수국 숲길을 따라 내려옵니다. 어린 갈참나무도 만났습니다. 참나무는 천 년은 살 수 있는 아주 귀중한 나무입니다. 갈참나무 한 그루에는 우리가 알아차리지 못하는 수많은 생명이 살고 있습니다. 고산 습원 지대를 지나서 어두운 숲길을 걸어갑니다. 어두운 숲길을 걸어가노라면 단테의 『신곡』 첫 구절이 생각납니다.

왕유가 선불교의 영향으로 그윽하고 깊은 경지에 이르렀다면, 단테는 기독교의 영향을 받아 깊은 경지에 도달할 수 있었습니다. 우리는 수많은 선조의 문화적 유산 위에서 생각하고 노래합니다.

인생길 반 고비에서
나는 올바른 길을 잃고
캄캄한 숲속에서 헤매고 있었네

아, 이 거친 숲이 얼마나 가혹하며 완강했던지
얼마나 말하기 힘든 일인가!
생각만 해도 두려움이 새로 솟는다

- 단테, 『신곡(神曲)』, 지옥편 제1곡.

중세의 사람들은 인생은 여행이라고 생각했습니다. 여행 가운데서도 하느님과 천국을 향한 순례로 생각했습니다. 이 시는 단테가 35세가 되던 해로부터 시작됩니다. '인생길 반 고비'란 사람의 자연 수명을 70세로 본 성경의 기록을 받아들인 것입니다(『시편』 90:10, "우리의 연수가 칠십이요, 강건하면 팔십이라도 그 연수의 자랑은 수고와 슬픔뿐이요 신속히 가니 우리가 날아가나이다.").

35세가 되던 해(1300)에 단테는 피렌체를 다스리는 여섯 명의 최고위원인 프리오레로 선출되었습니다. 득의양양하던 그때, 단테는 쾌락에 얽혀들고 온갖 음모에 휘말려 순수한 세계를 잊고 죄와 죽음의 캄캄한 숲에서 헤매고 있다는 것을 알아차립니다. 거기에서부터 단테는 하느님과 천국을 향한 순례를 시작합니다.

첫 6행은 읽는 사람에게 지옥의 분위기를 보여줍니다. 인간적 구성과 시적 상징이 운율 속에서 빛납니다. 우리는 그 운율 속에서 자기 자신을 발견하고, 자기도 모르는 사이에 단테가 되어 방황하고, 괴로워하고, 매달리고, 배우고, 마침내 빛에 다가갑니다. 비록 죄를 지었다고 하더라도 제정신을 차리고 부끄러움으로 겸허해진다면, 죄 역시 은혜임을 깨닫게 되는 것입니다.

백두대간의 산맥은 끝없이 이어지고 하늘은 한없이 높습니다. 억새와 갈대가 바람에 휘날립니다. 여행 가방을 챙기는 순간은 언제나 여행에서 가슴 떨리는 첫 순간입니다. 도시에서 멀어져 백두대간 기슭에 와 있다는 생각만으로도 한없이 기뻤습니다. 붉게 물드는 단풍을 보면 일순 어떤 깨달음 같은 것이 스쳐 지나갑니다.

돌아보면 수많은 날이 흘러갔습니다. 우리 인생에서 억지로 되는 건 없었던 것 같습니다. 다 저절로 그렇게 되었습니다. 저절로 새싹 나고, 단풍 들고, 낙엽 지고, 그리고 그 위로 세월이 흘러갔을 뿐입니다.

여기 오길 참 잘했네요

⋮

사유원

　사람은 나이가 들면 경험이 많아집니다. 경험이 많아지면 아는 것도 많아지지만 오염이 심해집니다. 오랫동안 세상에서 굴러먹은 사람은 세속의 때를 씻기 위해서 스스로 경계를 바꾸려는 시도를 해봐야 합니다. 산행, 예불, 기도, 독서, 운동, 혹은 차를 마시거나 영화를 보러 가기도 합니다.

　대구에서 가까운 군위에 사유원(思惟園)이라는 수목원이 있습니다. 거기에 300년 이상 된 모과나무 108그루가 있다고 해서 만나고 싶어 찾아갑니다. 모과나무를 향해서 나 자신의 밖으로 한번 미끄러져 나가 보려는 것입니다. 삶에서 설렘을 느끼려면 자신을 조금 높은 곳으로 감아올릴 줄 알아야 합니다.

　각자 자신의 취향과 체력에 맞추어 출발하기 전에 동선(動線)부터 결정하는 게 좋습니다. 어떤 일이나 어떤 행위를 할 때 한 걸음 느릴 수만 있다면 그것은 좋은 일입니다. 감각을 깨우기 위해서는 느릿느릿하게 살아야 합니다. 우리는 평상시 호흡으로 천천히 다닐 작정입니다. 호흡이 가빠지지 않도록 언덕길은 더욱 천천히 올라갑니다.

사유원의 최초 부지 10만 평에는 원래부터 리기다소나무가 많았습니다. 쭉쭉 뻗은 리기다소나무 사이로 쏟아지는 햇살은, 또 얼마나 따뜻하고 아름답던지요.

"저기 저 햇살 좀 봐!"

이렇게 아름다운 순간은 놓치면 안 됩니다. 이 햇살은 어떤 인위적 조명으로도 만들 수 없기 때문입니다. 삶의 기쁨을 느끼는 순간입니다. 일본 사람들은 이런 햇살을 코모레비(木漏れ日·木洩れ日)라고 부르며 좋아합니다. 에밀리 디킨슨도 '비스듬히 비추는 한 줄기 햇살'에 사로잡힌 시인이었습니다. 우리도 리기다소나무숲길을 걸으며 나무를 통과하는 햇살에 마음을 빼앗깁니다. 소나무숲이 내뿜는 피톤치드로 공기는 또 얼마나 깨끗하고 상쾌한지 모릅니다.

아, 여기, 오길 잘했습니다.

걸어가면서 보이는 겨울 풍경은 그대로 한 폭의 그림입니다. 나목이 늘어선 스카이라인이 황량하면서도 아름답습니다. 건물이나 표지판도 "저요, 저요" 하고 나서지 않는 수줍음 같은 것이 느껴져서 좋았습니다.

정향대(呈香臺)에 올라서자 우와, 하는 탄성이 저절로 나옵니다. 두 그루 소나무 사이로 팔공산 정상 비로봉(1,193m)이 한눈에 들어옵니다. 광활한 경치가 장관입니다. 사실은 이곳뿐만 아니라 사유원 곳곳에서 비로봉을 바라볼 수 있습니다. 팔공산 파노라마는 사유원 전체에 광활함과 생기를 더해 줍니다.

능선을 훑어보는 파노라마 시야는 우리를 편안하고 차분하게 해줍니다. 파노라마 시야란 주변의 모든 광경을 받아들이는 시야를 의미합니다. 눈을 혹사하는 초점 시야와는 달리 편도체를 진정시켜 우리를 편안하게 해줍니다.

소사나무, 느티나무 등을 바라보며 감탄하다 보면 어느새 정상입니다. 사유원에서 가장 높은 언덕에 승효상이 설계한 명정(瞑庭)이 있습니다. 돌벽을 따라 걷고 계단을 따라 내려가면서 보이는 것은 콘크리트뿐입니다. 명정은 무덤에 들어가듯 한없이 아래로 내려가지만 천장은 활짝 열린 공간입니다. 바닥으로 내려가면 돌과 물로 이루어진 소박한 공간 하나가 나타납니다.

돌과 물로 만들어진 이 단순한 공간이 사람들의 생각에 깊이를 더해 줍니다. 피안을 상징하는 붉은색 벽은 강렬하면서도 몽환적인 분위기를 선사합니다. 붉은색 벽 아래로 걸어 다니는 사람들의 모습이 꿈결인 듯 그윽합니다. 흐르는 물은 망각의 강인 레테를 형상화한 것일까요, 이하백도(二河白道)를 형상화한 것일까요. 물은 꽁꽁 얼어 거울처럼 빛나고 무심한 듯 달항아리가 하나 놓여 있습니다.

사유원의 하이라이트는 단연 풍설기천년(風雪幾千年)입니다. 6천 평 부지에 수령 300년 이상의 모과나무 108그루가 신선처럼 서 있습니다. 수백 년이 응축된 모과나무는 압도적인 경외감을 주고 생각에 깊이를 더해 줍니다. 한 그루의 나무에 수백 년의 시간이 켜켜이 쌓여 있다는 심오함이 느껴집니다. 신이 있다면 이런 곳에 있지 않을까요.

여기 있는 모과나무는 대부분 분재처럼 키운 것입니다. 분재는 주인에게 매이고, 나무의 미래는 주인의 마음에서 생겨납니다. 분재를 오랫동안 다루면 관심의 초점이 자신에게서 벗어나 탈아(脫我)하게 됩니다. 자신을 향한 관심이 줄어들고 나무를 향한 관심, 옛사람이 해놓은 일에 대한 깊은 관심이 생깁니다. 자아가 작아지면 불안과 걱정 같은 부정적 사고가 사라집니다. 자신을 덜 생각하기만 해도 천국처럼 느껴집니다.

아리스토텔레스는 삶의 궁극적 목적을 행복이라고 말했습니다(아리스토텔레스, 『니코마코스 윤리학』).

훌륭한 분재를 바라보면 순간적으로 시공간의 감각을 잃어버립니다. 이 얼마나 멋진 경험입니까. 우리가 탈아하게 되면 고통스러운 자아에서 벗어나 행복을 누리게 됩니다. 나무 한 그루 한 그루가 그대로 좌복(坐複)이자 예배당이자 설법입니다.

선사들의 말씀을 통해 더 멀리 한 번 내다보겠습니다. '뜰 앞의 측백나무'라는 유명한 화두가 있습니다. 이 화두에는 시적 정서의 뒤엉킴이 있고 존재 심층의 열림이 있습니다.

> 조주(趙州, 778~897)에게 한 스님이 물었다.
> "달마대사가 인도로부터 중국으로 와서 전하고자 하는 마음이 무엇입니까?"
> 조주가 답했다.
> "뜰 앞의 측백나무다."
> 趙州因僧問, 如何是祖師西來意, 州云, 庭前栢樹子.
>
> - 무문혜개, 『무문관』, 제37칙 정전백수(庭前栢樹).

'정전백수자(庭前栢樹子)' 이 다섯 글자 안에 선의 핵심이 들어 있습니다. 불도가 무엇이냐고 묻는 물음에 뜰 앞의 측백나무라는 대답은 무엇을 의미하는 걸까요? '측백나무가 바로 도'가 아닌 것은 확실합니다. 무문혜개(無門慧開, 1183~1260)도 "만약 조주가 답한

바를 딱 알아차릴 수 있다면, 과거불인 석가도 미래불인 미륵도 없을 것이다. 말을 그대로 받아들이는 자는 진실을 잃고, 어구에 사로잡히는 자는 헤맨다(무문혜개, 『무문관』, 제37칙)"라고 덧붙였습니다.

사실 도는 만물에 골고루 다 있는 것입니다. '도는 측백나무'라고 말한 것은 마침 조주의 눈에 측백나무가 보였기 때문입니다. 그것을 지금까지 우리나라에서 주로 번역한 것처럼 잣나무라고 해도 좋고, 모과나무라고 해도 좋습니다. 망아(忘我)의 경지를 향한 소망은 생각을 벗어나서 바로 존재를 알아차리는 것입니다. 그때 사람은 근심과 걱정에서 벗어나 평온함을 누리게 됩니다.

쇼펜하우어는 이런 상태가 되면 의지는 모조리 포기되고 순수한 인식주관, 즉 세계의 청명한 눈만 남게 된다고 말합니다(쇼펜하우어, 『의지와 표상으로서의 세계』). 아이고, 우리에게 화두는 정말이지 너무도 난해하고 너무도 말하기 어렵습니다.

아름다운 경계가 일단 우리 눈앞에 전개되기만 하면 아무리 짧은 순간이라 해도 근심과 걱정이 없는 순수 인식 상태에 들어갈 수 있습니다. 하지만 우리는 거기에 오랫동안 머물러 있을 수 없습니다. 자아로 되돌아오는 순간 마법은 끝나버리고, 우리는 다시 평범한 사람이 되어 모든 고난을 짊어지게 됩니다.

수행 중이라 하더라도 마치 기초 저음처럼 "나는 결코 깨달을 수 없어!"라는 절망적인 목소리가 마음속에서 계속 울려옵니다. 이 언저리가 공부의 즐거움이자 무서움입니다. 그래서 이 언저리를 읊은 다음의 선시는 깊은 공감을 불러일으킵니다.

산호 베갯머리에 흐르는 눈물,
절반은 그대 생각 절반은 그대 원망

- 석유일(釋惟一),『송시기사(宋詩紀事)』권92.

나는 이 공안을 『가려 뽑은 송나라 선종 3부록』 ②(장경각, 2019)에서 처음 읽었습니다. 한 편의 연시(戀詩)로 읽어도 빼어나지만, 수행시(修行詩)로 읽어도 기가 막힐 정도로 절묘한 표현입니다. 좋은 시는 이처럼 여러 가지 의미로 읽을 수 있어야 합니다.

종교와 문학은 원래 서로 떼어 낼 수 없는 연리지(連理枝)입니다. 어떤 종교든 널리 보급되고 독자적 풍격을 형성하며 사람들에게 영향을 줄 수 있는 것은, 그 종교가 가진 문학적 가치에 의지합니다.

모과나무와 보낸 한나절은 축제와 같았습니다. 떠나기 싫었지만, 다시 만날 날을 기약하며 소요헌(逍遙軒)으로 발길을 옮깁니다. 알바로 시자(Alvaro Siza)가 설계한 소요헌은 긴 상자와 같은 두 개의 구조물을 Y자로 연결한 콘크리트 공간입니다. 건물 전체가 단순화, 상징화, 추상화된 형태를 보여줍니다.

소요헌 안에 작은 중정(中庭)이 있습니다. 정향나무, 미선나무, 미스킴라일락 등 향기가 좋은 식물이 심어진 공간입니다. 우리는 이 공간을 천천히 걸어봅니다. 작디작은 정원이지만 무한을 느끼게 해주는 공간입니다. 거대한 콘크리트 구조물이 자그마한 정원의 생명력을 극대화해 줍니다. 육체의 인간을 넘어서는 그 무언가를 이 공간에서 느꼈습니다. 마치 눈앞에서 여러 해가 한꺼번에 흘러가는 것 같았습니다.

내려오는 길, 대화가 끊어진 빈자리는 풍경이 채워줍니다. 나무 한 그루 한 그루, 건물 하나하나, 모두 심원하고 아름다웠습니다. 신선 같은 모과나무가 벌써 그리워집니다. 완전히 다른 세계에 왔다 가는 기분으로 산 아래를 멍하니 내려다봅니다. 어디선가 작은 새소리가 나지막하게 들려옵니다.

아, 아, 여기, 오길 잘했습니다.

2부 —— 나는 즐겁게 바위 속에 앉아 있네

무정설법을 듣는 기쁨, 그 순간의 떨림

왕건길 대곡지

산에 가서 새소리만 들어도 마음이 즐겁습니다. 가까이에서 새를 직접 본다면 갑절로 즐겁습니다. 오늘은 산행하다가 생애 두 번째로 딱따구리를 만났습니다. 흔한 새라고는 하지만 직접 만나기는 쉽지 않은 새입니다.

딱따구리를 처음 만난 곳은 30여 년 전 파계사 성전암 능선입니다. 성전암에서 해우소 뒤편으로 능선을 타고 내려오는 오솔길이 있습니다. 사람들이 거의 다니지 않는 길입니다. 능선 중간쯤에서 "딱딱 또르르, 딱딱 또르르" 하는 소리를 들었습니다. 고개를 들어 살펴보니 죽은 나무 꼭대기 부근에서 새가 부리로 쪼는 소리입니다. 속이 빈 나무가 울림통 구실을 해서 쪼는 소리가 상당히 크게 울렸습니다. 소리의 크기로 보아 원줄기 전체가 속이 빈 나무가 아닌가 싶었습니다. 물체의 길이가 음의 높낮이와 관련

이 있다는 사실은 피타고라스에게 배웠습니다.

직감적으로 "딱따구리!" 하고 알아봤습니다. 딱따구리도 우리를 봤는지 바로 휘리릭 날아가 버렸습니다. 딱따구리와의 첫 만남은 그렇게 아쉽게 끝이 났습니다.

오늘 왕건길 대곡지를 조금 지나서 생에 두 번째로 딱따구리를 만났습니다. 검은색 바탕에 흰색 줄무늬가 있어서 금방 눈에 띄었습니다. 역시 죽은 나뭇가지 구멍을 부리로 쪼고 들락거립니다. 사람이 제법 다니는 길가인데 인기척에도 아랑곳없이 먹이를 사냥합니다. 이렇게 가까이에서 딱따구리를 보는 건 처음이라 가슴이 두근거립니다. 꽁지깃을 나무에 바짝 붙이고 갈고리 같은 발톱으로 나무를 꽉 잡고 있습니다.

우리에게 딱따구리는 단순한 새 이상의 의미를 지니고 있습니다. '딱따구리' 하면 곧장 만공(滿空, 1871~1946) 스님이 떠오르기 때문입니다. 1930년대 말, 낙선재에서 상궁과 나인들이 수덕사에 와서 만공 스님에게 법문을 청했습니다. 만공 스님은 후일 수덕사의 제3대 방장이 되는 사미승 진성(원담, 1926~2008)을 불러 "거 딱따구리 노래 한번 불러 보아라" 하고 말합니다. 어린 사미승은 뭣도 모르고 신이 나서 노래합니다.

앞산의 딱따구리는 생나무 구멍도 뚫는데

우리 집 저 멍텅구리는 뚫린 구멍도 못 뚫어

이 노래는 오늘날 「정선아리랑」의 한 구절입니다만, 상스러운 가사입니다. 대궐에서 나온 상궁과 나인들이 야한 노래를 듣고 어쩔 줄을 몰라 합니다. 그때 만공 스님은 이렇게 말합니다.

> 이 노래는 절 밑에 살고 있는 나무꾼들이 나무를 하며 부르는 노래입니다. 얼핏 들으면 상스러운 노래인 것 같지만 노래 속에 만고의 법문이 들어 있소. 뚫려 있는 구멍, 뚫려 있는 이치를 찾는 것이 바로 불법이오. 어리석은 중생들은 탐욕, 분노, 어리석음의 노예가 되어 뚫려 있는 구멍조차 뚫지 못하고 있지요. 이들이야말로 딱따구리보다 못한 멍텅구리가 아니겠소?
> - 「세계일보」, 배연국 논설위원, 2021년 6월 9일자.

음담패설을 법문으로 승화시킨 멋진 설법이 아닐 수 없습니다. 삼라만상이 다 설법한다고 주장한 사람은 당나라 시절의 혜충국사(慧忠國師, ?~775)입니다. 이를 공안으로는 '무정설법(無情說法)'이라고 합니다.

스님이 물었다. "무엇이 옛 부처님의 마음입니까?"

국사가 답했다. "담과 벽과 기와와 조약돌이니라[墻壁瓦礫是]."
스님이 물었다. "담과 벽과 기와와 조약돌은 '무정(無情)'이 아닙니까?"
국사가 답했다. "그렇다."
스님이 물었다. "무정인데도 해탈법을 설할 수 있습니까?"
국사가 답했다. "항상 설하고 있다. 불처럼 활활 설하여 그침이 없다."

- 『오등회원』 권13.

   간결하면서도 의미심장한 이 문답은 그대로 한 편의 시입니다. 이처럼 단순하게 표현할 수 있는 것은 사물을 직관했기 때문입니다. 우리가 눈을 뜨면 보이는 세계는 명백한 세계, 즉 순수 인상의 세계이자 표층의 세계입니다. 이 세계가 전부는 아닙니다. 표면은 항상 더 깊은 실재를 향합니다. 이것이 심층의 세계입니다.

   심층의 세계라고 해서 실재성이 떨어지는 것은 아닙니다. 표층에서 벗어나 인상 너머 심층적인 곳으로 움직이는 것을 깨달음이라고 합니다. '장벽와륵(墻壁瓦礫)'이라는 지극히 일반적인 언어로 '부처님 마음'이라는 비범한 사상을 말할 수 있는 것은 오직 깨달은 사람만이 할 수 있습니다. 평범한 언어로 명료하게 핵심만 이야기하기에 깊은 감동을 전해 줍니다.

조동종을 일으킨 동산양개(洞山良价, 807~869) 선사는 '무정설법' 공안을 아무리 참구해도 이해할 수 없었다고 합니다. 동산양개는 무정설법을 이해하기 위해 여러 사람을 찾아갑니다. 우리는 이런 불가의 전통을 매우 아름다운 것으로 받아들입니다. 가르침을 받기 위해 선생을 찾아다니는 광경은 마치 한 폭의 그림과도 같습니다.

위산(潙山, 771~853) 선사를 찾아가 문답을 하지만 깨치지 못하사 위산이 추천해 준 운암(雲巖, 782~841) 선사를 찾아갑니다. 운암으로부터 가르침을 받고 마침내 깨달음을 얻었습니다. 동산양개가 마지막으로 무정설법의 출처를 묻자 운암은 이렇게 답합니다.

> 양개가 물었다. "무정설법은 출처가 어디입니까?"
> 운암이 답했다. "『아미타경』에 이르기를, '물, 새, 나무, 숲이 모두 다 법문을 한다'고 적혀 있는 것을 보지 못했는가?"
> - 『오등회원』 권13.

양개는 이 가르침에서 무정설법을 깨달았다고 합니다. 수조수림(水鳥樹林)이 모두 다 법문을 한다는 운암의 말씀은 하나의 경지를 말합니다. 수조수림의 설법을 듣기 위해서는 그 순간 마음이 정지해야 하고, 알고 있는 모든 지식을 내려놓아야 합니다. 『아미타경』 원문에는 이런 구절도 있습니다.

> 모든 새들은 모두 아미타 부처님께서 법문을 하시고자 변화하여 나타난 것이다.
>
> -『불설아미타경』, 구마라집 역.

바로 이 구절에서 무정설법이 탄생한 것입니다. 동서고금을 막론하고 새소리를 듣는 것은 청정함을 가져다줍니다. 새소리를 듣는 그 순간에 돈오(頓悟)하여 깨달음을 얻은 스님도 적지 않습니다.

『벽암록』을 쓴 원오(圜悟, 1063~1135) 선사는 닭이 날개 치는 소리를 듣고 깨달았습니다(『종문무고』, 선림고경총서 25). 일본의 잇큐(一休, 1394~1481) 선사는 비와호에서 배를 타고 가다가 까마귀 소리를 듣고 깨달았습니다(오쇼, 『법의 연꽃 : 잇큐』, 2012). 조선 중기의 서산대사(1520~1604)도 지리산 기슭의 한 마을을 지나다 닭 울음소리를 듣고 깨쳤습니다.

새소리를 듣고 깨닫는 것은 어떤 체험일까요? 새소리를 듣고 생명의 본질인 진여(眞如, 우주만물의 실체)를 느꼈다는 것이겠지요. 통찰의 순간을 삼매라고도 합니다. 완전히 현존하는 무심의 순간입니다. 자연의 아름다움, 신성함을 깨닫기 위해서는 현존이 필요합니다. 어떤 중간물도 개입시키지 않고 보고 듣는다는 것은 그만큼 귀중한 체험입니다.

새소리를 듣고 깨달은 선사들의 이야기는 감동적입니다. 하지만 우리는 그 이야기의 심층을 이해하기 어렵지 않을까요? 기껏해야 그냥 아는 듯한 기분에 그치고 마는 사람이 대부분일 것입니다.

좀 더 쉬운 이야기를 해보겠습니다. 새소리를 듣고서 영혼이 활짝 열린 사람들은 서양에도 적지 않습니다. 로자 룩셈부르크(Rosa Luxemburg, 1871~1919)는 150cm 정도의 작은 키에 절름발이이자 유대인 여성 혁명가입니다. 그녀는 감옥 속에서 삶과 역사와 자연의 섭리를 성찰했습니다. 특히 작은 박새의 숨결에서 삶의 희열을 느꼈습니다. 그녀는 마틸다 야코프에게 보낸 편지에 이렇게 적었습니다.

> 제 묘비에는 "zwi-zwi" 두 음절만 적어 주세요. 이 두 음절은 박새가 지저귀는 소리예요.

"쯔비, 쯔비."

슬프고도 아름다운 묘비명입니다. 슬픈 것은 그녀가 '감옥'에서 이 편지를 썼기 때문이고, 아름다운 것은 그녀가 자아마저 버릴 정도로 박새를 사랑했기 때문입니다. 자아를 버리면 무(無)가 되는 것이 아니라 모든 것이 하나임을 알게 됩니다.

똑같은 세계에서 살아가는데 우리는 왜 깨우치지 못하는 걸까요? 어떤 사람은 새소리가 풍요롭고 의미심장한 것으로 들리는데, 우리에게는 왜 진부하고 하찮은 소리로 들리는 걸까요. 저 역시 오늘 딱따구리 소리를 듣고 가슴이 두근거리기는 했지만, 심층 경계를 본 것은 아닙니다.

산에서 내려오는 길은 올라가는 길과 똑같은 길이지만 전혀 다른 길입니다. 내려오면서 보니까 밤나무에는 밤이 영글어 가고 있습니다. 우리도 산길을 걸으면 반드시 자신의 생각을 영글게 만들어 가는 부분이 있어야 한다고 생각해 보았습니다.

이 한 번의 넘어짐!

동화천

동화천을 따라 걸어봅니다. 강바닥에는 사람이 출입하지 않아서 갈대가 무성합니다. 빛에 따라 시시각각 갈대숲의 색깔이 달라집니다. 참새, 까치, 오리, 백로는 저마다 다른 곡선으로 날아갑니다.

잠시 햇살이 비치자 풍경은 일순 빛이 납니다. 저마다의 색깔은 빛을 받아 살아나고 먼 산 능선은 조용히 흘러내립니다. 새들이 날아가고 고라니가 숨어서 움직이는 갈대숲 위로 바람이 지나갑니다. 벌거벗은 대자연 앞에 서면 비밀의 세계로 들어가는 문이 열리는 느낌입니다.

고양이 한 마리가 갈대숲 속에 웅크리고 앉아 있습니다. 사람 소리가 나자 우리를 빤히 쳐다봅니다. 사냥을 나온 걸까요, 자신의 영지를 순찰하러 나온 걸까요. 우리가 어릴 때는 고양이를 '살

찐이', '고내이', '고냥이'라고도 불렀습니다.

고라니 3마리가 갈대숲 사이로 먹이를 찾고 있습니다. 고라니는 노루보다 약간 작아서 보노루라고도 불렀습니다. 몸집이 사슴이나 노루보다 작아서 그렇지 현재 야생 생태계에서는 대형동물입니다. 대체로 갈대숲에서 서식하고 있는데, 전 세계 고라니의 90%인 45만~70만 마리가 우리나라에 있습니다. 유해조수로 분류되어 사냥 허가가 나자 매년 16만 마리 이상이 포획됩니다. 로드킬로 죽는 고라니만 해도 매년 3만 마리 정도 됩니다.

고라니가 돌아다니자 갈대숲에 활기가 넘칩니다. 아파트촌이 들어서고 외곽순환도로가 건설되면서 이 풍경이 사라질까 걱정했는데, 갈대숲과 나무들, 뒷산 스카이라인까지 그대로 살아남아 기쁩니다.

산의 흐름이 끝나는 곳에 연경 도약대라는 유명한 자연 암장이 있습니다. 암벽등반을 하는 사람들의 천국입니다. 암반은 퇴적암인 역암이며, 높이는 10~15m, 폭 10~30m, 경사도 85°~100°입니다. 1990년대 초반부터 루트가 개척되기 시작해서 현재 50여 개 루트가 있습니다. 시내 어디서든 대략 30분이면 접근 가능해서 인기가 대단합니다. 야간 등반이 가능하도록 조명등이 여러 곳에 설치되어 있습니다.

연경 도약대 암장 입구에 고바위가 있습니다. 오늘 한 사람이

고바위 무명길 암벽에 붙었습니다. 바위가 차가워 올라가기 쉽지 않을 텐데 중앙 크랙까지는 어렵지 않게 올라갑니다. 올라가는 솜씨를 보니 초짜는 아니로군요.

중간쯤에 있는 가로로 긴 크랙 위에서 좀체 위로 올라가지 못합니다. 크랙 위쪽으로 암질이 달라지는지 각도가 달라지는지 이리저리 손만 뻗어봅니다. 크랙을 딛고 레이백을 시도하지만 결국 실패하고 맙니다. 포기하고 하강 자일을 걸고 빠르게 하강하는데 하강하는 모습이 매끈하고 맵시가 있습니다.

삶의 질을 높이려면 경험의 질을 높여야 합니다. 쾌락은 노력 없이도 느낄 수 있지만 덧없는 것이어서 자아는 쾌락 경험에 의해서는 성장하지 않습니다. 쾌락과는 달리 즐거움이라는 것은 비범한 주의를 기울여야 느낄 수 있습니다. 즐거움을 가져오는 활동은 바로 즐거움이란 목적 자체를 위해 마련된 활동입니다.

문학, 예술, 스포츠는 인생의 즐거움을 위해 수백, 수천 년에 걸쳐서 발전되어 온 것입니다. 암벽등반도 그런 활동 가운데 하나이고, 집중의 정도가 매우 높아서 다른 것은 생각할 여지도 없고 걱정도 사라집니다. 그 순간에는 자의식이 사라지고 시간이 흘러가는지도 인식하지 못합니다. 이런 경험을 몰입 경험이라고 합니다(미하이 칙센트미하이, 『Flow』, 2004).

암벽에 붙을 때 우리는 일상에서 벗어난 특별한 세계에 빠지게 됩니다. 암벽에 붙어보는 건 황금 만 냥에 해당하는 경험이라고 말할 수 있습니다. 이런 표현은 원래 불가에서 유래한 표현입니다. 새로운 표현 하나를 배운다는 것은 새로운 세계 하나를 배우는 것입니다.

11세기 후반 송나라 시절, 여산의 동림사에서 이런 일이 있었습니다. 못 생기고 문맹이고 동작이 굼떠서 동료 선승들로부터 멸시받던 혜원(慧圓)이라는 승려가 법당 앞마당을 지나가다가 발을 헛디뎌 넘어졌습니다. 마당에서 넘어졌으니 얼마나 창피했겠습니까. 그러나 혜원은 이 한 번의 넘어짐에서 크게 깨달았습니다.

그는 문맹이기 때문에 마침 지나가던 한 선객에게 부탁해서 자기가 지은 게송을 벽에 적게 하고 바로 그날 훌쩍 떠났습니다. 동림사에서 소동파에게 무정설법(無情說法)을 가르쳐 줄 정도로 명성이 자자했던 상총(1025~1091)은 이 게송을 전해 듣고 극찬하였습니다. "선객의 공부가 이와 같다면 무엇을 더 바라랴." 사람을 시켜 혜원을 찾았으나 그가 어디로 갔는지 끝내 찾을 수 없었습니다(『속전등록』 권20).

혜원이 지은 게송입니다.

이 한 번의 넘어짐, 이 한 번의 넘어짐
만 냥의 황금을 쓴다 해도 괜찮지

머리에는 삿갓, 허리에는 보따리
어깨에 멘 지팡이에는 청풍명월 매달았네

- 『속전등록』 권20.

혜원은 한 번 넘어지면서 바로 깨달았습니다. 무엇을 깨달았던 것일까요? 무엇을 깨달았기에 그 한 번의 넘어짐에 만 냥의 황금을 쓴다 해도 괜찮다고 했을까요? 혜원은 넘어진 순간, 자신을 옭아매던 모든 게 거짓된 것이라는 것을 알아챘습니다. 넘어지면 어때! 못 생기고 문맹이고 굼뜨면 어때! 나는 이렇게 생생하게 살아 있는 것을! 그는 살아 있음의 참맛을 보았던 것입니다. 저항이 사라지고 한없는 자유와 행복을 느꼈습니다. 그 자유와 행복에 황금 만 냥을 쓴다 해도 전혀 아깝지 않다고 느낀 것입니다.

그가 지은 게송은 보석처럼 아름답습니다. '이 한 번의 넘어짐, 이 한 번의 넘어짐'이라고 두 번 반복한 기법이나 '만 냥 황금을 쓴다 해도 괜찮지', '어깨에 멘 지팡이에는 청풍명월 매달았네' 같은 구절에서는 깨달은 사람만의 단순하면서도 영적인 터치가 느껴집니다.

만 냥 황금이라는 표현은 임제(?~867)가 처음 사용하였습니다만, 그 뿌리는 『근본설일체유부니다나(根本說一切有部尼陀那)』에 있는 붓다의 설법에 있습니다.

초기 불교 교단에서는 출가 사문은 매일 걸식을 하되 하루의 생활에 필요한 이상의 금전은 받아들일 수 없다는 엄한 계율이 있었습니다. 그러나 『근본설일체유부니다나』 제2권에 보면, "진심으로 세속을 떠나 열반을 구하고 청정한 행실을 닦기 위한 것이라면, 여러 필추(비구)들이 입고 있는 옷이 1억 냥의 가치가 있고, 거주하는 집과 방이 5백 냥의 가치가 있으며, 먹는 음식에 모든 산해진미를 갖춘다고 하더라도, 그러한 것들은 모두 내가 받으라고 허락하노니 너희들은 받아쓰도록 하여라."라는 붓다의 설법이 적혀 있습니다.

이렇듯 선사들의 말 한마디는 그 뿌리를 경전에 두고 있을 때 종교적 무게가 더해지고 울림은 더욱 깊어집니다. 임제가 말합니다.

> 함께 도를 닦는 벗들이여!
> 대장부라면 오늘이야말로 진실한 현재이며 꾸밈없는 줄을 알아야 한다. 바로 현재가 있을 뿐, 달리 영원과 순간의 구별은 없다. 이것이 진정한 출가이며, 하루에 만 냥의 황금을 쓰는 삶과 같이 가치가 있는 삶이다.
>
> - 『임제록』, 시중(示衆).

임제는 매 순간을 음미하며 생생하게 현재의 삶을 산다는 것이 얼마나 눈부시고 강렬한 것인지 말해 줍니다. 2,000년 전 로마에서 노예의 아들로 태어난 시인 호라티우스(기원전 65~기원전 8)도 비슷한 내용의 시를 남겼습니다.

> 우리의 운명이 무엇인지 묻지 마라, 아는 것은 불경이라네.
> 생의 마지막이 언제일지 바빌론의 점성술에 묻지 마라,
> 레우코노에여, 뭐든지 견디는 것은 얼마나 좋으냐.
> 유피테르(로마의 제우스신)가 겨울을 몇 번 더 주든,
> 혹은 마지막이든 이 순간에도 튀레눔 바다의 파도는
> 맞은편 해안의 바위를 깎고 있다네.
> 현명하게 생각하고, 포도주를 걸러라.
> 인생은 짧으니 욕심을 줄이게.
> 말하는 사이에도 시간은 우리를 시기하며 흘러가네.
> 내일은 믿지 마라, 오늘을 즐겨라.
> - 퀸투스 호라티우스 플라쿠스, 『송가(The Odes)』 1권(기원전 23).

동양과 서양을 막론하고 인생에 대해 깊이 생각한 사람들이 비슷한 생각을 했다는 것이 놀랍습니다. 임제와 호라티우스는 오직 '오늘'이 있을 뿐이니 과거나 미래가 아닌 현재 순간에 살아야

행복하게 사는 것이라고 말합니다.

 인간의 마음이 헤매는 곳은 대개 과거 아니면 미래입니다. 그것을 마음의 방황이라고 합니다. 우리가 현재 순간을 직접적으로 경험할 때 마음의 방황이 멈추며 깊은 평화를 느낍니다. 마음이 현재에 살 때 그 경험은 매우 생생하며 지극한 행복을 느낍니다 (로버트 라이트, 『불교는 왜 진실인가』, 2019).

 카르페 디엠(Carpe diem)은 호라티우스가 쓴 라딘어 시의 마시막 구절로서 '오늘을 즐겨라', '오늘을 붙잡아라'로 널리 알려져 있습니다. 존재의 덧없음을 인식하고 때때로 죽음을 응시하거나 죽음의 바다 위를 떠다닐 수 있는 능력이야말로 카르페 디엠 생활방식의 결정적인 요소인지도 모릅니다. 누구든 죽음을 앞두고 있다면 단 하루라도 더 살기 위해 황금 만 냥이라도 내놓지 않겠어요?

 산책이든 산행이든 절반은 돌아오는 길입니다. 왜가리나 백로는 거의 꼼짝도 않고 물속에 서 있습니다. 댕기깃이 뚜렷한 왜가리 한 마리가 물결에 비치는 자신의 그림자 위에 서 있습니다.

 자연에는 추한 모습이 하나도 없습니다. 우리는 가끔 자연으로 돌아가고 싶습니다. 갈대나 시냇물이나 바람이 되어 평범한 것들로 돌아가고 싶습니다.

말을 떠난 슬픔과 미소 사이에서

와룡산 용미봉

친구들과 함께 와룡산 용미봉으로 벚꽃, 진달래꽃을 보러 갑니다. 올해는 예년보다 꽃이 늦게 피어서 아마도 벚꽃은 보기 힘들지 싶습니다. 계성고등학교 옆으로 올라가다가 첫 번째 갈림길에서 우회전합니다. 와룡산 3부 기슭을 가로지르는 길입니다. 한참 걷다가 정자 쉼터에서 휴식한 다음 용미봉 정상을 향해 곧장 가파른 비탈로 올라갑니다.

와룡산의 동쪽 사면 3부 기슭은 호젓합니다. 봄날이라 하지만 아직은 잎이 돋지 않아 그늘이 없어 따뜻한 길입니다. 산은 커튼을 열고 그 안쪽 풍경을 보여줍니다. 잎사귀도 없이 마른 나뭇가지뿐이지만 오히려 정신적 풍요를 느끼게 해줍니다.

용미봉 정상 부근에 있는 벚꽃 터널에 도착합니다. 작년 이맘때는 벚꽃이 만발했는데 올해는 아직 피지 않았습니다. 이곳은 해발 220m 정도에 불과하지만 길이 가팔라 천천히 올라왔습니다. 벚꽃은 활짝 피었을 때도 아름답고 질 때도 아름답지만, 막 피려 할 때도 아름답습니다.

용미봉 아래 진달래 군락지가 있습니다. 꽃 피는 기쁨을 알지 못한다면 우리는 아마 살아가기 힘들지 않을까요. 꽃과 숲과 강과 산 그리고 하늘이 겹겹이 겹친 이 풍경은 절경입니다. 이 풍경 하나를 보려고 봄날이 가기 전에 외롭신 용미봉에 오른 것입니다.

> 연분홍 치마가 봄바람에 휘날리더라
> 오늘도 옷고름 씹어가며 산제비 넘나드는 성황당 길에
> 꽃이 피면 같이 웃고 꽃이 지면 같이 울던
> 알뜰한 그 맹세에 봄날은 간다
> - 「봄날은 간다」, 손로원 작사, 박시춘 작곡, 백설희 노래, 1953.

기억이 맞는다면 나는 이 노래를 K중학교 합격생 예비 소집 날 처음 들었습니다. 노래를 부른 사람은 당시 사회를 보던 교무주임 이길우 선생님(수학)입니다. 선생님 애창곡이 바로 「봄날은 간다」였고, 떨리던 그 음색을 지금도 기억합니다.

"꽃이 피면 같이 웃고 꽃이 지면 같이 울던" 대목에서 가슴에

뭉클한 울림이 남았습니다. 그 울림은 지금도 내 가슴속에서 그 부분을 읊조릴 때면 되살아납니다. 마음을 뒤흔드는 말 한마디는 언제 들어도 새롭습니다.

전쟁 중에 삶의 터전은 파괴되어 잿더미만 남고 사랑하는 사람들은 죽거나 헤어졌습니다. 당시의 시대정신이 제행무상(諸行無常)을 노래하는 「봄날은 간다」를 낳았습니다. 이 노래의 정서는 당대의 보편적인 심리 상태였으니, 한 시대의 문화적 상황의 산물이라고 할 수 있습니다.

'같이 웃고 같이 울던' 사람이 있었으므로 슬픈 곡조는 어느 정도 완화됩니다. 혼자서는 느낄 수 없지만, 연대를 통해서 느낄 수 있는 어떤 감정이 있습니다. 심금을 울리는 무언가를 함께 나눈다는 감각, 그것이 사랑이 아니라면 무엇이겠습니까.

전쟁을 통하여 인생의 덧없음을 뼈저리게 느끼고 그에 걸맞은 통찰력이 있는 노래를 부르며 세월마저 덧없이 지나가게 합니다. 이러한 태연함 속에서 제행무상의 애틋한 정감을 삭여냈던 것입니다. 꽃을 보면서 제행무상을 노래하는 수백 수천의 시가 있습니다. 수많은 사람이 꽃이 피는 것을 애타게 기다리고 꽃이 지는 것을 애통해하며 거듭거듭 제행무상을 노래했습니다. 당나라의 방랑시인 우무릉(于武陵, 810~?)의 시 「권주(勸酒)」입니다.

금빛 빛나는 잔에 술 한 잔 권하노니
철철 넘치는 이 잔, 그대는 사양 말고 받으시게
꽃이 피면 으레 비바람이 많으니
인생이란 원래 이별이 가득 차 있다네
勸君金屈卮, 滿酌不須辭, 花發多風雨, 人生足別離.

- 『당시선』 권6, 우무릉, 「권주(勸酒)」.

이 시의 마지막 10글자는 제행무상을 노래하며 1,200년 동안 읽는 사람의 가슴을 뒤흔들었습니다. 슬픔은 인간이 세상에서 느낄 수 있는 가장 고귀한 감정 중 하나입니다. 이런 정감(情感)은 단지 '아름다운 지금의 모습'을 바라보는 데에서 오는 감정보다도 더 깊고 섬세한 감정입니다.

삶의 한가운데에서 '삶이란 덧없는 꿈'이라는 사실을 인식하는 것은 얼마나 아련한 슬픔일까요. 한갓 꿈같은 인생길에서도 활짝 핀 꽃을 보는 것은 즐겁습니다. 그때마다 우리는 보이지 않는 슬픔의 세계와도 만나는 것입니다. "정취는 자연에서 얻는 것이 깊고 학문에서 얻는 것은 얕다"(원굉도, 『원중랑전집』 권1)고 했는데, 과연 그러하지 않습니까.

꽃에 대해서는 아무리 말해도 남김없이 다 말했다 싶은 경지에 이르지 못합니다. 어떤 이야기보다 더 영적이고 철학적 의미가 담긴 이야기를 하나 덧붙이겠습니다. 꽃에 대한 잊을 수 없는 또 다른 이야기입니다.

> 세존은 옛날 영취산의 집회에서 꽃을 들어 대중에게 보이셨다. 그때, 모두가 입을 다물고 있었지만, 오직 가섭존자 한 사람만이 얼굴의 긴장을 풀고 활짝 미소 지었다.
> 세존은 말하였다. "나에게 정법안장, 열반묘심, 실상무상이라는 미묘한 법문이 있다. 불립문자, 교외별전이라는 방편으로 마하가섭에게 부촉하노라."
>
> - 『무문관』, 제6칙 세존염화.

석가모니가 꽃을 들어 대중에게 보여주었는데 아무도 그것이 무슨 뜻인지 이해하지 못했습니다. 오직 가섭만이 파안미소(破顏微笑), 즉 얼굴을 '깨뜨리며' 미소 지었습니다. 보이는 것은 이것뿐입니다. 여기에는 아무런 설명도 없고 아무런 신호도 없습니다.

가섭의 '파안미소'는 행복의 징후였을까요, 신비체험의 표현이었을까요. 가섭의 체험은 인간의 헐렁한 언어로는 표현할 수 없는 것이었습니다. '불립문자(不立文字)'란 말이나 글에 의지하지 않고 곧장 인간의 본성을 꿰뚫어보면 부처가 된다는 것입니다. 선종은 이렇게 '파안미소' 속에 뿌리를 내렸습니다.

그러나 이 설화는 믿기 어렵습니다. 불교 역시 제자들이 모여 문자로 기록했기 때문에 전해진 것입니다. 가섭은 마음으로 무슨 요체를 전해 받은 것이 아니라 불경 편찬의 발기인이었습니다. 전하는 이야기에 따르면, 석가모니가 열반한 해에 가섭이 아난다 등 500명을 소집해 최초의 불전 결집을 주도했다고 합니다.

그뿐만 아니라 이 이야기는 대장경에는 나오지 않고 『대범천왕문불결의경(大梵天王問佛決疑經)』이라는 경전에 처음 등장합니다. 『인천보감』의 「왕안석의 해박한 불교 지식」에 보면 '세존의 염화시중' 출전에 관한 이야기가 실려 있습니다(『가려 뽑은 송나라 선종 3부록』 권2, 장경각, 2019).

이 경은 위서(僞書)라는 것이 학계의 중론입니다. 한 편의 아름다운 드라마와 같은 '염화미소(拈花微笑)'는 이처럼 11세기에 송나라에서 만들어진 설화입니다. 송대에 이르러 선가(禪家)에서 언어의 한계를 깨달은 것입니다. 선승들의 생생한 깨달음과 그 과정을 인류의 허술한 단어로는 표현할 수 없다는 사실을 깨닫고 그것을 뒷받침할 위경을 만들어 낸 것입니다.

하나의 종교나 종파가 시종일관한 논리의 배열에 도달하려면 일반 관념들에 토대를 둔 언어를 개발함으로써 그런 관념을 다룰 수 있어야 하고, 또 그것을 정의하는 문헌을 확보해야 할 필요가 있었던 것입니다(알프레드 노스 화이트헤드, 『종교란 무엇인가』, 2015).

우리가 살아가는 현실 세계 위에 또 하나의 차원으로서 언어 세계가 겹쳐져 있고, 우리 인간은 현실 그 자체를 살아가는 것이 아니라 항상 언어라는 필터를 거쳐서 '언어에 의해 구축된 현실'을 살아갑니다. 그래서 인간에게 존재의 해탈이라고 하는 건 언어의 부정 없이는 이루어질 수 없습니다. 이러한 언어의 부정을 '불립문자'라고 한 것입니다.

'불립문자', 이게 과연 가능한 걸까요?

우리의 감각 경험 이면에 자리 잡은 이야기와 배경지식을 모두 드러내는 일이 과연 가능할까요? 가능하다면 언어가 없는 인간의 삶은 어떤 의미가 있는 걸까요.

진달래꽃을 바라보는 우리 마음속에는 저마다의 이야기가 끝없이 나타났다가 사라집니다. 우리의 경계는 이처럼 언어의 재잘거림 속에서 정신이 방황하기 때문에 진정으로 현재에 살고 있지 않습니다.

모처럼 자신을 벗어나 보는 하루, 영산홍 군락지까지 내려갔으나 영산홍은 아직 피지 않았습니다. 발아래 금호강은 팔달교, 매천대교, 금호대교를 걸치고 유유히 흘러갑니다. 버드나무의 연두색은 우리 내부에서 움트고, 그 뒤로 반투명의 산맥이 있습니다. 하늘의 높이와 대지의 숨결 같은 것은 사람이 감히 잴 수 없는 것들입니다.

돌아오는 길, 호젓한 산길, 우리는 꽃을 보고 나무를 보고 흙을 보았습니다. 이렇게 타박타박 걸을 때면 우리가 곧 죽을 사람은 아니로구나 생각됩니다. 가끔은 지금이 한창때라는 착각마저 일어납니다. 자신에게 푹 빠져서 자잘한 근심거리에 매여 있다가 모처럼 기신을 벗으니 보는 하루였습니다.

본래면목을 모르는 헛똑똑이들

공암 풍벽

왜 산에 가느냐고요? 산에 가면 기분이 좋아지니까 가는 겁니다. 오늘날 우리는 스마트폰, 컴퓨터, 텔레비전 등에 너무 많은 주의를 기울이느라 눈과 귀가 쉬지 못하고 늘 긴장 상태에 있습니다. 혹은 자신에게 너무 푹 빠져 자잘한 걱정거리에 매여 삽니다. 산행은 긴장된 눈과 귀를 쉬게 하고, 답답한 자기 자신을 떠나는 것이며, 자신보다 훨씬 큰 대자연과 연결되는 풍요로운 경험이기도 합니다.

친구들과 함께 산행하면 전에는 가본 적이 없는 곳으로도 가보게 됩니다. 모처럼 멀리 운문댐에 있는 공암(孔巖) 풍벽(楓壁)으로 갑니다. 공암리 마을 지나 약 2km 산길을 올라가면 30m 높이의 풍벽이 있습니다. 공암 풍벽은 구멍 뚫린 바위가 있는 단풍이 아름다운 절벽이란 뜻입니다.

공암리 마을에서 10분 정도 걸어가면 광활한 초원이 나타납니다. 이곳은 원래 운문댐에 속하는 곳으로 물이 가득 차 있는 호수였습니다. 가뭄으로 물이 말라버리자 호수 밑바닥은 잡초의 발아로 대초원으로 변했습니다.

지금까지 몇 차례의 빙하기 시절, 지구상의 모든 생명이 전멸한 시기가 있었습니다. 6~8억 년 전에 나타난 빙하기에도 지구상의 생명이 또 한 번 거의 전멸했습니다. 거대한 환경 변화에도 바다 밑이나 땅속 깊은 곳에서 생명은 살아남았습니다. 큰 기후 변화와 혹독한 환경이 놀라울 정도로 생명을 진화시켰습니다. 생명의 역사에는 진실이 있고, 진실 속에는 지혜가 숨어 있습니다. 정말이지 생명은 역경 속에서, 아니 역경을 통해서 진화를 이룩합니다.

산기슭에는 물이 찼을 때의 수면이 숲 아래에 선을 그은 듯 나타나 있습니다. 이 시원스러운 초원은 많은 것을 말해 주지만 우리는 겨우 몇 가지만 알아듣습니다. 꿈처럼 펼쳐지는 푸른 하늘, 흰 구름, 드넓은 초원, 이 풍경 하나만으로도 마음이 꽉 채워집니다.

공암 풍벽으로 올라가는 길에는 나무 데크와 야자 매트가 깔려 걷기 좋습니다. 곳곳에 벤치가 놓여 있어 잠시 앉아 쉬기도 하면서 쉬엄쉬엄 올라갑니다. 절벽의 능선으로 이어지는 길이라서

좁고 위험합니다. 사람 하나 겨우 지나갈 정도의 좁을 암벽길도 몇 군데나 있습니다. 바위 사이로 혹은 양쪽 모두 낭떠러지가 보이는 좁은 길이 이어집니다. 밧줄도 있고, 야자 매트도 깔려 있어 걷기에 불편하지는 않습니다. 풍벽을 따라 걷노라면 경치가 좋은 곳에는 조망 데크가 설치되어 있습니다. 대초원을 바라보는 사람들의 얼굴에는 긴장이 사라지고 미소가 떠오릅니다.

호수 밑바닥 땅속에 숨어 있던 잡초가 죽지 않고 살아날 줄 누가 알았겠어요. 잡초의 씨앗은 물 밑 땅속에서 수십 년 동안 싹 틔울 날을 기다렸던 것입니다. 하늘의 선물처럼 나타난 이 아름다운 풍경에 깊은 행복감을 느낍니다. 초원은 인류가 가진 보편적 무의식의 근원이며 치유의 원형 풍경입니다. 초원 사이로 한 줄기 시냇물이 흘러갑니다. 한 번만 보면 평생 잊을 수 없는 풍경, 말 없는 풍경입니다.

저 아래 초원에 사람은 한 사람도 없습니다. 사람이 없다는 것, 사람의 손이 닿지 않았다는 것이 저 초원의 진정한 아름다움입니다. 사람 하나 없는 이 공허한 적막에 우리는 몸과 마음을 모두 잊어버립니다. 이런 풍경 속에서 티끌 세상을 초월하여 심리적 평형을 되찾고, 자기 자신마저 잊을 수 있는 것입니다. 이런 적막한 풍경은 풍경 자체가 바로 설법과 같다고 생각합니다. 그래서일까요, 이 풍경 앞에 서면 등줄기가 쫙 펴지는 느낌이 듭니다.

저 초원은 호수의 밑바닥이었습니다. 그렇다면 호수가 진짜 모습이고 초원은 일시적인 현상인 걸까요? 아니면 초원이 본래면목(本來面目)이고 호수가 일시적인 현상인 걸까요? 눈앞의 현실만 아는 사람은 아무것도 모르는 것이나 다름없습니다. 시야가 넓어지기 위해서는 더 커다란 시간 속으로 걸어가야 합니다.

타고난 그대로의 모습을 본래면목이라고 하지만 불가(佛家)에서는 훨씬 더 깊은 뜻으로 사용하고 있습니다. 불가에서는 동상석인 언어에 역사적 일화를 더해 의미에 깊이와 향기를 더하는 경우가 많습니다.

지금으로부터 1,100년이나 전에 있었던 일입니다. 『경덕전등록』(1004), 『오등회원』(1252) 등에서 이 일화를 언급하고 있지만 가장 오래되고 원형에 가까운 기록은 『조당집(祖堂集)』(952)에 실려 있습니다.

> 향엄(香嚴, ?~898)은 위산(潙山, 771~853)의 법을 이은 제자인데, 키가 7척이나 되고 아는 것이 많고 말재주가 능해서 학문으로 당할 사람이 없었습니다. 여러 차례 위산이 물으면 대답하기를, 마치 병의 물을 쏟듯 했으나, 위산은 그의 학문이 건성일 뿐이요 근원을 깊이 통달한 것이 아님을 알았지만 그의 말재주를 쉽사리 꺾지 못하고 있었습니다. 그러던 어느 날 아침에

위산이 이렇게 물었습니다.

"지금껏 그대가 터득한 지식은 눈과 귀로 남에게서 듣고 보았거나 경권(經卷)이나 책자에서 본 것뿐이다. 나는 그것을 묻지 않겠다. 그대는 처음 부모의 태에서 갓 나와 아무것도 아직 알지 못했을 때의 본분(本分)의 일을 한마디 일러보라. 내가 그대의 공부를 가늠하려 하노라."

-『조당집』 권19.

이 말은 참으로 아름다운 말이자 의미가 깊은 한 편의 시입니다. 사람이 공부만 하고 스스로 생각하지 않으면 헛똑똑이가 되고 맙니다. 위산은 그것을 경계하고 향엄에게 남의 말이 아닌 자신의 머리로 생각한 말을 해보라고 촉구한 것입니다. 어머니 뱃속에서 막 태어나 아무것도 모를 때의 네 본래면목은 무엇인가를 말해 보라는 것입니다. 태어나서 아무것도 모를 때 당신은 누구일까요?

아무것도 모르면 언어도 없고 생각도 없어서 정체성은 물론 자아도 없습니다. 아무 생각도 없다면 과연 당신은 누구일까요? 아무 생각도 없다면 우리는 에고가 없는 세계에 있게 됩니다.

에고가 없으면 쇼펜하우어가 말한 '자신을 망각한, 고뇌가 없는 관조'를 할 수 있습니다(쇼펜하우어, 『의지와 표상으로서의 세계』,

1819). 에고가 없다면 우리는 이 세상을 더 가벼운 마음으로 경험할 수 있을 것입니다. 그것을 순수경험이라고 말해도 좋을 것입니다.

아는 것이 대단히 많았지만 헛똑똑이에 불과했던 향엄은 대답을 하지 못한 채 고개를 숙이고 오래 생각하다가 다시 이러쿵저러쿵 몇 마디 했으나 모두 용납되지 않았습니다. 마침내 도를 일러주실 것을 청하니, 위산은 이렇게 말했습니다.

"내가 가르쳐주는 것은 옳지 않다. 그대가 스스로 알아내야 그대의 안목이다."

- 『조당집』 권19.

어떤 지식이든지 책에서 배우는 것을 학득(學得)이라고 한다면 스스로 생각해서 깨닫는 것을 체득(體得) 혹은 자득(自得)이라고 합니다. 위산은 향엄에게 불교의 공부는 책에서 얻는 것이 아니라 자신의 머리로 생각할 줄 알아야 한다고 가르친 것입니다. 향엄이 방으로 들어가 모든 서적을 두루 뒤졌으나 한마디도 대답에 알맞은 말이 없었습니다. 향엄은 비로소 자신의 공부가 헛된 것이었음을 깨달았습니다. 그래서 가지고 있던 책을 모두 불살라 버렸습니다.

향엄은 두 눈에 눈물을 흘리며 위산에게 하직을 고하고 산문(山門)을 떠났습니다. 향엄산으로 들어가 혜충국사(慧忠國師)의 유적(遺跡)에서 몸과 마음을 쉬었습니다. 풀을 뽑으며 번민을 덜고 있다가 어느 날 기와 쪽을 던진 끝에 크게 깨닫고 웃으면서 다음과 같은 게송을 남겼습니다.

> 한 번 던지매 알던 것 잊으니
> 다시 더 닦을 것 없구나
> 이르는 곳마다 자취가 없으니
> 소리도 없고 모습도 없는 위의(威儀)로다
> 세상의 도를 아는 이라면
> 모두가 나를 일러 상상기(上上機)라 부르겠지
>
> - 『조당집』 권19.

향엄은 마침내 본래면목을 깨달은 것입니다. 향엄이 깨달은 본래면목은 독립된 자아도 없고 욕심도 없는 무아(無我)와 무욕(無慾)의 세계입니다. 무아와 무욕의 세계에 들어가면 사람은 평온해집니다. 그리고 저절로 나오는 웃음이 있습니다. 이제 그의 마음은 자유롭습니다.

클릭만 하면 수많은 정보가 쏟아지는 오늘날, 사람들은 점점 더 똑똑해지는 것 같지만 자신의 머리로 생각할 줄 모르는 헛똑똑이가 되어 가는 것 같아서 쓰디쓴 뒷맛이 느껴집니다.

바위에 달라붙은 이끼의 섬세한 초록색이 눈을 즐겁게 합니다. 내려오는 길, 어디선가 꽃향기가 날아옵니다. 음, 이건 칡꽃 향기로군요. 나는 향기로 칡꽃의 존재를 미리 알아차리고 두리번거린 끝에 칡꽃을 찾아냅니다. 총상꽃차례로 밑에서부터 자주색 꽃이 피어나는 중입니다. 총상(總狀)이란 포도송이 모양을 말합니다. 한 번 피어나기 시작하면 흐드러지게 만개하는 꽃처럼 우리도 자기 존재를 활짝 드러내며 살았으면 좋겠습니다.

그냥 물이죠, 뭐

욱수골

욱수골 산행에 나섭니다. 외곽순환도로 덕분에 욱수골까지 시간이 많이 단축되었습니다. 욱수골 주차장에 주차된 자동차의 보닛에 노란측범잠자리가 꼼짝하지 않고 앉아 있습니다. 늦게 오는 친구들을 기다리며 잡담하는 동안에도 전혀 꼼짝도 하지 않고 앉아 있습니다. 친구가 손으로 잡아도 꼼짝도 안 해서 '죽었나 보다' 하며 던졌습니다. 그러자 노란측범잠자리는 보란 듯이 훨훨 날아갑니다. 아하, 살아 있었군요. 다행입니다.

오늘은 조그만 개울을 따라 산길과 포장도로를 번갈아 가며 걷습니다. 산길에는 밤꽃이 수북하게 떨어져 있습니다. 흐르는 물소리와 산속으로 난 오솔길은 언제나 우리를 아늑하게 합니다. 끊임없이 들리는 새소리는 사람들의 마음을 행복하게 합니다. 무덤들을 지나고 개울을 지나 '소바우 쉼터'에서 잠시 앉아 쉽니다.

쉼터 앞 텃밭은 이 일대에서 가장 오래된 텃밭 가운데 하나입니다. 텃밭을 빙 둘러 가며 돌담을 쌓았는데, 돌담 쌓은 솜씨가 예사롭지 않습니다. 돌담의 규모도 작지 않거니와 구멍이 숭숭 뚫리게 쌓은 솜씨가 프로급입니다. 텃밭에는 싱싱하고 맑은 향기가 가득합니다. 이런 텃밭을 보는 것만으로도 기분이 산뜻해 집니다.

산길이 끊어지면 포장도로를 걷기도 합니다. 욱수지 쉼터에서도 잠시 앉아 쉽니다. 성암산 자락이 못 물 위에 일비집니다. 저수지 저쪽에 커다란 알바위가 드러나 있습니다.

좁은 포장도로 위로는 자동차가 예상외로 많이 다닙니다. 비켜주면서 걷느라고 신경이 쓰입니다. 자동차가 뭔지도 모르는 야생동물에게 이 길은 위험한 길입니다. 과연 야생동물이 로드킬 당한 흔적이 수없이 많습니다. 다람쥐, 두꺼비의 사체가 LP판처럼 납작하게 굳어서 추상화되고 있습니다. 최근에 로드킬 당한 다람쥐 사체는 한 폭의 추상화처럼 우리 마음을 할퀴면서 풍화되어 갑니다. 비명횡사한 사체이지만 이 추상화에는 아직 생명의 힘과 아름다움이 남아 있습니다.

유기물이 어느 순간 무기물로 변해 버리는 대자연의 섭리 앞에서 한 개인의 가장 눈부신 업적마저도 한 줌의 재가 될 뿐이라는 깨달음을 얻은 사람이 있습니다. 그는 임종의 순간, 한 개체가 얼마나 미미한 존재인지를 임종의 눈으로 보여줍니다.

살면서 한 게 없으니
임종게를 남길 이유가 없네
오직 인연에 따를 뿐이니
모두 잘 있게

-『승보정속전』권4, 원오극근 선사.

이 임종게를 남긴 사람은 천 년 전, 당대 제일의 승려였던 원오극근(1063~1135)입니다. 문자 선외 정하라고 할 수 있는『벽암록』이 원오의 강의록이라는 사실을 생각할 때, 한 게 없다는 말은 다소 충격적입니다. 나아가 선승은 임종게를 남겨야 한다는 형식적 관념에도 일격을 가한 것입니다.

그가 남긴 말은 "모두 잘 있게[珍重]"라는 한마디입니다. '진중'의 속뜻은 몸을 아끼라는 말입니다. 개인의 한계를 절실하게 느끼면서 자신을 낮추고 남은 사람들의 안녕을 기원하는 모습에는 범접할 수 없는 위상이 있습니다. '진중'을 거듭 말함으로써 말의 의미뿐 아니라, 말의 질감과 감촉에 한없이 다정하면서도 진정에서 우러나오는 무게감을 더했습니다.

우리가 주의 깊게 주변을 살피며 산길을 걸을 때마다 생명의 변화무쌍함과 죽음을 생생하게 느낍니다. 살아 있으면서 삶의 덧없음을 생생하게 경험하는 것은 대단한 축복입니다. 우리가 생명의 기쁨을 맛볼 수 있는 것은, 오직 이 덧없는 인생 속에서 맛볼 뿐입니다. 죽음이 없다면 살아 있다는 기쁨 또한 사라질 것입니다.

250년 전, 서양에서도 산길을 걸으며 대자연의 변화무쌍함과 인생의 덧없음을 절절하게 체험한 사람이 있습니다. 1774년 25세의 나이로 『젊은 베르테르의 슬픔』을 써서 유럽을 뒤흔든 괴테(1749~1832)는 그 다음해에 당시 인구 20만 정도였던 바이마르 공국에 초청됩니다. 그리고 추밀원 참사관, 장관, **추밀원** 고문관으로 고속 승진합니다.

1780년 31세의 괴테는 당시 바이마르 궁정의 인기 사냥터였던 키켈한산(861m)에 올라가서 정상 북쪽에 있는 사냥터지기의 오두막에서 하룻밤을 묵었습니다. 그날 밤, 그는 즉흥적으로 「나그네의 밤 노래」라는 시를 오두막의 나무에 연필로 적었습니다.

나그네의 밤 노래 2

모든 산 정상에는
안식이 있고
모든 가지 끝에는
바람 한 점
불지 않네

숲속의 새들마저 지저귐을 멈추었네
기다리게, 머지않아
그대 또한 쉬게 되리니

키켈한산에 오르면서 괴테는 깊이 모를 기쁨을 느낍니다. 하찮은 인간의 지혜가 아닌 인간을 초월한 커다란 대자연의 파동 같은 것을 온몸으로 느꼈을 것입니다. 산 정상의 깊고 고요한 정적 속에서 "쉬베르 알렌 깁페른 / 이스트 루"라는 첫 구절이 괴테의 입술에서 흘러나옵니다. 그는 깊이를 알 수 없는 기쁨으로 시의 나머지 부분도 써 내려갑니다. 순식간에 산 정상으로부터 깊은 가락이 괴테의 영혼을 관통하며 흘러나왔습니다.

괴테는 키켈한산 정상에서 자신의 조그맣고 사적인 자아를 쉬게 해주는 더 큰 자아가 있음을 발견한 것입니다. 이 시는 평범한 말 속에 무한한 의미를 함축하고 있습니다. 그것을 대자연의 정신 혹은 우주의 정신이라고 말해도 좋을 것입니다. 이 시는 후일 가장 순수한 독일 서정시로 평가받게 되고, 1823년에는 슈베르트가 곡을 붙였습니다.

50년 후, 1831년(82세), 죽기 약 6개월 전에 괴테는 다시 오두막에 올랐습니다. 그는 자신이 적은 시를 알아보고 마지막 구절을 되뇌면서 눈물을 흘렸습니다.

로드킬 흔적을 보며 포장도로를 걷다가 봉암폭포로 가는 산길로 접어듭니다. 이 길로 쭉 올라가면 진밭골과 연결됩니다. 산길은 비록 처음 걷는 길일지라도 언제나 고향에 온 듯한 기분을 느낍니다.

봉암폭포 앞에는 정자를 새로 지어 놓았군요. 정자에 앉으니 역시 풍류가 있습니다. 헛됨과 빈틈이 없는 생활에는 여정이 없습니다. 인생이란 당연히 쓸데없는 짓도 해야 하고 풍류도 즐겨야 합니다.

봉암폭포는 비가 좀 내리면 7m 높이의 바위에서 떨어지는 두 줄기 폭포가 볼 만합니다. 어떤 폭포든 폭포는 독특하고 미묘한 흐름 때문에 수많은 사람의 마음을 끌어당깁니다. 쏟아지는 폭포를 보면서 소동파(1037~1101)의 시를 생각합니다. 소동파의 오도송(悟道頌)이라고 일컬어지는 이 시는 불도를 닦는 많은 사람이 애송하는 시입니다.

시냇물 소리 그대로 부처님 설법이니
산빛은 어찌 부처님 법신이 아니랴
밤새도록 들은 무량한 법문을
훗날 어찌 남에게 다 전하랴

- 소동파, 「증동림상총장로」.

소동파는 1084년(47세) 동림사에서 상총 선사에게 법문을 청했습니다. 상총 선사는 사람이 설법해 주는 말만이 법문이 아니라 우주 만상이 모두 법을 설하고 있으니, 그 법을 들을 줄 알아야 한다고 말해 줍니다. 이른바 무정설법(無情說法)을 들으라는 말입니다.

동파가 절을 나와 돌아오는데 마침 골짜기 계곡 밑을 지나자 폭포에서 물 떨어지는 소리가 세차게 들렸습니다. 순간 동파는 무정설법이 무엇인지 깨닫고 이 시를 지어 상총 선사에게 바쳤습니다. 동파의 시는 역시 훌륭하지만, 무정설법에 모범 답안일 뿐 '이거다!' 싶은 구절은 없지 않나 싶습니다.

나는 오히려 디킨스(1812~1870)의 하녀가 나이아가라 폭포를 보고 한 말이 가슴에 와닿았습니다. 1842년, 30세의 나이로 미국을 방문하여 거국적 환영을 받은 디킨스는 나이아가라 폭포를 보고 그만 넋을 놓고 이렇게 말했습니다.

"나이아가라 폭포는 단번에 아름다움의 이미지로 아로새겨졌고, 심장이 멎을 때까지 영원히 잊을 수 없을 것이다."

그러나 나이아가라 폭포가 디킨스의 아내 케이트의 하녀에게 준 인상은 전혀 달랐습니다. 그녀는 이렇게 말했을 뿐입니다.

"그냥 물이죠, 뭐. 물이 엄청 많더라고요(헤스케드 피어슨, 『찰스 디킨스 런던의 열정』, 2017)."

사람들은 나이아가라 폭포처럼 세계적으로 유명한 곳에 가면 무슨 대단한 것을 보는 줄 압니다. 막상 가보면 그저 물을 볼 뿐 특별한 것은 아무것도 없습니다. 하녀의 말은 말 하나하나가 자신의 가슴에서 나온 말이라 뭔가 '진짜'라는 생각이 들지 않습니까. 지식에 속박되지 않고 마음의 자유를 잃지 않았기 때문일 것입니다.

오늘도 산길을 걸으면서 세상과 인생을 바라보는 어떤 깊은 시각을 하나 얻은 것은 아니지만, 그래도 내 발로 걸었으니 산과 바람의 감촉만은 생생하게 느낀 하루였습니다.

나는 즐겁게 바위 속에 앉아 있네

⚭

영덕 블루로드

    동창회에서 야유회를 갑니다. 아침 7시 법원주차장 집결인데, 6시 40분경에는 거의 모두 버스에 탑승합니다. 버스로 3시간 정도 달린 끝에 드디어 영덕군 영해면 괴시리 전통 마을에 도착합니다. 200년 된 고가들이 30여 채쯤 있는 영양 남씨 집성촌입니다.

    마을 왼쪽 그리 가파르지 않은 언덕배기에 목은기념관이 있습니다. 괴시리는 목은 이색(1328~1396) 선생의 외가 마을입니다. 유명한 사람들의 기념관이나 유적지가 본가 아닌 곳에 있는 경우도 많습니다. 고려나 조선 시대에는 친정에서 출산하는 경우가 많았고, 처가 동네에서 사는 경우도 드물지 않았기 때문입니다.

    일요일이라 기념관 문은 잠겨 있고, 마을 어귀에 있는 연못의 연꽃을 감상하면서 무더위를 잠시 씻어봅니다. 괴시리 마을에서 한 15분 정도 달리면 신돌석(1878~1908) 장군 기념관이 있지만, 그

곳도 사람은 거의 없고, 기념관은 역시 잠겨 있습니다.

우리는 바닷가에 있는 원조 대게마을인 축산면 경정 2리(차유마을)로 가서 블루로드 산행을 시작합니다. 오늘 우리가 걷는 길은 축산면 경정2리에서 축산항까지 이어지는 산길입니다. 바다를 끼고 구불구불 이어지는 좁은 오솔길에서 바라보는 경치는 그림처럼 아름답습니다. 산길을 걸으면서 바로 발아래로 펼쳐지는 청람색 바다를 볼 수 있다는 것은 축복과도 같습니다.

바다와 산으로 이어지는 오솔길은 대자연의 원대함을 느끼게 합니다. 나이가 좀 들었어도 어디를 가든 스스로 걸을 수만 있다면 그것만으로도 기쁨의 원천이 됩니다. 물을 보면 무상한 세상을 느끼고, 산을 보면 영원한 생명력을 느낍니다. 바닷가 산길을 걸으면 세상 그 어느 곳보다 자연에 더 가까워집니다.

물론 이제는 기뻐도 펄쩍 뛰는 그런 기쁨은 아닙니다. 푸른 바다를 봐도, 녹음이 짙은 산을 봐도 그저 잔잔한 기쁨을 느낍니다. 이제는 밖으로 펼치는 일보다는 안으로 접어 포개는 일이 훨씬 더 쉬운 나이가 되었답니다.

조금 걸어가자 기암괴석이 병풍처럼 늘어선 백사장이 나타납니다. 모래와 바위, 산과 바다와 하늘의 대비가 어찌나 선명한지 눈이 부십니다. 파도 소리를 들으며 걷고 있으면 수많은 정감이 일어났다 사라집니다. 파도가 밀려왔다가 밀려가는 독특한 소리와 리듬에 우리 마음도 공명하는가 봅니다.

  산과 바위 옆으로 아득한 수평선이 나타납니다. 이런 확고하고 안정된 선이 있으면 우리 마음도 또한 편안해집니다. 눈앞에 끝없이 펼쳐지는 바다를 바라보면 우리 마음도 그처럼 넓어지기 때문에 바다는 언제나 수많은 사람이 동경하는 장소입니다.

  백사장에 누군가 방금 지나간 발자국이 보입니다. 흰 파도가 밀려와서 금방 발자국을 지워버립니다. 파도가 밀려와서 하얀 거품으로 부서질 때마다 피도기 얼마나 덧없는지 생생하게 체험합니다.

> 헛된 인연 잘못 알고 살아온 77년의 생애
> 살아온 일들, 창가에 부딪치는 벌처럼 부질없었네
> 홀연히 저 언덕 위로 올라가면서
> 나의 일생, 바다 위 물거품 같은 줄 이제 알았네
>
>   - 『범해선사시집』, 1916.

  이 시는 범해(1820~1896)가 남긴 임종게입니다. 일흔 살이 훌쩍 넘은 범해는 필시 바닷가에 있는 산을 오르며 깊은 생각에 잠겼을 것입니다. 10대 초반에 창호지 행상을 하던 일, 14세 때 출가하여 어렵게 불법을 공부하던 일, 마침내 강사가 되어 많은 후학에게 설법하던 일들이 주마등처럼 떠올랐을 것입니다. 그 모든 것이 지내놓고 보니 한갓 물거품처럼 아무것도 아니란 것을 홀연 깨달았을 때, 범해는 얼마나 놀랐을까요. 보통 사람은 이처럼 '이크' 하고 깨닫는 순간을 좀처럼 마주하기 어렵습니다.

인생을 통찰한 사람들은 대체로 사람의 일생은 덧없는 것이고 꿈과 같으며 물거품과 같다고 거듭거듭 말해 왔습니다. 『금강경』 사구게(四句偈)에도 "이 세상의 모든 일은 꿈과 같고 환상과 같고, 물거품과 같으며 그림자와 같고, 이슬이나 번개와도 같다(『금강경』 제32 應化非眞分)"라고 했습니다. 모든 건 순식간에 물거품처럼 사라져 버린다는 말입니다.

일본의 가모노 초메이(鴨長明, 1155~1216)는 이런 말을 남겼습니다.

> 집도 주인도 아침 이슬 속에 피어나는 나팔꽃처럼 금방 사라질 것이다. (…) 배 한 척이 지나간 뒤에 하얀 파도가 잠깐 나타났다 사라지는 것처럼, 나 자신의 짧은 생애도 그런 것이 아닐지.
>
> - 가모노 초메이(鴨長明), 『방장기』, 1212.

우리가 깨닫는다는 것은 결국 자신은 아무것도 아니란 것을 깨닫는 것입니다(우드펜스키, 『위대한 가르침을 찾아서』, 2005). 깨닫는 것은 인생이란 물거품과 같다는 것을 아는 것이고, 그것은 죽을 수밖에 없는 생명의 본원적 슬픔을 아는 것입니다. 그런 점에서 안다는 것, 깨닫는다는 것은 슬픈 것이고 괴로운 것이라는 생각마저 듭니다.

슬프고 괴롭지만 인생은 덧없다는 사실을 앎으로써 비로소 지금 살아 있다는 사실을 실감하게 됩니다. 인간은 죽는다는 사실을 알지 않고서는 진정한 삶을 누릴 수 없는 존재입니다. 슬픔 뒤에 기쁨이 숨겨져 있다고나 할까요, 덧없음의 비의(秘義)가 여기에 있다고 생각합니다.

저쪽 암벽에는 등반가들이 암벽에 붙어 있습니다. 동해를 바라보며 암벽타기를 하다니, 정말 환상적인 곳입니다. 암벽에 달라붙은 이들이 느끼는 충만감과 손가락으로 쥐는 힘을 우리도 또한 느낄 수 있습니다. 그렇지만 이제 우리는 암벽타기를 하고 싶은 마음은 일어나지 않는 나이입니다. 그저 바위에 매달린 사람들을 기분 좋게 바라보는 것, 그것이 우리가 하는 일입니다. 혹은 바위 한 귀퉁이에 앉아 보거나 바위 사이로 걸어가기만 해도 우리는 바로 바위의 기운을 받아 안정되고 편안해집니다.

옛날이나 지금이나 대자연을 벗 삼아 자신의 운명을 관조하며 즐겁게 살아간 사람들이 적지 않습니다. 8세기경, 당나라 시절에 살았을 것으로 추정되는 한산과 습득은 탈속한 사람들로 300여 편의 시를 남겼습니다. 그들은 남루한 차림으로 승려들이 먹다 남긴 밥을 얻어먹곤 하면서도 조금도 비굴한 기색은 없었다고 합니다. 길에서 주워서 길렀다고 전해지는 습득의 시입니다.

> 평생 무얼 그리 걱정만 하나?
> 한 세상 인연 따라 살면 되는 거지
> 시간은 시냇물처럼 끊임없이 흘러가고
> 세월은 돌이 부딪쳐 내는 불꽃처럼 짧으니
> 천지야 변하면 변하는 대로 맡겨 두고
> 나는 즐겁게 바위 속에 앉아 있네
> 平生何所憂, 此世隨緣過, 日月如逝川,
> 光陰石中火, 任你天地移, 我暢巖中坐.
>
> - 『한산자시집』, 1229.

인생은 석중화(石中火)처럼 짧지만, 자신은 천지가 변하더라도 개의치 않고 행복하게 바위 속에 앉아 있다고 노래합니다. 그는 모든 걸 내려놓고 세상일은 천지에 내맡겼기 때문에 행복합니다. 이 내맡김이야말로 삶의 커다란 비밀 가운데 하나입니다. 모든 걸 내려놓고 내맡길 때, 수많은 일이 저절로 일어납니다. 여기서 말하는 내맡김이란 자신을 천지에 내맡기는 초연함이자, 그릇된 분별들이 마음속에서 소멸하여 자아를 내던지는 깨달음을 의미합니다(존 스테프니 외, 『서양철학과 선』, 1993).

습득은 바위의 중심, 다른 말로 하자면 존재의 중심에서 세상을 관조하며 살아갑니다. 그는 모든 것을 천지에 내맡겼기 때문에 근심, 걱정이 없습니다. 한산과 습득은 언제나 웃고 떠들며 흥겹게 춤을 추며 살았다고 하니 참으로 걸림 없는 삶이었다 하겠습니다. 몽테뉴는 『수상록』 마지막 장의 맺음말 부근에서 이런 말을 남겼습니다.

> 자기 존재를 있는 그대로 누리는 것이야말로 절대적인 완성이며 신적인 완성이다.

몽테뉴의 기준으로 보더라도 습득은 절간에서 청소나 잔심부름을 하는 바보가 아니라 어엿한 한 사람의 선사였던 것입니다. 그는 자신의 존재를 있는 그대로 쾌활하게 누리며 산 선사입니다. 딱딱하고 현학적인 선사가 아니라 유쾌한 농담과 즐거운 춤, 아름다운 한 편의 드라마와 같은 삶을 한산과 습득은 펼쳐 보였습니다.

바닷가에는 해당화가 붉게 피어 있습니다. 저 선명한 붉은 색은 마치 붉은 신호등처럼 우리를 멈춰 서게 합니다. 꼭 한 시간을 걸었습니다. 초여름 햇볕에 땀은 흐르지만 마음만은 상쾌합니다.

우리는 한나절 동안 걸으면서 길들을 살아나게 하고, 자잘한 세부 사항을 추억의 노트에 채워 넣었습니다. 곰곰이 생각에 잠기기도 하고 혼잣말을 하거나 가끔 먼바다를 바라보면서 우리 마음속에는 있지만 가 닿을 수 없었던 삶의 비의(秘義)를 생각해 보는 하루였습니다.

천 줄기 눈물만 흐르네

천생산 미덕암

구미에 있는 천생산(408m)은 정상이 절벽으로 둘러싸여 평평하게 생겼습니다. 동네 사람들은 함지박처럼 생긴 이 산을 방티산이라고 불렀습니다. 팔부능선에 성벽을 쌓아 산성으로 만들어 전란 시 방어 성벽으로 사용했습니다. 천생산을 흔히 남아프리카공화국의 테이블 마운틴과 비슷하다고도 합니다. 테이블 마운틴이나 방티산이나 그 말이 그 말입니다.

친구 부부 18명이 천생산을 올라갑니다. 우리 회원이 모두 14명이니 부부 동반하면 28명이 정원입니다. 우리 나이가 되면 '건강'이라는 두 글자가 삶의 화두가 됩니다. 일이 있어서 못 나오는 건 괜찮지만 아파서 못 나오는 사람이 점차 많아집니다.

날씨는 화창하다 못해 덥고, 바람이 불면 송홧가루가 노랗게 날아갑니다. 저렇게 날아오른 송홧가루 가운데 일부는 동해를 건너 일본까지 날아갑니다.

　천생산은 전체적으로 크고 작은 바위가 많습니다. 커다란 바위 사이로 길이 좁게 나 있어서 올라가기 힘이 듭니다. 경사가 급한 구간에는 밧줄을 매어 놓아서 그걸 잡고 올라갑니다. 바위 하나를 통과할 때마다 동작 전환에도 신중하게 신경을 써야 합니다.

　올라가다 힘이 들면 커다란 바위에 기대앉아 호흡을 고릅니다. 천생산에는 점판암(점토), 이암(모래), 역암(자갈)이 많습니다. 이런 바위는 중생대에 형성된 바위로 경상도 일대에 많은 지층입니다. 1억 년의 세월은 점토와 모래와 자갈을 이처럼 단단한 바위로 변하게 합니다. 세월은 무상하지만, 무상함은 때때로 바위의 모습으로 나타납니다.

　정상을 앞둔 마지막 고비에는 나무 계단을 만들어 놓았습니다. 천생산은 408m이지만 출발 기점이 170m입니다. 등산 고도는 230m, 걸음 수로는 왕복 7,000보 정도입니다. 그러나 바위와 급경사면에 붙어보면 산은 결코 거짓말을 하지 않는다는 걸 알게 됩니다.

　정상에 있는 미덕암(米德巖)으로 가는 길도 온통 바윗길입니다. 곳곳에 군기를 꽂아 두었던 구멍이 보여서 이곳이 산성임을 알게 합니다. 미덕암은 천생산 남서쪽으로 돌출된 커다란 자연석 바위입니다. 바위가 층층이 쌓여 있는데, 삼면은 그대로 천 길 낭떠러지입니다. 멀리서 보는 것만으로도 아찔합니다.

내가 보기에 미덕암은 노르웨이에 있는 트롤퉁가의 마이너 버전에 가깝습니다. 트롤퉁가는 해발 1,100m 정상에서 링게달 호수를 향해 내뻗은 바위입니다. 많은 사람이 이 바위 끝에 서서 사진을 찍기 위해 트롤퉁가로 갑니다. 떨어지면 죽을 것 같은 두려움을 이겨내야 절벽 끝에 설 수 있습니다.

미덕암은 트롤퉁가처럼 위험한 곳은 아니지만 그래도 쉽지 않은 곳입니다. 용감한 회원 4명이 미덕암 끄트머리까지 갔습니다. 뒤편으로 구미 공단과 구미 시가지, 그 너머로 금오산이 보입니다. 아이고, 고소공포증이 있는 나는 멀리서 지켜보는 것만으로도 가슴이 조마조마합니다. 미덕암 같은 절벽을 보면 저절로 백척간두(百尺竿頭)라는 말이 생각납니다.

백척간두란 아주 높고 기다란 장대의 끝이라는 의미입니다. 깎아지른 듯한 절벽의 끝을 말하기도 합니다. 불가에서도 '백척간두'라는 말을 자주 사용합니다. 불가에서는 '높은 곳[高峰]'이나 '백척간두'를 수행의 최고봉 즉 깨달음을 상징하는 말로 사용합니다.

선종에 백척간두진일보(百尺竿頭進一步)라는 공안(화두)이 있습니다. 이미 백척간두(최고봉, 깨달음)에 올랐는데, 왜 한 걸음 더 나아가라는 것일까요? 한 걸음 더 나아가면 낭떠러지에서 떨어지는데 어떻게 한 발을 내디딜 수 있겠습니까?

이 물음에 대한 가르침이 『조당집』(952), 『경덕전등록』(1004), 그리고 대표적인 공안집인 『무문관』(1228)에 실려 있습니다. 기본으로 인용되는 『경덕전등록』보다 더 오래된 선종사서가 『조당집』입니다. 어쩐 일인지 『조당집』은 문헌 자체가 역사에서 사라졌다가 1912년에야 일본인 학자들이 해인사에서 『고려대장경』(1245)을 조사하다가 보유판에서 발견한 매우 귀중한 문헌입니다. 『조당집』의 기록이 『경덕전등록』보다 더 원형에 가깝습니다.

> 백 척의 장대 끝에서 움직이지 않는 사람은
> 비록 도에 들어간 듯하여도 아직 진실로 들어간 것은 아니다
> 백 척의 장대 끝에서 한 걸음 더 나아가야
> 비로소 온 세계가 바로 자기 자신임을 알게 되리라
>
> - 『조당집』 권17, 잠(岑=長沙景岑).

『조당집』에 나오는 잠(岑, ?~868)은 『경덕전등록』에 나오는 장사경잠(長沙景岑)입니다. 공안에 대한 해석과 재해석은 천 년이 넘도록 이어져 역사적인 축적이 적지 않습니다. 백척간두에서 어떻게 진일보할 수 있을까요? 천길 벼랑에서 나무를 잡은 손을 어떻게 놓을 수 있을까요?

생로병사에 대한 심리적 집착을 버리지 않으면 백척간두에서 한 발자국을 내디딜 수 없습니다. 자기 자신에 대한 집착을 버려야만 비로소 실존적 괴로움에서도 벗어날 수 있습니다.

'나'라는 아상(我相)이 사라져야 진정한 깨달음입니다. 아상이 사라지면 '나'에 가려져 있던 시방세계는 저절로 드러납니다. 아상이 사라지면 깨달음에 대한 집착, 생로병사에 대한 집착도 다 사라집니다.

시방세계가 바로 '전신(全身)'이라고 할 때, 그 '전신'이란 개체 생명이 아니라 결코 단절되는 일이 없는 영원한 생명, 보편적 생명을 뜻하는 것입니다. 이 구절의 독해는 나의 독해이지만, 사람마다 자신만의 독해가 있을 것입니다. 어떤 공안이든지 공안을 스스로 의심해 본 사람은 각자 나름대로 얻는 바가 있을 것입니다.

명나라 말 만력(1573~1619) 시대의 학자 홍자성이 쓴 『채근담』에도 비슷한 구절이 있습니다.

> 피리 불고 노래하며 흥이 무르익은 곳에서 문득 스스로 옷자락을 떨치고 자리를 떠나는 것은 통달한 사람이 절벽 위에서 손을 놓고 거니는 것같이 부러운 일이다.
>
> -『채근담』, 103.

조그만 술자리에서 스스로 자리를 떠날 수 있는 것도 백척간두에서 걷는 것처럼 굉장한 일이라고 『채근담』은 말해 줍니다.

공안이란 원래 알 수 없는 질문으로 생각을 끊게끔 하기 위한 것이기 때문에, 공안집을 읽어 보면 난해한 어구에 정신이 멍해져서 선문답의 경계가 손에 잡히지 않습니다.

집착을 버리기는커녕 집착 때문에 무한한 번뇌 속에서 헤매는 중생의 수준에서는 소동파(1037~1101)의 「강성자(江城子)」가 훨씬 더 가슴을 뭉클하게 합니다. 번뇌의 근원이긴 하지만 애착은 물과 같아서 생사를 윤택하게 합니다. 중생은 역시 신선보다는 원앙이 부러운 존재입니다.

> 한밤중 그윽한 꿈속에 문득 고향으로 돌아갔네
> 작은 집 창가에서 빗질하며 단장하고 있던 그대
> 말없이 돌아보며 그저 천 줄기 눈물만 흐르네
> 해마다 그리움으로 애간장이 끊어지는 곳
> 달 밝은 밤, 키 작은 소나무 서 있던 언덕
>
> — 소식, 『소동파전집』, 강성자(江城子).

소동파는 열여덟 살 때 열다섯 살의 왕불과 결혼했습니다. 그녀는 스물여섯의 나이로 세상을 떠났습니다. 소동파는 그녀가 죽은 지 3년 후, 그녀의 사촌 동생 왕윤지와 재혼했습니다. 그리고 왕불이 세상을 떠난 지 10년이 되는 날, 죽은 아내를 애도하는 시를 쓴 것입니다. 그녀의 무덤가에 소동파는 소나무를 많이 심었습니다. 그러니까 '키 작은 소나무 서 있던 언덕'이란 바로 그녀가 묻힌 언덕을 말합니다.

사람의 마음은 얼마나 자기중심적인지 모릅니다. 배가 부른 사람은 배고픈 사람을 이해하지 못하고, 몸이 건강한 사람은 아픈 사람을 이해하지 못합니다. 슬픈 경험을 하고 난 후에야 비로소 다른 사람의 슬픔을 이해할 수 있을 뿐입니다. 배우자를 잃거나, 배우자를 남기고 떠나가는 일은 누구나 살면서 한 번은 반드시 겪어야 하는 일입니다. 그 같은 슬픔을 겪은 사람은 아마도 이 시를 읽으면 눈물이 저절로 흘러내릴 것입니다.

소동파의 「강성자」는 중국의 셰익스피어로 불리는 김용(金庸, 1924~2018)의 무협지 『신조협려』에 인용되어 수많은 독자의 가슴을 울렸습니다. 남자주인공 양과가 16년의 세월이 흐른 후 염정곡에서 소룡녀(여자주인공)를 기다리다 끝내 만나지 못하고 하룻밤을 새우는 정경입니다.

"한밤중 깊은 꿈에 문득 고향으로 돌아갔지. 작은 집 창가에 서 빗질하며 단장하고 있던 그대, 말없이 돌아보며 그저 천 줄기 눈물만 흐르네. 해마다 애간장 끊어지는 곳 생각나니, 달 밝은 밤, 키 작은 소나무 옆에 서 있던 언덕일세."
여기까지 읊고는 자신도 모르게 울컥 눈물이 나왔다.

- 김용, 『신조협려(神雕俠侶)』, 〈명보〉(연재 1959~1961).

옛날에 누렸던 사랑은 얼마나 아름다운지 모릅니다. 중생은 그 사랑 속에서 영원히 깨어나지 않기를 바랍니다. 이별 후, 창자가 끊어지는 듯한 슬픔을 어떻게 극복하는지, 어떻게 혼자 살아내는지 그 방법을 우리는 알지 못합니다. 다만 말없이 흘리는 천 줄기 눈물이 그 슬픔을 어느 정도 위로해 주지 않을까 짐작할 뿐입니다.

울면서 걸어가는 것이 인생입니다. 그것은 중생의 영원한 노스탤지어입니다. 옛날 얼굴을 보고 싶으나 돌아갈 수 없어서 괴로운 영혼이자 눈앞에 없는 것을 보고자 하는 것입니다.

이런저런 생각을 하며 내려오는 산길에는 여전히 벌레가 달라붙고 풀쐐기들은 실을 늘어뜨리며 내려옵니다. 보이지는 않지만 작은 새들이 끊임없이 노래합니다. 내려오는 길도 온통 바위투성이입니다. 로프가 없으면 올라가기도 어렵겠지만 내려오기는 더욱 힘들 것입니다.

산기슭에는 철쭉이 만발했습니다. 철쭉꽃 위로 나비들이 날아갑니다. 나비가 앉았다 날아가면 철쭉꽃이 무게를 못 이기고 휘청합니다. 나비들이 꽃가루를 다리에 묻힌 채 이 꽃에서 저 꽃으로 날아가는 봄날, 꽃과 나비 속에서 느낄 수 있는 저 삶의 설렘처럼 모든 생명은 영원 속으로 뿌리를 내립니다.

기차를 타고 바다로

청하 월포리

"다음 달에는 바다를 한 번 봤으면 좋겠다."
"바다? 좋지!"
"기차 타고 가면 좋겠다."
"기차 여행? 좋지!"
"기차역에서 가장 가까운 바다가 어디에 있나?"
"월포역에서 내리면 바로 바다다."

쩨쩨한 속세를 벗어나는 데는 여행만 한 것이 없을 것입니다. 이렇게 해서 모처럼 친구들과 기차 여행에 나섭니다. 동대구역에서 10시 4분에 출발하여 무정차로 10시 39분에 포항역 도착입니다. 짧은 여행이지만 모처럼의 기차 여행에 모두 조금은 들뜬 모습입니다.

어린 시절 겨울밤, 이불 속에 가만히 누워 있으면 멀리서 기적 소리가 들렸습니다. 철로에서 한참 떨어진 곳인데도 겨울밤이면 기적 소리가 긴 여운을 남기며 들렸습니다. 기적 소리에는 뭔가 특별한 울림이 있어서 어린 마음에도 어디론가 떠나가고 싶은 마음이 들곤 했습니다.

기차를 타면 항상 어린 시절 이불 속에서 느꼈던 특별한 울림이 되살아납니다. 차창 밖을 바라보는 것만으로도 왠지 가슴이 설레고 즐겁습니다. 어디론가 멀리 떠난다는 느낌이 우리를 들뜨게 하는 걸까요. 기차를 타고 달리면 보잘것없는 산자락까지도 눈길을 끌고 마음을 설레게 합니다.

정확하게 35분 만에 종점인 포항역에 도착합니다. 포항역에서 15분을 기다린 다음, 동해선 무궁화호로 갈아탑니다. 2004년 KTX가 개통되면서 옛날 급행열차이던 무궁화호가 이제 가장 등급이 낮은 기차가 된 것입니다.

불과 10분 만에 기차는 첫 번째 역인 월포역에 도착합니다. 월포역에서 조금만 걸으면 바닷가에 도착합니다. 옛날부터 청하 월포리는 작지만 아름다운 해수욕장이 있는 한적한 바닷가였습니다.

오늘은 비가 오다가 멈춘 날이라 하늘도 흐리고 바다도 회색입니다. 바다의 푸른색은 바다 고유의 색이 아니라 빛이 만들어 낸 색입니다. 빛이 사라지면 색깔 또한 사라집니다. 오후 1시가 좀 넘어가자 하늘이 개며 바닷물 색도 푸른색이 됩니다.

백사장을 걸어 봅니다. 바다 냄새가 훅, 하고 밀려듭니다. 어촌에서 나는 비릿한 냄새가 아니라 신비로운 소금기를 머금은 바다 냄새입니다. 인간을 비롯한 모든 생명체는 바다에서 생겨났으니 이 냄새는 고향의 냄새입니다.

저 멀리 빨간 등대가 아름답습니다. 물보라는 여전히 높게 칩니다. 바람 부는 날의 바다도 아름답습니다. 물결이 죽 밀려와서는 백사장에서 부서지며 거품 소리를 내며 밀려갑니다.

바람이 강하게 불면 바닷물은 물결 위로 올라가서 물마루를 형성합니다. 물마루에서 공기가 섞이면서 흰 거품의 선인 물결이 나타납니다. 거품의 미세 기포는 겨우 몇 밀리미터에 불과하지만, 지구상 미생물의 대부분이 삽니다(시드니 퍼코위츠, 『거품의 과학』, 2008). 파도 소리는 부서지는 파도가 만드는 거품이 진동하면서 나는 소리입니다. 바다 색깔은 자세히 보면 하나의 색이 아니라 여남은 색조가 넘실대는데, 어떤 색이든 보는 사람의 마음을 편안하게 해줍니다.

바닷가에 서면 누구나 아이가 되어 동심으로 돌아갑니다. 어린 시절 바닷가에서 모래로 성을 쌓고 예쁜 조개껍질을 줍던 일을 어떻게 잊을 수 있을까요. 근대 과학의 시조로 꼽히는 뉴턴(1643~1727)은 생애의 말기에 이런 말을 한 적이 있습니다.

> 나는 세상에 내가 어떻게 비치는지 모른다. 하지만 나는 나 자신이 바닷가에서 노는 소년이라고 생각했다. 내 앞에는 아무것도 발견되지 않은 진리라는 거대한 대양이 펼쳐져 있고, 가끔 보통 것보다 더 매끈한 돌이나 더 예쁜 조개껍질을 찾고 즐거워하는 소년 말이다.
>
> - 데이비드 브루스터, 『아이작 뉴턴 경의 생애, 저술, 발견의 회고록』, 1855.

뉴턴의 이 말은 그대로 한 편의 선시(禪詩)와도 같습니다. 인류 지성사에 전환점을 마련한 위대한 과학자가 자신을 미지의 진리가 가득한 바닷가에서 노는 아이라고 표현했다니 참으로 절묘한 은유입니다. 뉴턴이 말한 거대한 진리의 바다에서 사람들은 제각기 다른 진리를 낚아 올립니다.

사람들이 어떤 진리를 낚아 올릴지는 부분적으로는 우연에 의존하지만, 주로 어떤 방법으로 낚시를 하는지에 따라 달라질 것입니다. 좌뇌를 활용해서 객관적 진리를 발견하는 사람도 있고, 우뇌를 좀 더 활용해서 주관적 진리를 발견하는 사람도 있을 것입니다.

바다라는 대양에 비하면 우리가 알아내는 것은 정말이지 매끈한 돌이나 조개껍질 하나에 불과합니다. 그렇지만 우리가 매일 뭔가 작은 것을 하나 알게 된다면 살아가는 데 필요한 기쁨과 자신감을 가질 수 있습니다.

삶의 궁극적인 목적이 행복일진대 우선 마음에 응어리나 번뇌가 없어야 합니다. 번뇌를 없애는 데는 다양한 방법이 있겠습니다. 『능엄경』에 따르면 25가지 수행 방법이 있는데, 그중 관세음보살이 수행한 이근원통(耳根圓通) 수행이 가장 훌륭합니다.

> 이 방법은 참으로 가르침의 본체이니 청정함이 소리를 듣는 데 있다. 삼매를 얻기 위해서는 실로 듣는 것으로 들어가야 한다.
> 『능엄경』, 「이근원통장」.

실제로 우리는 시각 정보에 의식을 집중하면 긴장하고, 청각에 집중하면 긴장을 풀어주는 데 도움이 됩니다. 우치다 다츠루에 의하면, 인간이 가장 무리 없이 이완된 상태는 외부에서 도래하는 '소리'에 고요히 귀를 기울일 때입니다. 철학뿐만 아니라 인간이 살아가는 데 가장 기본적인 매너는 바로 귀 기울이는 것입니다(우치다 다츠루, 『힘만 조금 뺐을 뿐인데』, 2017).

『법화경』에 따르면 관세음보살님은 해조음(海潮音, 파도 소리)을 들으며 수행하여 깨달았습니다(『묘법연화경』「관세음보살보문품」). 해조음은 백색소음입니다. 듣고 있으면 번뇌가 사라지고 마음이 편안해집니다. 백색소음이란 백색광과 비슷하게 수많은 주파수의 음들이 전체 음향 스펙트럼에 고르게 분포된 소리를 말합니다. 파도 소리, 바람 소리, 시냇물 흐르는 소리에는 백색소음의 요소가 있어서 마음을 편안하게 해줍니다(버니 크라우스, 『자연의 노래를 들어라』, 2013). 『성경』에도 예수님의 음성이 맑은 물소리와 같다고 했습니다(『요한계시록』 1:15). 동서양을 막론하고 소리에 귀 기울이면 마음이 편안해진다는 사실을 알았던 것입니다.

바다 앞에 서면 일상에서는 느낄 수 없는 무언가를 생생하게 느낄 수 있습니다. 그것은 한계와 경계가 없는 광대한 느낌입니다. 한계가 없는 영원에 대한 이 감각을 종교적이라고 말해도 좋을 것입니다. 당나라 시절 한 사미승이 읊은 짧은 시는 우리 마음속 깊은 곳을 두드립니다.

끝내 넓은 바다로 돌아가 파도가 되리라.
終歸大海作波濤.

- 『전당시』, 향엄(香嚴)·이침(李忱), 「폭포연구(瀑布聯句)」.

'파도가 되리라[作波濤]'라는 세 글자는 기운이 생동하고 형상이 지극히 웅장하여 결코 보통 사람이 우연히 얻을 수 있는 이미지가 아닙니다. 과연 이 사미승은 훗날 황제의 자리에 올라 선종(宣宗, 재위 846~859)이 되었으니, 이 세 글자의 기운생동을 천하가 다 알게 되었습니다. 한 편의 뛰어난 시는 읽는 이들을 일상적 세계로부터 일시적으로나마 꺼내 주어 시간이 정지한 것과 같은 평온함과 기쁨을 선사합니다.

3시간 정도 바닷가에 머문 다음 귀로에 오릅니다. 월포역에서 무궁화호를 타면 포항역에서 대구행으로 노선을 변경하여 그대로 운행합니다. 같은 열차에서 내렸다가 과식 번호를 찾아서 다시 타면 됩니다. KTX로 35분 걸린 거리가 무궁화호로는 1시간 25분 걸립니다. 세상에는 걷고 싶은 길이 있고, 타고 싶은 기차가 있습니다. 무궁화호도 그런 타고 싶은 기차 가운데 하나입니다.

바다를 실컷 보고 오는 길이지만 문득 어린 시절에 한 번 읽었을 뿐인데 저절로 외우고 있는 장 콕토(1889~1963)의 짧은 시 「귀」가 떠오릅니다. 콕토는 젠체하지 않고 그저 평범한 어조로 평범한 단어를 툭 던지고 지나갔는데 두고두고 뒤돌아보게 합니다.

이 시는 인간 내면에 숨어 있는 영원한 고향, 바다에 대한 노스탤지어를 표현한 것입니다. 바다를 시각이 아니라 청각으로 표현함으로써 평생 잊지 못할 청각적 그리움을 들려줍니다. 귀 기울여 해조음을 듣는 것, 그것은 대단한 행복입니다.

내 귀는 소라껍질
바다 소리를 그리워하네

- 장 콕토(Jean Cocteau), 『*Poésies*(1917~1920)』, 1920.

산다는 것은 멋진 일

낙동강변

복사꽃 물에 흘러 아득히 떠가니
이곳은 인간세계가 아닌 별천지라네

    일흔이 넘어서도 작은 배낭을 등에 메고 걸어가는 사람, 그 사람은 행복한 사람이고 성공한 사람입니다. 우리는 비가 오는 가운데 왜관읍 석전리 무성 그린맨션 앞 주차장에 모여서 비가 그친 다음 호국의 다리를 건너갑니다. 호국의 다리는 6·25사변 때 폭파됐던 옛날 경부선 철교를 리모델링한 것입니다. 아치형 난간이 없는 부분이 6·25사변 때 폭파된 부분입니다.
    1950년 8월 16일, 왜관 건너편 약목 쪽에 4만의 인민군이 집결했습니다. 그 유명한 B29 폭격기 98대가 그곳에 26분간 960톤의 폭탄을 퍼부었습니다. 4만 명의 인민군 가운데 3만 명이 이 폭격으로 죽고 대한민국은 살아남았습니다. 낙동강 전선과 다부동 일대는 그런 의미에서 호국의 성지입니다.

낙동강변을 걸어갑니다. 이 길은 호젓하고 아름답습니다. 대자연 속으로 걸어가노라면 도시에서는 상상도 하지 못했던 세계를 만나게 됩니다. 인간들이 만들지 않은 대자연 속에는 수많은 생명의 세계가 있고 신비로운 삶이 있습니다. 나무도, 풀도, 새도, 물고기도 모두 행복하게 살아갑니다. 오직 사람만이 무언가 근심 걱정으로 어두워 보입니다.

관호산성으로 올라갑니다. 길에는 낙엽이 쌓여 있어 밟으면 바스락 소리가 납니다. 사람들은 꽃이 피는 봄을 좋아하지만, 낙엽이 땅에 쌓여 얼어붙는 겨울도 아름답지 않습니까. 낙엽을 밟고 걸어가면 마음이 치유되는 듯한 깊은 정감에 젖어 듭니다.

관평루는 해발 86m, 낮은 언덕에 불과하지만 평지에 솟아올라 멀리까지 내다볼 수 있는 곳입니다. 관평루에 올라 멀리 아득하게 흘러가는 강물을 바라봅니다. 작은 언덕에도, 유유히 흘러가는 강물 속에도 수많은 일이 일어나고 있지만, 우리는 그런 사실을 알아차리지 못한 채 살아갑니다. 자기 일에 너무 바빠서 알아차릴 겨를이 없는 겁니다.

새들은 노래 부르고 나무들은 수많은 새싹을 준비하고 있습니다. 햇살은 숲 사이로 스며들어 이끼 위에 떨어집니다. 1300년 전에 이런 농밀한 풍경을 놓치지 않고 노래한 사람이 있습니다.

> 산에 사람은 보이지 않고
> 어디선가 두런대는 소리만 들리네
> 석양빛은 숲속 깊숙이 들어와
> 다시금 푸른 이끼 위에 비치네

- 『당시선(唐詩選)』 권6.

시불(詩佛)이라 불리던 당나라 시인 왕유(699~761)의 시, 「녹채(鹿柴)」입니다. 녹채란 사슴을 키우는 울타리를 말합니다. 녹야원(鹿野苑)입니다. 그가 만년에 녹채라는 골짜기에서 살면서 석양의 풍광을 노래한 시인데, 수많은 사람의 입에 자주 오르내렸습니다.

사람을 찾아볼 수 없는 깊은 산 속에 석양빛이 스며들어 푸른 이끼 위에 비치는 광경이 그림처럼 선명합니다. 마치 한 폭의 산수화를 보는 듯합니다. 이런 조용한 풍경은 서둘러 지나가는 사람에게는 보이지 않는 아름다움입니다.

왕유가 묘사하는 공산(空山), 석양빛[返景], 푸른 이끼[靑苔]는 절묘합니다. 그는 눈을 들어 하늘을 보고 고개를 숙여 이끼를 들여다봅니다. 푸른 이끼는 왕유가 깨달은 인생의 은유입니다. 그는 자연 속 이끼의 모습에서 자신의 모습을 찾아낸 것입니다. 이 시는 평범한 듯 보이는 자연을 묘사함으로써 깨달음의 경지를 드러낸 선시(禪詩)이고, 그 경계는 선경(仙境)입니다.

현재의 풍경을 조용히 관조함으로써 시인은 사라지고 오직 세상을 보는 맑은 눈만 존재합니다. 풍경을 지각하는 사람은 없고 풍경만 존재합니다. 이 시에서 풍경과 시인은 더 이상 구별할 수 없으며 둘은 하나가 되어버립니다.

산은 그처럼 순수하게 '본다'라는 것이 가능한 장수입니다. 일단 산에 들어가 대자연의 풍경을 객관적으로 바라보게 되면 자아가 사라져 마음의 안정은 저절로 나타나고 우리는 행복해집니다. 자아야말로 행복의 걸림돌입니다. 비록 왕일지라도 자기를 생각하면 행복해질 수 없습니다(파스칼, 『팡세』, 1670).

「녹채」가 우리를 인도하는 곳은 더 낮은 곳, 평소보다 훨씬 농밀한 세계입니다. 낮은 곳, 공기가 농밀한 그곳에서는 산이며 나무는 물론 이끼마저 온갖 것이 고루 행복한 세계입니다.

왕유와 같은 시기에 살았던 이태백(701~762)은 「산중문답(山中問答)」이라는 시에서 이렇게 노래합니다.

왜 벽산에 사느냐고 묻는 말에
웃으며 대답하지 않지만, 마음은 편안하다네
복사꽃 물에 흘러 아득히 떠가니

이곳은 인간세계가 아닌 별천지라네
問余何事棲碧山, 笑而不答心自閑.
桃花流水杳然去, 別有天地非人間.

- 『이태백집(李太白集)』.

벽산(碧山)은 허베이성에 있는 산 이름입니다. 이태백은 25세에 집을 떠나 이곳에 10년 정도 머물며 결혼도 하였는데, 이 시는 대체로 30세 전후에 쓴 시로 알려져 있습니다. 아직 젊은 사람이 왜 벽산에 파묻혀 처가살이하고 있느냐고 누가 물었겠지요. 혹은 그게 마음에 걸려 자문자답하는 형식으로 쓴 시인지도 모릅니다.

웃으며 대답하지 않았다는 소이부답(笑而不答) 네 글자에는 복잡한 심경이 담겨 있습니다. 마음은 편안하다고 했지만 어쩌면 마음이 편안하지 않았기 때문에 이 시를 썼는지도 모릅니다.

이어지는 도화유수묘연거(桃花流水杳然去) 별유천지비인간(別有天地非人間), 열네 글자는 하늘에서 떨어지는 유성처럼 찬란하게 빛납니다. 이 열네 글자로 이태백은 자신이 사는 곳을 단번에 별천지로 만들어 버립니다.

"왜 벽산에 사느냐고? 여기가 바로 유토피아라네."

이태백은 더 이상 벽산에 묻혀 사는 꾀죄죄한 젊은이가 아니라 별천지에서 노니는 신선이 되는 것입니다. 복사꽃은 두말할 것도 없이 도연명(365~427)의 「도화원기(桃花源記)」에 나타나는 무릉도원(武陵桃源)을 상징합니다. 이 시를 읽으면 우리 마음속에도 흐르는 물에 복사꽃이 아련하게 떠가는 모습이 무릉도원처럼 나타납니다.

이처럼 자연을 관조할 줄 아는 사람은 어디에서나 유토피아를 찾아낼 수 있습니다. 관조에 몰입하는 순간, 근심 걱정이 사라진 별세계에 들어가기 때문입니다. 이런 시를 읽고 나면 마치 우리가 직접 별천지에 있는 듯 마음속에 기쁨이 넘쳐납니다. 새들은 계속 노래 부르고 꽃은 피었다가 떨어집니다.

강물은 끊임없이 흘러갑니다. 이런 찬란한 세계를 들여다보려면 평범한 인간의 수준을 넘어서는 시력(視力)이 필요합니다. 세상에는 이처럼 맑은 눈을 가진 '보는' 사람이 존재합니다. 이태백은 우리에게 별천지를 보는 법을 가르쳐줍니다. 별천지는 이처럼 우리에게 가까이 있지만, 일시적이며 쉽게 사라집니다. 보통 사람은 거기에 오랫동안 머물 수 있는 시력을 갖고 있지 못합니다.

우리가 자아를 의식하자마자 우리는 다시 근심 걱정으로 어두워집니다. 그래서 보통 사람은 홀로 자연과 대면하는 것을 즐겨하지 않습니다. 주변 경치가 아무리 아름다워도 홀로 있으면 사람들 모습이 쓸쓸하고 음울하며, 서먹서먹하고 적의를 품은 듯이 보입니다(쇼펜하우어, 『의지와 표상으로서의 세계』, 1819).

우리는 친구들과 어울려 짐짓 웃으며 신라 시대 토성 유적지를 향해 건너편 언덕으로 올라갑니다. 이 언덕도 98m에 불과하지만 나름대로 정상다운 경치를 보여줍니다. 이런 완만한 언덕을 설렁설렁 올라가는 일, 그것 또한 행복한 일입니다. 신라 토성에서 강변으로 내려가는 길은 절벽을 끼고 내려갑니다.

발목이 푹 빠지도록 낙엽이 쌓여서 하마터면 발목을 삘 뻔했지만, 주변에 친구들이 함께 있으므로 경험의 질은 높아지고 정신은 멍랑해집니다. 이제야 꽃 피우는 야생화도 있군요. 관호산성과 신라 토성 곳곳에 낙엽 사이로 까마중 하얀 꽃이 별처럼 빛납니다. 살아 있는 모든 것은 아름답고 꽃을 피우는 일은 더욱 아름다운 일입니다.

강변으로 나오니 낙동강 700리에서 손꼽히는 갈대밭 군락지가 펼쳐집니다. 갈대밭을 끼고 오토캠핑장이 있어서 오토캠핑 중인 사람도 적지 않습니다. 갈대밭 사잇길을 걸으면 마치 세밀한 동판화 사이로 걸어가는 기분이 듭니다.

강물이 우리들의 눈과 귀에 찰랑이며 부딪칩니다. 생각으로 골치 아파하지 않고 우리의 존재를 유쾌하게 인식하는 데에는 강가를 걷는 것만으로도 충분합니다(장 자크 루소, 『고독한 산책자의 몽상』, 1782).

찰랑이는 물결을 바라보며 우리는 마음속 잔물결을 응시합니다. 아, 아, 하는 사이에 칠십 년의 세월이 흘러갔습니다. 강물을 바라보며 한참을 앉아 있거나 서성입니다. 강물처럼 흘러간 옛날을 생각합니다. 다시 한 번 소년 소녀로 돌아갈 수 있다면 얼마나 좋을까요.

  강변에 서 있는 왕버들은 수많은 가지를 낱낱이 보여줍니다. 아무것도 하지 않는다고 하더라도 산다는 것은 왕버들처럼 멋진 일입니다. 오래 산다는 것은 정말이지 이토록 아름다운 실루엣을 보여주는 일이로군요. 14,000보를 걸어 여기에 올 수 있다는 것, 그것만으로도 농밀한 하루입니다.

설레는 마음으로 오늘도 걷습니다

화원유원지

오늘은 아주 오랜만에 화원유원지로 갑니다. 60년대, 70년대에는 동촌유원지, 수성못과 함께 대구시민의 3대 유원지로 명성을 떨쳤습니다. 요즘은 생태탐방로, 대명유수지, 달성습지를 엮은 테마공원으로 거듭났습니다.

사문진 나루터에서부터 1km 길이의 낙동강 생태탐방로의 수상 데크가 있습니다. 옛날에는 볼 수 없었던 화원동산의 북서쪽 벼랑을 강물 위에서 바라봅니다. 새로운 시점을 하나 얻는 것은 새로운 풍경을 하나 얻는 것과 마찬가지입니다. 수상 데크가 설치됨으로써 화원유원지는 옛날보다 훨씬 풍성해졌습니다.

강 건너 고령군 다산면의 나지막한 산들과 강변 풍경이 가슴으로 스며듭니다. 대명천을 건너가면 1992년부터 성서공단의 침수를 막기 위해 조성된 대명유수지가 있습니다. 유수지란 원래 집중호우나 장마로 인해 불어나는 하천의 물을 저장하는 곳입니다. 대명유수지는 금호강과 대명천이 낙동강에 합류하는 지역 78,000평입니다. 20년 동안 생태계 복원 사업을 벌인 결과, 새로운 생태계가 태어났습니다.

대명유수지에 있는 광대한 물억새밭이 장관입니다. 보는 순간, 가슴이 탁 트일 정도로 아름다운 풍경입니다. 물억새는 갈대보다 키가 작고 억새처럼 억세지 않고 감촉이 부드럽습니다. 대명유수지가 유명해진 이유는 바로 이 물억새밭과 맹꽁이 때문입니다.

2011년, 국내 최대 맹꽁이 서식지로 알려지면서 유명해지기 시작했습니다. 곳곳에 맹꽁이 관련 게시판이 있지만 맹꽁이는 야행성이라 낮에는 보기 힘듭니다. 생태탐방로가 조성되고 관광명소가 된 것은 불과 몇 년 전의 일입니다.

맹꽁이 서식지로 유명세를 치렀지만 2017년 이후로 맹꽁이를 볼 수 없다고 합니다. 환경보호가 사람의 관점에서 이루어지고 있는 것은 아닌지 나는 늘 의심합니다. 사람이 하는 일은 이처럼 허점투성이니까 너무 아는 체하지 않는 것이 좋습니다.

오늘 생태탐방에는 24명이 참가했습니다. 몇 년 전만 해도 그렇지 않았는데 이제는 우리 얼굴에도 세월의 흔적이 나타나는군요. 65세 이상 노인이 50%를 넘으면 한계 마을이 되듯이 우리 모임도 한계 모임입니다. 앞으로도 걸을 수 있을 때까지 친구들과 함께 걸을 수 있다면 좋겠습니다. 건강이 여간 좋지 않아도 걸을 수만 있다면 "아아, 괜찮은 인생이야!" 하고 말할 수 있을 것입니다. 제대로 할 수 있을지 자신은 없지만, 그것은 우리가 원하는 만년의 모습입니다. 광장 뒤편의 군더더기 없는 느티나무 군락이 참으로 아름답습니다.

달성습지는 전체 면적이 60만 평에 이릅니다. 달성습지 안에 2.5km의 산책로가 있는데, 우리는 그 길을 따라 걸어갑니다. 하늘을 찌를 듯이 솟아 있는 느티나무들이 낙엽을 떨구고 잔가지를 낱낱이 보여줍니다. 갈색 낙엽이 바스러지는 소리가 발밑에서 들려옵니다. 발걸음 소리, 새소리가 들릴 만큼 조용하고 아름다운 길입니다.

산책은 여행이라고 옛날에 누군가 말했습니다. 정말이지 이런 산책은 작은 여행처럼 우리를 설레게 합니다. 이렇게 걷고 있으면 살아 있다는 감각이 전신의 세포를 살아나게 합니다.

달성습지 안을 흐르는 강은 낙동강으로 합류하기 직전의 금호강입니다. 팔공산 기슭에서 흐르는 동화천의 물도 금호강으로 흘러들어 이곳으로 옵니다. 우리 눈앞에 나타나는 모든 현상은 그 유래가 머나먼 곳에서 오는 것입니다.

대명유수지의 물억새밭과 달성습지의 산책길을 걸은 후 유람선을 타러 갑니다. 1시 정각, 유람선을 타고 낙동강 선상 유람을 시작합니다. 강변 풍경이 그림처럼 아름다운데 강물 위에는 복사본 경치가 아른거립니다. 멀리 화원동산 정상에 있는 팔각정이 보입니다. 저 높이 어디쯤인가, 고등학교 모자를 쓴 내 모습도 나타났다 사라집니다.

저 정도 높이에서 내려다보면 인생길 아득한 곳까지 내다볼 수 있습니다. 우리 나이까지 사는 것은 절대 나쁘지 않지만 그래도 10대가 제일 좋은 나이죠. 모자를 약간 삐딱하게 쓰고 교복 상의 단추 한 개는 풀어놓곤 했던 10대.

유람선은 강정보까지 북행했다가 뱃머리를 남으로 돌려 하류 쪽으로 내려갑니다. 곳곳에서 오리가 날아오르고, 오리가 떠오르면서 만든 물무늬가 하얗게 남습니다. 가까운 언덕과 먼 산이 겹겹이 겹쳐지면서 우리 마음을 한없이 깊어지게 합니다.

뱃전에 앉아 스쳐 지나가는 풍경을 보고 또 봅니다. 배가 지나갈 때마다 강변 풍경은 꿈결처럼 지나갑니다. 강물에 비치는 풍경의 아름다움은 어떤 아름다움보다 환상적입니다. 실로 그리운 풍경입니다. 강변의 나지막한 덤불숲과 물그림자!

옛사람들은 산과 강을 만났을 때 어떤 생각을 했을까요? 가장 먼저 천동정각(天童正覺, 1091~1157)의 임종게(臨終偈)가 떠오릅니다. 그의 임종게는 높고 아득하고 정감이 넘치는 풍경 하나를 보여줍니다.

꿈같고 환영 같은

육십칠 년이여

흰 새 날아가고 물안개 걷히니

가을 물이 하늘에 닿았네

夢幻空花, 六十七年, 白鳥煙沒, 秋水天連.

- 천동정각, 『굉지선사광록』.

천동정각은 묵조선(黙照禪)의 제창자이자 조동종에서 널리 읽힌 『송고백칙(頌古百則)』의 저자입니다. 그의 문하엔 늘 1천 명이 넘는 승려들이 몰려들었다고 합니다. 그런 천동도 자신의 평생을 '몽환공화(夢幻空花)'라고 고백하고 있습니다.

사람의 한평생을 말하는데 '몽환공화', 이 네 글자보다 더 솔직하고 의미가 깊은 문장을 나는 아직 보지 못했습니다. 이 네 글자 사이에 천동의 전 생애, 나아가 우리들의 전 생애가 담겨 있습니다. 자신의 생애를 '몽환공화'로 표현함으로써 천동의 영혼은 가을 강물과 함께 하늘에 가서 닿았던 것입니다. 이 게송을 읽는 우리도 한 폭의 그림 같은 세계로 들어갑니다. 죽음은 강물에 숭고한 색채를 더해 주고 하늘과 맞닿을 듯한 순수한 관조를 가능하게 합니다.

우리는 가을 강물이 하늘에 닿듯이 자신보다 더 광대한 어떤 것과 합일하게 됨을 경험하고, 그 합일 안에서 우리 마음은 편안해집니다. 단지 열여섯 글자로 우리들의 출렁이던 마음이 고요해질 때도 있습니다. 천동이 묘사한 이 풍경은 우리 내면을 관통하여 가장 깊은 곳으로 스며드니, 정말이지 천하의 절창이라 아니할 수 없습니다.

일본의 잇시분슈(一絲文守, 1608~1646)도 자신의 생애를 부운유수(浮雲流水)와 같다고 고백합니다.

> 뜬구름 흐르는 물과 같은 나의 생애여
> 인연 따라 쉬고 머물며 지팡이 걸어두네
> 납자는 원래 정한 곳이 없으니
> 가고 머무는 것은 마음에 맡겼다네
> 浮雲流水是生涯, 歇泊隨緣掛錫杖.
> 衲子由來無定跡, 從教去住負心期.
> － 잇시분슈, 『정혜명광불정국사어록(定慧明光佛頂國師語錄)』.

사람은 누구나 한갓 구름처럼 떠돌며 물처럼 흘러가는 존재라는 사실을 깨닫게 해줍니다. 강물처럼 흘러가다가 쉬고 싶을 때 쉬고 떠나고 싶을 때 떠나가는 삶이란 참으로 담담한 삶입니다.

자신의 인생을 '몽환공화'로 보든 '부운유수'로 보든 이렇게 삶의 덧없음을 생생하게 체험하는 것은 대단한 축복입니다. 인생은 덧없이 흘러가는 것입니다. 희망하고 기대하는 모든 것이 실은 죽음의 팔 안에서 춤을 추는 것에 불과합니다. 인생의 덧없음을 깨달은 다음부터는 그저 매 순간을 음미하며 살아가게 됩니다. 그 삶은 무심한 자연 속에서 무심하게 살아가는 자유로운 삶의 방식을 보여줍니다.

김시습(金時習, 1435~1493)은 우리에게 완전히 다른 세계를 보여줍니다. 그의 시를 읽으면 무엇보다도 엄청난 감정의 크기에 놀라게 됩니다. 산수(山水)를 오로지 웃음과 눈물로만 읽은 사람은 그가 유일합니다.

> 산을 즐기고 물을 좋아하는 것은
> 사람의 본성이라네
> 산에 올라서는 웃기만 했고
> 물가에 가서는 울기만 했네
> 樂山樂水, 人之常情.
> 而我卽 登山而笑, 臨水而哭.
>
> - 김시습, 『매월당집』.

김시습이 금강산을 구경하고 난 다음에 쓴 시입니다. 이 시는 꾸밈이 없고 아주 단순하지만 그 정감의 덩어리는 산보다 높고 강물보다 깊습니다. 진실을 말하는 어법은 이처럼 꾸밈이 없고 단순한 것입니다. '등산이소(登山而笑) 임수이곡(臨水而哭)', 여덟 글자를 통해 그의 절절한 정감이 우리 가슴으로 스며들어 우리 또한 그와 함께 웃고 울 수밖에 없게 합니다. 실컷 울고 나면 우리는 한 편의 비극을 본 것처럼 삶의 우울감, 불안감, 긴장감이 해소되어 마음이 정화됩니다(아리스토텔레스, 『시학』).

마냥 떠들썩한 놀이판도 돌아보면 항상 덧없음을 느끼게 합니다. 인생 마지막 날까지 슬금슬금 걸을 수 있으려면 삶의 요령을 익혀야 합니다. 나이가 들어갈수록 몸이 여기저기 불편해진다는 것을 자각하는 일이 더 많아집니다. 아프면 아픈 대로 그냥 그대로 살아가야 하지 다른 방법은 없습니다. 아픈 몸으로 살아가려고 하면 사람은 늙을수록 더욱 지혜로워져야 합니다.

뻐꾸기 울음이 큰 대나무를 채우네

죽곡 댓잎소리길

영하 8도의 추위가 예고된 가운데 강정의 댓잎소리길과 죽곡산 트래킹을 합니다. 10시 집합에서 11시 집합으로 1시간 늦추어서 그런대로 추위는 견딜 만했습니다. 강창교를 건너 강창 체육시설 주차장에 차를 대고 금호강변을 걸어봅니다. 능선에 늘어선 나무들 사이로 하늘이 보입니다. 능선 뒤에는 계명대학교가 있습니다.

강물에는 얼음이 떠다니고 물빛은 에메랄드빛이라 그윽하게 아름답습니다. 갈대는 아침햇살을 역광으로 받아 눈부시게 빛납니다. 강창교 아래에는 검둥오리와 비슷하게 생긴 물닭들이 떼를 지어 다닙니다. 온몸이 검은색이고 이마와 부리가 흰색입니다. 새끼 시절에는 붉은빛과 오렌지빛이 선명하지만 크면 검은색으로 변합니다.

물닭은 뜸부기과입니다. 나는 「옵바 생각」(최순애, 「옵바 생각」: 잡지 『어린이』, 1925)으로 유명한 뜸뿍새를 보지도 못했으며 소리조차 들어보지 못했습니다. 뻐꾹새 소리는 수없이 많이 들었지만, 역시 실물을 본 적은 없습니다. 아프리카에서 월동하고 온다는 뻐꾹새마저 사라진다면 이 세상은 얼마나 쓸쓸해질까요. 강창교 아래 금호강에서 수많은 물닭을 만난 것은 잊을 수 없는 기쁨입니다.

강창교 아래로 내려오며 죽곡리인데, 대구에서는 보통 상성이라고 불렀습니다. 60년대는 강창이 80년대에는 강정이 매운탕으로 명성을 떨쳤습니다. 금호강변에 자전거길과 나란히 댓잎소리길이 조성되어 운치를 더했습니다.

예로부터 대나무는 수많은 사람이 좋아한 나무였습니다. 선비들에게 가장 사랑을 받은 것도 대나무였습니다. 대나무는 말끔한 자태에 가느다란 몸매, 말쑥하고 멋스러운 모습으로 사람들에게 무한한 아름다움을 선사합니다. 대나무의 꼿꼿함과 겸허함에 깃든 긍지, 그리고 강직하면서도 굽실거리지 않는 모습은 선비들의 입신 처세에 많은 깨우침을 주었습니다.

소동파(1307~1101)는 "차라리 음식에 고기가 없을지언정 거처에 대나무가 없어서는 안 된다. 고기가 없으면 수척해지지만 대나무가 없으면 사람이 저속해진다(소식, 「어잠승록균헌」)"라고 말했습니다. 홍만선(洪萬選, 1643~1715)은 "집 주변에 생기를 돌게 하고 속기를 물리치고 싶다면, 소나무와 대나무를 심어라(홍만선, 『山林經濟』)"라고 했습니다.

대나무는 파초와 함께 사람을 운치 있게 하고 속된 것에서 벗어나게 합니다. 선종에서는 자연계가 가장 불성이 풍부하고 깨달음의 경지에 가깝다고 생각합니다. 그래서 푸르디푸른 대나무는 모두가 법신이고, 무성한 노란 꽃은 반야가 아닌 것이 없다고 했습니다(『조정사원』 권5).

대나무숲은 눈을 감고 바람이 댓잎을 스치는 소리를 들을 수 있어야 참된 운치를 느낄 수 있습니다. 석상경저(石霜慶諸, 807~888) 스님은 대나무숲에 부는 바람 소리를 불법의 대의(大義)로 보았습니다.

> 한 사람이 석상에게 묻는다.
> "무엇이 불법대의(佛法大義)입니까?"
> "낙화(落花)가 물 따라 흘러가네."
> "그게 무슨 뜻입니까?"
> "길게 자란 대나무가 바람을 불렀네!"
>
> - 장중행, 『선외설선』(2012), 제5 「선종사략」 석상경저조.

석상경저가 불법의 대의를 묻는 질문에 "낙화가 물 따라 흘러가네"라고 대답하자 질문을 한 사람은 그게 어째서 불법의 대의인지 어리둥절해서 다시 반문합니다. 아마 생각했던 것과 너무나 다른 대답이라 놀랐겠지요. 그런데 석상은 다시 "길게 자란 대나무가 바람을 불렀네!"라고 대답합니다. 대나무가 바람을 부르다니 질문을 한 사람은 아마 더욱 놀라지 않았을까요. 석상은 이처럼 상대의 상상을 초월한 대답을 함으로써 상대에게 반전(反轉)과 경이의 감정을 가져다줍니다.

소크라테스는 상상을 초월한 것을 목격했을 때 생기는 경이의 감정이야말로 지혜를 사랑하는 자의 감정이며, 이 감정에서 철학이 시작된다고 말했습니다(플라톤, 『테아이테토스』). 석상은 "길게 자란 대나무가 바람을 불렀네!"라는 구절로 후학들이 불법을 가까운 데서 찾을 수 있도록 이끌었습니다.

불법을 찾느라고 긴장된 마음을 누그러뜨리려고 그런 말을 했는지도 모릅니다. 편안한 마음으로 대나무숲에 부는 바람 소리를 가만히 들으면 그 소리는 무언가 근원적인 것으로부터 나타났다는 것을 알게 됩니다. 석상은 가까운 자연에서 무한한 깊이를 보았고 거기서 불법의 대의를 본 것입니다. 떨어진 꽃이 물 따라 흘러가고 대나무가 바람을 부르는 이 밝은 개방성과 활달함은 텅 빈 마음, 즉 무아로부터 솟아납니다. 그렇기에 이 말들은 깊은 울림을 자아냅니다.

석상의 경지는 우리가 댓잎 소리를 듣는다고 해도 함부로 엿볼 수 없는 경지입니다. 그러나 길재(吉再, 1353~1419)처럼 평상을 대나무숲 아래로 옮겨 놓고 누워서 책을 읽는 경지는 우리도 따라 해 보고 싶은 친근한 경지입니다.

> 시냇가 띠집에 한가롭게 살고 있으면
> 달 밝고 바람 맑아 기쁨이 넘쳐나네
> 바깥손님 오지 않고 산새소리만 들리는데
> 대숲으로 평상 옮겨 누워서 책을 보네
>
> - 길재, 『야은집』, 「술지(述志)」.

시냇가, 띠집, 밝은 달, 맑은 바람, 산새, 대숲, 그야말로 그림 같은 풍경입니다. 사람들이 동경하는 은자(隱者)의 삶이 이 속에 있습니다. 이 시의 묘미는 '누워서 책을 본다'라는 데 있습니다. 나도 평상시 책을 읽을 때는 대체로 누워서 보는 경우가 많았습니다. 책을 오래 읽으려면 아무래도 누워서 읽는 것이 더 편안합니다.

누워서 책을 읽는 거야 우리도 따라 할 수 있겠지만, 시냇가 띠집에 살면서 달과 바람에도 넘치게 기뻐하는 마음은 우리가 따라가기 어려운 경지입니다. 이런 경지는 욕심을 버려야 가능한 청정한 경지입니다. 우리가 만약 마음 깊은 곳으로부터 청정하게 된다면 선악을 구별하는 장애가 없어지고 선악에 구애되지 않는 대범한 마음으로 살아갈 수 있을 것입니다.

일본의 마쓰오 바쇼(松尾芭蕉, 1644~1694)도 대나무에 대해 아름다운 시 한 수를 남겼습니다.

뻐꾸기 울움이
큰 대나무를 채웁니다
달밤이 새도록
ほととぎす大竹藪をもる月夜

- 마쓰오 바쇼, 『차아일기(嵯峨日記)』, 1691년 4월 20일.

바쇼의 하이쿠는 짧은 순간 대자연을 향해 활짝 열려 있는 창과 같습니다. 그 풍경에는 인간도 없고 신도 없고 다만 열려 있는 풍경뿐입니다. 이것은 자신을 던져버린 것이고, 걱정이 없는 것이며, 자기에 대한 걱정이 없는 세계를 있는 그대로 경험하는 것입니다. 이 하이쿠에는 깊은 의미가 없습니다. 그래서 자아도 없고 내면성도 없는 무아의 세계를 보여줍니다. 자연 이외에는 아무것도 없으므로 이 시 역시 자아가 없는 무심한 감촉을 보여줍니다.

모처럼 대나무숲을 지나가는 바람 소리를 들으면서 기분 좋은 반나절을 보냈습니다. 댓잎소리길을 걸은 다음, 옆에 있는 죽곡산(195.7m)으로 올라갑니다. 가파르지 않아서 편안하게 오를 수 있습니다. 우리는 저마다 자신이 편안하게 여기는 속도로 산길을 걸어 올라갑니다.

30분 정도 오르면 금호강과 낙동강을 조망하는 강정대가 나옵니다. 조망을 확보하기 위해 정자를 3층으로 올리다 보니 계단이 상당히 가파릅니다. 옛날부터 높은 누각에 오르는 것은 인생의 큰 즐거움입니다. 우리는 더 멀리 조망하기 위해 누각의 한 층을 더 올라가곤 합니다.

인생이란 화려한 꽃이 아니라 그저 강물에 떠내려가는 잎새 하나에 불과합니다. 세월이 흐르면 삶의 우아한 풍경도 하나의 얼룩처럼 흐릿해집니다. 자연은 우리의 삶이 한 길로만 그것도 단 한 번만 지나갈 수 있게 허락합니다.

강물은 저 알 수 없는 곳에서 흘러와 알 수 없는 곳으로 흘러갑니다. 그것이 인간의 운명이라고 강물은 흘러가며 말해 줍니다. 성공했든 그렇지 못했든, 이 한 세상을 살아가는 일은 감사함이고 경이로움입니다. 그렇지 않습니까?

산은 산이요, 물은 물이다

옻골마을

한파가 예보되어 산행 출발 시간을 9시 30분에서 11시로 늦추었습니다. 아래위로 오리털 패딩을 입고 단단히 채비했는데 의외로 그렇게 춥지 않습니다. 11시 정각, 20명이 출발합니다.

옻골마을은 전형적인 배산임수 지형으로 대암봉과 감덕봉 사이 골짜기에 자리 잡고 있습니다. 삼면이 산으로 둘러싸이고 동남 사면만 열려 있습니다. 경주 최씨 백불암 종가의 자손 20여 호가 사는 집성촌입니다.

우리는 뒷동산 무덤가에 앉아서 잠시 쉬어 갑니다. 이곳에서 갖고 온 간식들을 나누어 먹었습니다. 삶은 청계란, 커피, 견과류, 초코파이, 삶은 옥수수, 귤 등 다양합니다. 덕분에 당과 카페인을 충전하고 다시 힘을 내어 산을 오릅니다.

마을 옆으로 난 길을 따라 옻골재로 올라가는 산길 입구는 평화로운 시골 풍경입니다. 왼쪽에는 탱자나무 울타리가 늘어서 있고, 멀리 대암봉(465m)이 보입니다. 대암봉을 오르려면 저 능선을 타고 올라가는 것이 수월합니다. 탱자나무 가시를 보면 고디(다슬기)의 나선형 녹색 알맹이가 생각납니다. 알맹이를 탱자나무 가시로 빼먹고 나면 필름처럼 얇은 뚜껑을 툭, 뱉어내곤 했습니다.

덤불 속에는 새들이 지저귀고 머리 위 푸른 하늘은 구름 한 점 없이 파랗습니다. 계곡물은 며칠 계속된 한파로 얼어붙었습니다. 꽁꽁 언 얼음 밑으로 얼지 않은 물이 흘러갑니다. 얼핏 보면 얼어붙은 것 같아도 놀랍게도 그 밑으로 투명한 물이 흐르고 있습니다. 얼음 밑으로 흐르는 물소리를 듣는 것만으로도 마음은 단번에 환해집니다.

본격적으로 옻골재로 올라가는 계곡 길은 상당히 험하군요. 개울 옆으로 밧줄이 설치되어 있어 일부 구간은 밧줄을 잡고 올라갑니다. 아까 길을 잘못 들어 산악자전거를 들고 내려가던 친구는 아마도 이 구간에서 식겁했을 겁니다. 좁은 계곡을 끼고 돌비탈을 깎아 길을 만들었습니다.

산에는 참나무가 많아서 새들도 많고 아마도 다른 짐승들도 적지 않을 것입니다. 며칠 계속된 한파로 언 땅에서 서릿발 밟히는 소리가 경쾌합니다. 뽀드득, 뽀드득. 오늘은 이 소리를 들으러 옻골재에 왔는가 봅니다. 산길을 걸을 때는 소리를 듣고, 냄새를 맡고, 뺨에 닿는 공기를 느끼며 풍경과 소통합니다. 서릿발을 밟을 때 나는 소리에 귀를 기울일 때마다 일종의 행복감을 느낍니다.

이런 길은 올라갈 때보다 내려올 때 조심해야 합니다. 나이가 들면 균형감, 순발력, 골밀도 등이 떨어지므로 넘어지면 다치거든요. 옹골재를 바로 앞에 두고 우리는 놀아섭니다. 우리는 산에 오르는 것 자체를 즐기는 것이지 정상에 오르는 것은 목표가 아닙니다.

오르기만 하다가 내려가기 위해 뒤돌아섰을 뿐인데 산은 전혀 다른 모습이 됩니다. 올라갈 때는 전체를 보지 못하기 때문일까요? 아니면 중력에 역행하여 올라가다가 중력에 순응하며 내려오기 때문일까요? 산을 바라보는 경계가 이처럼 달라져도 그것을 타인에게 전달하려면 아무리 노력해도 턱없이 부족합니다.

우리는 언어가 없으면 생각할 수도 없고 전달할 수도 없습니다. 닫힌 세계를 열려면 새로운 언어가 필요합니다. 철학자, 종교인, 과학자, 시인은 물론 많은 사람들이 새로운 경지를 표현할 새로운 언어를 찾기 위해 애쓰지만, 벅찬 감동은 말로 표현하는 순간 보잘것없어지기 일쑤입니다. 불가에서는 범부의 마음과 깨달은 마음 사이의 거리를 무너뜨리는 언어를 공안이라고 부릅니다. 공안은 새로운 세계를 열어 주는 새로운 언어입니다. 산에 대한 깨달음을 보여주는 공안으로 가장 유명한 것은 "산은 산이요, 물은 물이다[山是山 水是水]"라는 선어(禪語)이고, 처음 말한 사람은 황벽단제(黃檗斷際, ?~850) 선사입니다.

누가 물었다.
"지금 바로 깨달았을 때 부처는 어디에 있습니까?"
황벽이 말했다.
"어묵동정과 모든 소리와 색깔이 전부 부처의 일이다. 달리 어느 곳에서 부처를 찾는가? 머리 위에 머리를 얹고 부리 위에 부리를 더하지 말라. 다만 다른 견해를 내지 않는다면, 산은 산이고 물은 물이다. 승려는 승려고 속인은 속인이다."

- 황벽단제, 『완릉록(宛陵錄)』.

일체중생이 모두 지금 있는 그대로 깨달음의 모습이며 따로 얻을 것이 없다는 말입니다. 분별하고 차별하는 견해를 일으키지 않으면, 있는 그대로 산은 산이고 물은 물입니다. 황벽은 자신의 깨달음을 산과 물로 상징하여 펼쳐 보인 것입니다. 황벽의 이 한마디는 많은 사람의 마음을 뒤흔들었습니다.

황벽의 설법을 이어받아 300년 동안 운문문언(864~949), 운봉문열(998~1062), 청원유신(1067?~1120?), 불지단유(1085~1150), 야보도천(1127~?)의 '산시산 수시수' 설법이 이어졌습니다. 황벽의 최초 설법 이후 250년이 흐른 다음 12세기 초에 청원유신은 '산은 산이요, 물은 물이다'의 전형이 되는 상당법문을 합니다.

노승이 30년 전 참선하지 않았을 때, 산을 보니 산이고 물을 보니 물이었다. 나중에 선지식을 만나 자그만 깨달음을 얻은 다음 산을 보니 산이 아니고 물을 보니 물이 아니었다. 깨달음이 점점 깊어져 안심의 경지[休歇處]에 들어가게 된 지금에는 다시 처음과 마찬가지로 산을 보니 다만 산이고 물을 보니 다만 물이다.

- 『오등회원』 권17, 청원유신(靑原惟信) 선사.

오랜 수행 끝에 마침내 하나의 휴식처를 얻은 청원유신이 선 수행자로서 자신의 생애를 회고하고 이것을 세 가지 경계로 나눈 것입니다. 경계가 나타나는 곳은 항상 인간의 의식입니다.

첫째 경계는 보통 사람의 평범한 경계이며 삼라만상이 눈앞에 펼쳐져 있습니다. 산을 산으로 보고 물을 물로 보는 상대적 차별의 세계입니다. 그것은 표층에 나타난 것으로 분별 망상이라고 하는 것이고, 허공 꽃이라고도 하는 것입니다.

둘째 경계는 본격적으로 세상을 탐색하기 위해 실재에 대한 의심이 생기는 철학자의 경계입니다. 이 단계에서 자아와 이전에 알고 있던 세계는 모두 꿈이며 환상이라는 것을 알게 됩니다. 표층에서 심층의 세계로 내려가면 무(無)의 세계, 공(空)의 세계가 나타납니다. 산은 산이 아니고 물도 또한 물이 아닙니다.

셋째 경계는 깨달은 존재의 경계입니다. 의심과 비판을 거쳐 다시 삼라만상이 나타나지만, 주체로서의 나도 없고 객체로서의 사물도 없이 주객의 대립을 넘어선 순수존재가 나타납니다. 모든 사물은 전체 그 자체의 현현으로 나타납니다. 표층의 속박을 벗어난 존재는 심층의 자유로움이 있습니다. 셋째 경계의 '산시산 수시수'는 모든 속박에서 벗어난 심층의 산입니다.

이 새로운 언어는 빠르게 해외에도 전해져서 13세기에는 진각혜심(1178~1234), 백운경한(1298~1374) 등에 의해서 우리나라에도 알려졌습니다. 그러나 어디까지나 절집 안의 이야기였습니다. 오늘날 모든 국민이 '산은 산이요, 물은 물이로다'를 알게 된 것은 1981년 1월 20일 조계종 종정에 추대된 성철(1912~1993) 스님의 법어 때문입니다.

> 보고 듣는 이 밖에 진리가 따로 없으니
> 아아, 시회대중(示會大衆)은 알겠는가?
> 산은 산이요 물은 물이로다.
>
> - 「동아일보」, 1981년 1월 21일자 10면.

이 짧은 법어는 단번에 전 국민의 마음을 사로잡았습니다. 수십 년이 지난 지금까지도 많은 사람이 성철 스님을 대표하는 법어로 기억하고 있습니다. 나 역시 이 법어를 처음 들었을 때 내 안의 창문이 하나 열리는 느낌을 받았습니다. 꽉 막힌 일상에 잠시 숨통을 틔워주는 역할을 했지만 솔직하게 말하자면, 머리로는 이해해도 그 경지가 어떤 경지인지 알 수 없었던 것도 사실입니다. 언어가 없으면 생각조차 할 수 없지만 깨달은 경계는 언어 너머에 있기 때문입니다.

가장 깊은 비밀, 말할 가치가 있는 유일한 것은 항상 언어의 경계 바깥에 남아 있습니다. 우리가 언어로 표현할 수 있는 것은 '상대적인 것'입니다. 깨달음의 경계는 '절대적인 것'이라 언어로는 표현할 수 없습니다. 비록 언어로 표현할 수 없지만 우리는 어쩔 수 없이 언어를 통해서 그 극한까지 추구해야 합니다. 비트겐슈타인(1889~1951)은 이렇게 말합니다.

> 내가 여기에서 쓴 것을 이해하는 사람은 나의 문장을 꿰뚫고 나의 문장에 올라타고 나의 문장을 넘어서서 타오른 후에야 마지막으로 내 문장이 난센스라는 사실을 깨닫는다. (분명 사다리를 타고 난 후에는 그 사다리를 던져버릴 것이다.) 그 사람은 틀림없이 이들 문장을 극복할 것이다. 그렇게 하면 세계를 올바르게

보게 된다.

- 루드비히 비트겐슈타인, 『논리철학 논고』, 1922.

비트겐슈타인이 말한 언어의 사다리를 아무리 올라가도 범부는 언어를 넘어 사다리를 던져버리는 경지까지 올라가지는 못할 것입니다. 하지만 한 칸 한 칸 오르고 또 오르면 못 오를 사다리도 없지 않겠지요.

우리는 자신의 머리로 스스로 생각할 줄 알아야 합니다. 하지만 언어가 없다면 생각조차 할 수 없으니 우선 모자를 벗고 언어의 사다리를 끝까지 올라가야 합니다.

소나무 아래 오두막을 지어 보자
모자를 벗고서 시를 읽어보자
해 뜨고 해 지는 것을 잊어버리고

- 사공도(司空圖), 『24시품(二十四詩品)』, 15. 소야(疎野).

말 없는 곳에 근심도 없도다

최정산

사람이 만들지 않은 것을 보는 것은 커다란 기쁨입니다. 사람의 손때가 묻지 않은 것에는 대자연의 신비가 살아 있기 때문입니다. 대구 근교에 사람이 잘 가보지 않은 비경이 있습니다.

대구 시내에서 보면 남쪽에 앞산(658.7m), 최정산(905m)이 보이고 그 뒤로 비슬산(1083.4m)이 있습니다. 앞산과 비슬산은 더러 가보았습니다. 하지만 평생을 대구에 살았지만, 최정산에는 가본 적이 없었습니다. 최근까지 미군 위성추적 레이다 기지, 육군 미사일 기지가 있었기 때문입니다. 시설 보호 차원에서 지뢰가 매설되어 있어서 일반인의 접근이 어려웠습니다. 일반인 접근이 제한되어 있었기에 대자연의 신비가 살아 있는 곳입니다.

최정산 정상 부근은 대관령처럼 수십만 평의 고위평탄면이 발달했습니다. 습지가 많아서 옛날에는 고랭지 목장이 있었습니다.

해발 700m에 있는 옛 목장 주차장까지 올라와서 차를 세우고 출발합니다.

산길에는 야자 매트가 깔려 있어서 걷기에 편안합니다. 습기가 많은 곳인지 매트는 축축하게 젖어 있는 곳이 많습니다. 곳곳에 서리가 끼어 있고 그늘진 곳에서는 살짝 언 얼음도 보였습니다. 길가에는 하얗게 빛나는 억새가 야생의 기운을 전해 줍니다. 해발 700고지에 불과하지만, 저 멀리까지 확 트인 기막힌 풍경이 나타납니다.

산들이 겹겹이 겹쳐지는 풍경은 언제나 우리에게 깊은 경외감을 불러일으킵니다. 이런 풍경은 우리의 기운을 북돋아 주고 활력을 불어넣어 삶을 활기차게 합니다. 산길을 타박타박 걸어갑니다. 억새는 곳곳에서 우리들 자신의 내면 풍경처럼 하얗게 빛이 납니다. 자신의 내면 깊은 곳에 말을 걸면 숨어 있던 내면의 목소리가 깨어납니다.

20분 정도 걸어가면 억새밭 조망대에 올라설 수 있습니다. 억새밭이라고는 하지만 화왕산이나 간월재처럼 와! 할 만큼은 아닙니다. 소박한 시골 처녀의 수줍은 미소처럼 최정산 억새밭은 때가 묻지 않았습니다.

억새밭 전망대를 지나 700고지에서 조금씩 위로 올라갑니다. 도중에 절반의 사람들이 다른 길로 빠졌고 나도 그 팀의 뒤를 따라갔습니다. 이렇게 길을 잃고 헤매는 것은 큰 즐거움입니다. 산에서 길을 잃으면 햇빛이 다르게 보입니다. 그렇지 않나요?

고산 습지에 조성한 누리길이라 그런지 질퍽질퍽한 곳이 이따금 나타납니다. 억새밭 전망대를 출발한 지 1시간이 훨씬 넘어 794고지 청산벌 전망대에 도착합니다. 이 전망대에서 보이는 고산 평탄면을 옛날에는 청산벌이라고 불렀습니다. 6만 평 정도의 청산벌 곳곳이 억새군락으로 하얗게 빛이 납니다.

청산벌 전망대에서 바라보는 풍경은 우리 머릿속을 환하게 밝혀 줍니다. 전망대에서 바라보는 원경도 빼어납니다. 저 멀리 푸르스름하게 솟은 산봉우리는 가야산 연화봉(우두봉, 1,432m)인 것 같습니다.

산을 오르는 육체적 체험은 결코 낮은 단계의 경험이 아닙니다. 산을 오르면서 땀을 흘리고 한숨 돌리면서 쉬고 있을 때, 얼굴을 스치는 바람의 감촉을 느껴봅니다. 바람이 살짝만 불어와도 모든 것이 다르게 보입니다. 그렇게 한숨 돌릴 때 우리 삶과 풍경에 깊이라는 것이 생겨납니다.

풍경의 깊이도 정확하게 말하면 풍경을 바라볼 때 자기 안에 일어나는 반응의 깊이를 말합니다. 우리들의 희미한 눈으로는 볼 수 없는 해상도 높은 풍경을 찾아 밀푀유처럼 수천 겹으로 켜켜이 쌓인 불교문화 속으로 걸어가 보겠습니다.

『무문관』을 쓴 무문혜개(1183~1260) 선사는 『무문관』 제19칙에 이런 게송을 남겼습니다.

> 봄에는 온갖 꽃이 피어나고, 가을이면 달이 비치며
> 여름에는 시원한 바람이 불고 겨울에는 눈이 내리니
> 만일 우리의 마음이 어디에도 걸리지 않는다면
> 그것이야말로 인간세계 호시절이다.
>
> -『무문관』, 제19칙 평상시도(平常是道).

봄, 여름, 가을, 겨울, 대자연에는 아름다움이 흘러넘치지만 우리는 그 아름다움을 제대로 맛보지 못합니다. 우리는 마음에 걸리는 것이 많아서 눈앞에 별세계를 두고도 마음은 다른 곳에서 헤매곤 합니다. 혜개스님의 말대로 인간은 망상(생각)에 빠져 있지 않으면 본질의 세계를 그대로 볼 수 있습니다.

일찍이 선종의 3대 조사인 승찬(?~606)은 이렇게 말했습니다.

> 도에 이르는 것은 어렵지 않다.
> 오직 가려서 선택하는 것을 멀리하면 된다.
> 다만 미워하고 좋아하는 마음만 버리면
> 툭 터져 저절로 명백해질 것이다.

至道無難, 唯嫌揀擇. 但莫憎愛, 洞然明白.

- 승찬, 『신심명』.

도는 무심의 경지에서 드러나는 존재의 참모습입니다. 망상에 빠지지 않는다는 것은 다른 말로 하면 마음의 방황을 없애는 것입니다. 만약 망상을 없앨 수 있다면 우리는 곧바로 깨달음에 이르고 별세계에 들어가게 된다고 7세기에 승찬이 말하고, 13세기에 혜개가 다시 게송으로 거듭 말해 줍니다.

우리나라에서도 임진왜란 당시에 72세로 승병을 일으켜 큰 공을 세운 서산대사 휴정(1520~1604)은 16세기 말에 일선암(一禪庵) 벽에 이런 시를 남겼습니다.

산은 스스로 무심히 푸르고
구름은 스스로 무심히 희어라
그 가운데 스님 한 사람
이 또한 무심한 나그네로세

- 『청허당집』, 제일선암벽(題―禪庵壁).

산은 절로 푸르고, 구름은 절로 희다. 그 속에 사는 사람, 그도 역시 무심한 나그네라 했습니다. 사실 인생은 누구나 덧없는 나그네입니다. 무심히 구름처럼 왔다 갔다 하는 나그네일 뿐입니다.

무심이란 일체 마음이 없는 것을 말합니다. 존재의 가장 깊은 중심에 이르면 생각이 사라지고 느낌이 사라집니다. 단순히 존재함만 남은 상태, 아무 욕심도 없고 의도도 없는 순수존재라고 할 수 있습니다. 그것은 무의식의 상태이자 긴장하지 않는 자연스러운 상태입니다.

9세기의 유명한 선승 의현(?~867)은 "한 개 마음이 없다면 어디서든지 모두 해딜이다(『임제록』, "一心旣無, 隨處解脫.")"라고 말했습니다. 사람이 무심할 수 있다면 어디에 있든지 해탈한 상태라는 말은 그만큼 무심하기 어렵다는 뜻도 있는 줄 압니다.

18세기 일본의 하쿠인 에카쿠(白隱慧鶴, 1685~1768)는 다음과 같은 시를 남겼습니다.

> 수천 봉우리에 비 걷히니 영롱히 이슬 빛나네
> 보라, 두 눈에 비치는 저 풍경을
> 말 없는 곳에 근심도 없도다
> 千峰雨霽露光冷, 君看双眼色, 不語似無憂.
>
> - 하쿠인, 『괴안국어(槐安國語)』.

우리가 언어를 가지고 있는 한, 있는 그대로의 자연으로부터는 소외될 수밖에 없습니다. 언어의 의미 체계 너머에 있는 것을 직접 접촉할 방법이 없는 것입니다. 그것은 언어를 사용하는 인간의 숙명입니다.

우리가 오직 두 눈에 비치는 풍경을 아무런 언어도 없이 바라볼 수만 있다면 모든 환상이 사라집니다. 거짓된 모든 것이 사라집니다. 마음에 걸리는 것 없이, 무심하게, 어떤 언어도 없이 '풍경 자체'를 경험하는 것, 이것은 불교의 관점에 근접한 관점입니다. 마음에 걸림이 없이, 아무런 언어도 없이 바라볼 때 나타나는 해상도가 높은 선명한 풍경과 연결될 때 우리는 살아 있음의 충만함을 느낄 수 있습니다. 그럴 때 우리의 얼굴은 저절로 빛이 납니다. 하지만 우리의 감각 경험 이면에 자리 잡은 언어와 배경 지식을 모두 벗겨내는 일이 정말로 가능한 것일까요?

돌이켜보건대 종교야말로 가장 깊은 정신문화라고 할 수 있습니다. 동아시아에 불교가 전해지지 않았다면 과연 우리는 어느 정도의 정신적 깊이를 가질 수 있었을까요?

똑같은 길이지만 내려오는 길은 올라가는 길과는 맛이 다릅니다. 산비탈을 걷는다는 것은 자신의 심리 속으로 깊이 파고드는 것과 같습니다. 억새는 여전히 빛나고 풍경은 더욱 내면으로 파고듭니다. 아직은 야생을 간직하고 있는 최정산의 비경이 우리 영혼에 이야기를 겁니다. "너는 누구냐?" 작은 목소리가 끊임없이 우리 가슴속에 메아리칩니다.

　주차장에 서 있는 겨울나무가 우리 모습을 연상하게 합니다. 수많은 잔가지들이 하늘을 향해 일제히 손을 뻗고 있는 것 같습니다. 그래, 용케도 살아 있구나, 싶어서 어쩐지 가슴이 뭉클해졌습니다.

아득하게 먼 곳을 향해

❦

앞산 자락길

 오전 10시, 케이블카가 있는 앞산 큰골 공영주차장에 25명의 친구가 모였습니다. 앞산 자락길 산행을 위해서 평소보다 많은 인원이 나왔습니다. 앞산은 시내에서 보면 남쪽이지만, 실상은 앞산의 북사면이라 바람이 차갑습니다.
 앞산 공원 관리사무소 뒤편으로 대성사를 지나 오른쪽 사잇길로 빠져나갑니다. 이런 길이 있었나 싶을 정도로 뜻밖에도 운치가 있는 길입니다. 앞산의 2~3부 치맛자락 같은 오솔길이 끊어질 듯 이어집니다. 인생의 황혼길에서 친구들과 함께 낙엽 쌓인 길을 걸어가니 아스라한 정취가 스며듭니다. 말로 표현할 수 없는 정취가 온몸에 충만할 때 비로소 우리는 말문이 트이기도 합니다.
 충혼탑, 남부도서관, 대덕문화전당, 신광사, 황룡사의 윗길을 가로지릅니다. 이 길에서는 앞산 정상부는 보이지도 않고, 그렇다고 시내가 보이지도 않습니다. 사람이 많지는 않지만 호젓한 길도 아닙니다. 새파란 산죽 옆을 지날 때는 음, 이대로도 좋아, 뭐 그런 위로를 받는 기분이 들었습니다.

산을 오를 때는 풍경을 즐길 수 있는 속도로 올라가는 것이 중요합니다. 서둘러 올라갔다가 서둘러 내려온다면 거기 무슨 즐거움이 있겠습니까. 아무리 산자락 길이라 해도 거기에는 끝없는 동물적인 움직임이 있고 기쁨이 있습니다. 우리는 이따금 머리에서 내려와 문자 그대로 다리로, 발로, 땅으로 내려갈 필요가 있습니다.

산길 바닥에는 야자 매트를 깔아 놓아 걷기에 편안합니다. 편하고 먼지가 나지 않아서 좋지만, 발걸음 소리를 들을 수 없어서 아쉽기도 합니다. 우리는 평생 흙먼지 길을 걸어왔습니다. 흙먼지가 일고 울퉁불퉁한 그 길이 우리가 평생 걸었던 인생길이었습니다.

산은 아름답고 삶을 치유하는 기쁨을 줍니다. 산행이 아름다움의 탐구라면 겨울 산행에는 어떤 아름다움이 있을까요? 자연의 이면에는 어둠이 있고 동시에 떨어져 나뒹구는 죽음도 있습니다. 아름다운 단풍과 떨어지는 낙엽은 미묘하고 심오한 느낌을 자아냅니다. 낙엽은 우리가 죽는 순간에도 배워야 할 무언가가 남아 있다고 속삭입니다.

꽃이 피면 우리도 피어나듯이, 낙엽이 지면 우리 안의 어떤 것이 떨어지는 소리가 들립니다. 지능이 얻는 것에 치중한다면, 감성은 버리는 것에 더 치중합니다. 그래서일까요, 낙엽은 우리의 감성 지수를 높여서 쓸쓸함을 더해 줍니다. 이 지독한 쓸쓸함도 입에 담으려고 하면 그만 평범한 쓸쓸함이 되어버립니다.

인생살이를 어찌 말로 다 표현할 수 있겠습니까. 수북이 쌓인 낙엽을 밟으며 뼈만 남은 나무를 바라보는 일은 가슴 시린 아름다움입니다. 그것은 언젠가 우리에게도 올 죽음을 미리 바라보고 미리 밟아보는 일이기도 합니다.

류영모(1890~1981)는 죽음 공부야말로 우리 인생에서 가장 중요한 공부이며 마지막 공부라고 생각했습니다(박영호, 『다석 류영모』, 2009). 서양에서도 소크라테스와 플라톤 이래로 철학을 죽음의 연습으로 봅니다. 몽테뉴의 표현에 의하면 '철학한다'는 것은 실상 죽는 법을 배우는 것을 의미합니다. 몽테뉴는 이런 말을 남겼습니다.

> 죽음이 찾아왔을 때 내가 양배추를 심고 있는 모습을 보여주고 싶다.
>
> - 미셸 드 몽테뉴, 『수상록』, 1595.

늦든 빠르든, 사람은 죽음을 맞이해야 합니다. 선사들은 죽기 전에 가르침 전체를 압축하는 짧은 시 한 구절을 남기는 것이 전통입니다. 그 글을 임종게(臨終偈), 또는 열반게(涅槃偈), 열반송(涅槃頌), 입적게(入寂偈)라고도 합니다. 임종게 가운데 12세기의 대표적 선승인 원오극근과 천동정각의 임종게는 후세에 하나의 전범(典範)이 되었습니다. 오늘은 임종게를 통해서 선사들이 어떻게 죽음을 받아들이는지, 그 좁은 오솔길을 한번 더듬어 보려 합니다.

임제종 승려들은 물론 일반인들도 널리 애독하는 『벽암록』을 저술한 원오극근(1063~1135)은 낭내 제일의 승려였습니다. 그가 가는 곳마다 후학들이 수없이 몰려들었습니다. 그런 그가 남긴 임종게입니다.

살면서 한 게 없으니
임종게를 남길 이유가 없네
오직 인연에 따를 뿐이니
모두 잘 있게
已徹無功, 不必留頌, 聊爾應緣, 珍重珍重.
― 『승보정속전』 권4, 「원오근선사조(圜悟勤禪師條)」.

당대 제일의 승려인 원오가 '이철무공(已徹無功)'으로 자신의 평생을 술회하고 있습니다. '열심히 했으나 아무것도 이룬 게 없다'라는 뜻입니다. 어느 정도 한 게 있다고 은근히 내세우는 게 아니라 정말로 한 게 없다고 말하는 것입니다. 아무것도 해놓은 것이 없으니 임종게를 남길 이유도 없다고 말하며, 그가 남긴 말은 "모두 잘 있게"라는 한마디입니다. 그 한마디가 긴 여운을 남깁니다.

'진중(珍重)'의 속뜻은 몸을 아끼라는 말입니다. 편지의 마지막에, 또는 사람과 헤어질 때 관용구처럼 쓰는 말입니다. 죽음을 그저 이웃집 가듯이 편안히 받아들인 병상심의 경지가 듣는 사람을 편안하게 어루만져 줍니다.

임제종과 달리 묵조선의 제창자이자 조동종에서 널리 읽힌 『송고백칙(頌古百則)』의 저자 천동정각(1091~1157)은 이런 임종게를 남겼습니다.

> 꿈같고 환영 같은
> 육십칠 년이여
> 흰 새 날아가고 물안개 걷히니
> 가을 물이 하늘에 닿았네
> 夢幻空花, 六十七年, 白鳥煙沒, 秋水天連.
>
> ―『굉지선사광록(宏智禪師廣錄)』, 시적(示寂).

역대 최고의 걸작으로 일컬어지는 임종게입니다. 원오가 '이철

무공'으로 자신의 평생을 술회하고 있다면 천동은 '몽환공화(夢幻空花)'로 67년 세월을 회고합니다. 천동의 임종게가 원오와 다른 것은 문학적 이미지를 내세워 은유를 활용하고 있다는 점입니다.

두 사람이 세상 인연을 떠나가면서 보여주는 것은 같지만 표현은 조금 차이가 있습니다. 원오가 "모두 잘 있게"라는 말로 담담함을 보여주었다면, 천동은 "가을 물이 하늘에 닿았네"라는 은유로 '깨달은 이가 돌아가야 할 길'을 시적으로 표현하고 있습니다.

료칸(良寬, 1758-1831)은 거지 성자로 불리는 일본의 조동종 승려입니다. 그는 무소유의 삶을 몸으로 보여주었습니다. 떠돌이 걸식 생활을 하면서도 시를 쓰며 내면의 평정과 행복을 유지한 승려입니다. 그는 수많은 일화를 남겼습니다만, 말년에 병석에서 죽기 전에 자신을 한 장의 낙엽에 비유한 하이쿠를 테이신이라는 젊은 여승에게 주었습니다.

속을 보여주고 겉을 보여주며 떨어지는 단풍잎
裏を見せ 表を見せて 散るもみじ
(うらをみせ おもてを見せて ちるもみじ)

- 『정본 양관전집(良寬全集)』 2, 가집(歌集).

그는 '떨어지는 단풍잎' 한 장에 삶과 죽음의 아름다움과 함께 애틋한 정감을 모두 담았습니다. 팔랑팔랑 떨어지는 단풍잎 한 장 속에 그가 바라본 세상의 모든 것을 담았습니다. 그리고 그는 이 세상 너머를 보지 않고 덧없이 떨어지는 단풍잎과 함께 담백하게 떨어졌을 뿐입니다. 그 담백함이 이 시에 말할 수 없는 깊이를 가져다줍니다.

선사들의 임종게는 선승들은 물론 세상 사람들의 마음을 깨끗하게 헹구어 주고 문학적·철학적 사유에 풍부한 영감을 던져 주었습니다. 질병이나 죽음은 사람을 불안하게 만들지만 이런 것들을 자연의 섭리라고 편안하게 받아들일 수 있다면 우리도 역시 고요하고 평온하게 늙어가고 죽어갈 수 있지 않을까요.

생명이 그 무엇보다 소중하다고 생각해 버리면 죽음을 두려워하고 떨면서 살아갈 수밖에 없습니다. 생명보다 더 소중한 것, 궁극적인 어떤 것, 영속하는 어떤 것을 가슴속에 품고 있다면 생을 마무리할 때 아쉬움과 회한의 표정이 아니라 선사들처럼 미소를 머금을 수 있지 않을까요.

이 어디쯤에서인가, 갑자기 새소리를 듣고 깜짝 놀랍니다. 언제부터인지 나는 이명과 난청으로 새소리를 거의 듣지 못하며 살고 있거든요. 발길을 잠시 멈추고 귀를 기울이자 계속 새소리가 들려옵니다. 음, 산속에 들어와서 내 귀가 예민해진 걸까요. 산에 들어가면 이상하게 귀가 잘 들린다고 합니다(사이토 히로시, 『음악심리학』, 2013). 야생에서 예민해지는 것이 어떻게 청각뿐이겠어요. 야생으로 들어가면 내 속에 잠들어 있던 무언가가 되살아나는 듯합니다.

산에 올 때마다 느끼는 일이지만, 산은 현실을 직시하게 해줍니다. 행복을 위해서 많은 것이 필요한 것이 아니라는 사실도 산에 오면 저절로 알게 됩니다. 산길을 걸으면 과잉 생각이 사라지면서 명상과 비슷한 경지에 이를 수도 있습니다. 숨을 헐떡거리지 않는다면 말입니다. 오늘 앞산에 숨은 보석 같은 길을 걸으면서 삶과 죽음을 생각해 보는 하루였습니다.

인생의 황혼길에서 길을 잃고 헤매는 우리는 생각할수록 점점 알기 어려운 노인이 되어 갑니다. 오늘은 아득하게 먼 곳을 향해, 죽음을 향해, 죽음 너머의 추상을 향해 걸어보았습니다. 안 되는 줄 알면서.

3부 —— 말로 하고자 하나 이미 말을 잊었네

빗소리가 들려도 괘념치 말게나

※

운문사 솔바람길 ①

모처럼 비가 억수로 쏟아지는 날입니다. 비가 쏟아져도 우리는 예정대로 운문사 산행에 나섭니다. 법원 주차장에 스무 명 가까이 나왔습니다. 모두 4대의 승용차에 나눠 타고 빗길을 달려 운문사 주차장으로 갑니다. 운문사 주차장 앞에 있는 식당에 차를 세우고 출발합니다.

여기서부터 사리암 주차장까지 쏟아지는 비를 맞으며 걸어갑니다. 도로 위에는 빗물이 고이다 못해 개울처럼 흘러내립니다. 어쩌다 승용차가 지나가면 보트가 지나가듯 물이 좍 갈라집니다. 물안개 자욱한 운문사 솔숲 길을 질퍽거리며 걸어갑니다.

산길은 언제나 자기 자신에게서 벗어나는 길입니다. 솔바람길 옆으로는 불어난 운문천이 폭포처럼 흘러갑니다. 걷는 내내 폭우로 불어난 계곡물 소리가 들려옵니다. 물소리는 우리가 하나의 경계를 넘어서게 해줍니다. 물안개 자욱한 솔숲 풍경은 한 폭의 그림입니다. 다리를 건너가면 그대로 그림 속으로 걸어가는 기분입니다.

솔바람길, 소나무 냄새가 피부로 스며듭니다. 앞에 가는 친구는 바짓가랑이를 등산 양말 속으로 집어넣고 다부지게 걷는군요. 걷는다는 것은 신체가 할 수 있는 가장 평범한 일이지만, 비가 쏟아지는 가운데 산길을 걸어가는 것은 생각보다 훨씬 운치가 있는 일입니다. 산속에 있다는 것은 이미 속세로부터 멀리 있는 것인데 그 위로 또 비가 내려 속세를 이중으로 벗어나게 해줍니다.

오늘은 종일 비가 내려서 깨끗한 산속 풍경을 빗물로 한 번 더 깨끗하게 씻어줍니다. 우산에 떨어지는 빗소리는 이상하게도 사람의 마음을 편안하게 해줍니다. 젖은 나뭇잎이 빗소리를 반사해 산속 깊은 곳까지 자잘한 반향음(反響音)으로 가득합니다.

> 나는 걸을 때만 명상할 수 있다. 걸음을 멈추면 생각도 멈춘다. 내 머리는 다리와 함께 움직일 때만 움직인다.
> - 장자크 루소, 『고백록』, 1770.

이렇게 말한 사람은 루소(1712~1778)입니다. 산길을 걷노라면 경치 이상으로 많은 것들이 우리 안에서도 나타났다 사라집니다.

빗줄기는 모든 것의 표면 위를 끝없이 내리칩니다. 빗속에서도 우리는 호흡을 놓치지 않으며 천천히 한 발 한 발 자신의 존재를 만끽하며 걸어갑니다. 이렇게 빗속에서 산행을 하고 있다는 사실 자체가 우리를 정토에 있는 것처럼 즐겁게 합니다.

빗속을 계속 걷고 있노라면 우리처럼 빗속으로 걸어갔던 수많은 사람이 생각납니다. 얼마나 많은 사람이 빗속으로 걸어갔을까요. 수많은 사람 중에 오직 한 사람, 천 년 전에 우리처럼 비를 맞으며 산속으로 걸어갔던 한 사내를 생각합니다. 그의 이름은 소식(蘇軾)이고, 호는 동파(東坡)입니다.

제갈공명이나 이태백처럼 그도 본명보다는 소동파(1037~1101)라는 호로 더 많이 불리는 사람입니다. 그는 부유한 지식인 가문에서 태어나 20세에 진사과에 급제하고 벼슬길에 나서서 문장으로 천하에 이름을 떨쳤습니다.

1082년 3월 7일, 마흔여섯 살의 소동파는 수도 개봉에서 멀리 떨어진 후베이성의 황주에 있는 산길을 친구들과 함께 걸어가고 있었습니다. 갑자기 소나기가 쏟아지자 우의도 우산도 없어 친구들은 갈팡질팡했지만, 그는 혼자 초연하게 걸어갑니다.

그는 비가 그친 다음 그때 심정을 「정풍파(定風波)」라는 노래로 읊었습니다. 「정풍파」는 사패명(詞牌名)입니다. 모든 사(詞)에는 악보가 있었는데, 그 악보를 사패(詞牌)라고 합니다. 사는 원래 먼저 곡조가 있고 그 후에 곡조에 따라 사구(詞句)를 채워 넣는 것입니다.

정풍파

숲을 지나다 나뭇잎 때리는 빗소리가 들려도 괘념치 말게
노래를 흥얼거리며 천천히 지나간들 어떠하랴
죽장과 짚신이 말 탄 것보다 가벼운데 누구를 두려워하랴
도롱이 하나면 한평생 안개비 내려도 살아갈 수 있다네

차가운 봄바람에 취기가 날아가니 조금은 싸늘하구나
문득 산 능선에 걸린 석양이 반가운데
고개 돌려 방금 비바람 치던 곳을 돌아보네
돌아가리라, 비바람이 불든 맑게 개든 개의치 않고

- 『동파전집』, 「정풍파·3월 7일」.

큰비가 내려 옷이 다 젖고 장대비가 나뭇잎을 때려도 소동파는 괘념치 않습니다. 오히려 비를 맞으면서도 노래를 흥얼거리며 천천히 걸어가는 그의 경지는 비에 구속되지 않는 경계를 보여줍니다. 이 시의 경지는 참으로 출중합니다.

시인은 도롱이를 걸쳤습니다. 도롱이는 농민들의 우비 같은 것

입니다. 안개비 자욱한데, 시인은 자유롭고도 평범한 생활을 보내고 있습니다. 말로는 평범하다지만 사실은 전혀 평범하지 않습니다. 왕안석의 신법에 반대하다가 필화사건을 겪고 그곳으로 유배된 지 3년째였으니, 그의 인생에 먹구름만 가득하던 시절이었으니까요. 이 시의 자아는 초월적 자아이고, '누구를 두려워하랴[誰怕]' 두 글자에는 호방한 마음이 잘 드러납니다.

하단의 시는 하나의 이미지를 보여줍니다. 술이 깬 후, 조금은 싸늘함을 느끼고 있습니다. 소동파는 고개를 돌려 비바람 쳤던 곳을 돌아봅니다. 소동파의 이 '돌아보다[回首]'는 어떤 예술적 경지를 만나게 합니다.

소동파는 매우 평범한 동사 '돌아가리라[歸去]'를 사용하여 자신의 시 속에 예술적 경지를 들여놓았습니다. '비바람이 불든 맑게 개든 개의치 않겠다'라는 구절은 사실적 묘사이면서도 시적 우언(寓言)이 담긴 서술입니다. 날씨만 말하는 것이 아니라 자신의 굴곡 많은 인생에 대한 은유가 아닐 수 없습니다. 그래서 우리는 이 시를 듣고 나면 어떤 경지에 이르게 됩니다.

이 시를 불교 사상을 대표하는 가장 좋은 시라고 주장하는 사람들이 있는데, 진실로 그러합니다. 비바람이 불든 맑게 개든 그것은 있는 그대로의 경지입니다. 그 경지야말로 마음의 고향이라 불러도 좋을 것입니다. "돌아가리라"라는 소동파의 말은 고향으로 돌아가고자 하는 사모의 정이자, 본래 성품으로 돌아가려는 의지입니다.

소동파의 「정풍파」는 실로 빗속을 걷는 일에 천근의 무게를 더해 줍니다. 이런 시를 읽으면서 어떻게 그 경계를 우리들 현재의 삶으로 가져올 수 있는가, 그것은 우리에게 주어진 숙제입니다. 우리는 그 시절보다 훨씬 더 속되고 물질화된 세계에 살고 있으니까요. 「정풍파」를 읊조릴 때마다 우리는 어느 정도는 소동파의 심정이 됩니다. 수많은 사람이 이 시를 읽고 좋아한다면 그때마다 「정풍파」는 되살아납니다. 그렇게 해서 좋은 시는 불멸의 작품이 되는 것입니다.

남들이 우리를 본다면 비에 흠뻑 젖은 꾀죄죄한 사람들로 보겠지만 우리가 마음속으로 소동파의 「정풍파」를 흥얼거린다면 날씨나 불운에 울지 않는 훌륭한 인생이 거기에 나타나는 것입니다.

솔바람길을 따라 사리암 주차장까지 올라왔습니다. 사리암에는 올라가지 않습니다. 오늘은 여기까지! 아쉽지만 이 지점에서 우리는 돌아섭니다. 바짓가랑이를 타고 빗물이 흘러들어 걸으면 신발 속에서 찰박찰박 물소리가 납니다.

나이가 들고 몸의 기능이 떨어지면서 우리가 살아가는 세계도 그만큼 좁아집니다. 문득 연약한 사람, 고통받는 사람, 의지할 데 없는 사람만이 천국을 본다는 말이 생각납니다.

『성경』에 나오는 '마음이 가난한 자'는 히브리어인 '아나윔'이라는 단어에서 유래됐다고 하는데, 그것은 학대받는 사람, 고통받는 사람, 가련한 사람, 가난한 사람, 온화한 사람, 겸손한 사람, 약한 사람 등의 뜻이다. 다시 말해서 아나윔은 국가, 부, 건강, 신분 등 모든 긍지를 빼앗기고 그 은혜를 받지 못했으며 신밖에 의지할 데가 없게 된 사람들을 의미한다. 그런 사람들만이 천국을 본다고 한다. 이것은 엄청난 역설이다.

- 소노 아야코, 『나다운 일상을 산다』, 2019.

오늘 하루, 우산에 떨어지는 빗소리를 우리는 평범하게 여기지 않았습니다. 마음을 가난하게 하고 단순하게 만들어 주던 길, 삶의 불필요한 군더더기를 덜어내는 우중산행입니다.

움직이는 것은 그대들의 마음일 뿐

운문사 솔바람길 ②

운문사 '솔바람길' 산행에 나섭니다. 거의 평지나 다름없어 산행이라기보다는 산책이 더 어울리는 길입니다. 이 길에는 소나무, 전나무가 많아서 은은한 송진 냄새가 공기를 청량하게 해줍니다. 솔바람길, 이름에 어울리는 길입니다.

스피노자는 『에티카』에서 이렇게 말했습니다. "나의 힘을 키우는 모든 것을 기쁨이라 부르고, 힘을 감소시키는 모든 것을 슬픔이라고 부른다." 스피노자식으로 말하자면, 우리에게 산행은 언제나 기쁨입니다.

꽃이 시드는 정취가 우리들의 뒷모습에서 피어납니다. 걷는 길 내내 바로 옆으로 운문천 맑은 물이 흐릅니다. 끊임없이 흘러내리는 물소리, 벌레 소리, 매미 소리, 새소리, 발걸음 소리…, 작은 소리가 지닌 매혹적인 아름다움에 집중하면 우리는 언제나 가뿐해집니다.

쉼터가 나타나면 잠시 앉아 호흡을 고르며 간식을 나누어 먹기도 합니다. 젊은 사람들은 다람쥐처럼 싹싹 지나갑니다. 정상에 오른다고, 혹은 더 빨리 걷는다고 더 좋은 사람이 되는 것은 아니지만 젊음은 부럽습니다.

90년대 초반만 해도 거의 한 달에 한 번씩은 사리암에 올랐습니다. 주차장에서 올려다보면 저 멀리 사리암이 보입니다. 보는 건 쉽지만 저기까지 수많은 계단을 올라가기는 쉽지 않은 일입니다. 우리는 이제 정상은커녕 70% 능선에 있는 암자에도 잘 올라가지 않습니다. 저 멀리 사리암을 올려다보고 있으면 젊은 시절이 생각나서 인생무상을 느낍니다. 1,400년 전, 당나라 시인 유희이(劉希夷, 651~679?)는 이렇게 노래했습니다.

> 해마다 피는 꽃은 서로 같지만
> 해마다 보는 사람 같지가 않네
>
> - 유희이, 「대비백두옹(代悲白頭翁)」(『당시선』).

이 두 마디는 인생무상(人生無常)을 절묘하게 표현했습니다. 가버린 청춘을 생각하며 백발을 서러워하는 마음을 이보다 더 절절히 그려낸 시구가 또 있을까요. 생명의 궁극은 말로 표현할 수 없지만, 이 두 마디는 듣는 순간 누구나, 아~ 정말, 그 절묘한 단어 배치와 운율에 무릎을 치며 찬탄하지 않을 수 없게 합니다.

동년배 시인이자 외삼촌인 송지문(宋之問, 656?~712)도 이 두 구절을 너무나 좋아한 나머지 아직 발표하지 않았으니 자기에게 넘겨 달라고 애걸했습니다. 워낙 간절하게 부탁하니 유희이도 마지못해 허락했습니다. 그렇지만 유희이도 어찌 이 만고의 절창을 남에게 넘겨주고 싶었겠습니까. 결국 자신의 이름으로 시를 발표하고 맙니다. 이에 송지문은 화가 나서 하인들에게 명하여 조카(유희이)를 흙 가마니로 덮어 압사시켰다고 합니다(위현, 『빈객가화록』). 물론 이는 사실이 아니겠지만, 좋은 시구(詩句)는 보석과도 같아서 때때로 사람의 눈을 멀게 하고, 시기와 질투로 목숨을 빼앗기도 합니다.

운문천 일대에는 석회암이 많아서 그게 녹아 물빛이 초록색으로 보이는 곳도 있습니다. 물빛이 너무 맑고 아름다워서 모든 생각이 사라지는 듯합니다. 저 물빛의 아름다움은 무한히 긴 세월의 내부를 보여주고, 우리는 물속에서 세월을 응시합니다.

내려오는 길에 운문사에 들릅니다. 예전에 운문사 채소밭이었던 자리에 지금은 주차장과 정원이 조성되어 있습니다. 운문사에는 비구니 승가대학이 있어서 학승이 200명 이상 재학 중입니다. 정갈한 채소밭과 울력하는 비구니 스님들의 모습은 한 폭의 그림과도 같았습니다. 농사일이 얼마나 많았으면 학승들이 운문사 승가대학을 '농대'라고 불렀겠습니까.

불이문(不二門) 안쪽은 비구니 스님들의 강원과 요사채가 있습니다. 운문사 승가대학의 정원은 한 학년에 60명 정도지만 졸업은 절반 정도만 합니다. 승가대의 규율이 얼마나 엄한지 화엄반(4학년)은 임금님 행세를 합니다. "운문사 화엄반은 군수하고도 안 바꾼다"라는 말이 학승들 사이에서 내려옵니다. 치문반(1학년)은 마치 논산훈련소 훈련병과 같은 생활을 견뎌내야 합니다.

새벽 2시 50분경에 일어나 멀리 떨어진 화장실에 200명이 한꺼번에 가야 합니다. 생각해 보세요, 얼마나 힘든 생활인지. 그런 절차를 거쳐서 3시 20분, 그 유명한 운문사 새벽 예불이 시작되는 겁니다.

스님들은 승가대학에서 불법과 함께 인간의 깊숙한 내면을 응시하게 됩니다. 일거수일투족이 선배들의 눈으로 평가되고 저녁에는 집합과 점호가 이어집니다. 학승들의 나이는 스무 살 남짓부터 쉰 살까지 다양하지만 진한 동료애가 저절로 생겨납니다. 이렇게 해서 '잘난' 때를 벗어야 비로소 한 사람의 비구니 스님이 되는 것입니다.

불이문 입구에 서 있는 깃발 게양대를 보며 1,300년 전에 있었던 승려들의 문답을 생각합니다. 홍인의 곁을 떠나 몇 년간 숨어서 때를 기다리고 있다가 광둥 시내에 있는 법성사로 나온 혜능(638~713)의 첫 문답입니다.

> 어느 날 바야흐로 경을 강론하는데, 거센 비바람이 일어 깃발이 펄럭이니, 법사가 대중에게 물었다.
> "바람이 움직이는가, 깃발이 움직이는가?"
> 이에, 어떤 이는 바람이 움직인다 하고, 어떤 이는 깃발이 움직인다 하여 제각기 다투다가 강주(講主)에게 와서 증명해 주기를 바랐는데, 강주가 판단치 못하고 도리어 행자(혜능)에게 미루니 행자가 말했다.
> "바람이 움직이는 것도 아니요, 깃발이 움직이는 것도 아닙니다."
> 강주가 다시 물었다.
> "그러면 무엇이 움직이는가?"
> 행자가 대답했다.
> "그대들의 마음이 스스로 움직이는 것입니다."
> ―『조당집』, 제33조 혜능화상(惠能和尙).

움직이는 것은 바람도 아니고 깃발도 아니며 바로 그대들의 마음이라는 혜능의 한마디는 듣는 이를 깜짝 놀라게 합니다. 이 한

마디는 문자나 경전과 같은 학문적인 지식에서 나온 것이 아닙니다. 혜능은 자신의 힘으로 일상생활이 지닌 심오한 의미를 그 근원까지 파헤쳐 내려간 것입니다.

일상생활에도 진리가 있고 가치가 있다고 하는 중국 선(禪)의 주장은 바로 혜능의 풍번문답(風幡問答)에서 출발한 것입니다. 이런 맥락에서 풍번문답이 역사적 사실인지 어떤지는 이미 문제가 되지 않습니다. 왕유(王維, 699~761)가 작성한 『육조능선사비명(六祖能禪師碑銘)』에는 '풍번문답'이 적혀 있지 않습니다만, 풍번문답은 그때까지 알지 못했던 궁극적인 진리를 거침없이 시원스럽게 꿰뚫어 말하고 있는 것입니다.

풍번문답은 비록 여러 번 들었다 할지라도 처음 듣는 것같이 신선하고 새로운 맛이 있습니다. 하지만 처음 들을 때 뭔가 알 것 같았던 풍번문답도 가만히 생각하면 생각할수록 점점 더 어려워집니다.

심오한 혜능의 풍번문답보다 혜능의 제자 신회(670~762)의 부탁으로 혜능의 비문을 쓴 왕유의 시는 훨씬 편안하게 다가옵니다. 왕유는 북종 계통의 『능가사자기』 편자인 정각(683~750?)의 비문도 썼으니, 남종과 북종을 막론하고 선에 대한 그의 관심이 얼마나 깊었는지를 보여줍니다.

젊었던 얼굴 어느새 늙어 이가 흔들리고
잠깐 사이 다박머리 백발이 되었네
일생에 마음 아픈 일 얼마이던가
불도가 아니었다면 어디서 삭였을까

- 『전당시』, 왕유, 「탄백발(歎白髮)」.

 왕유는 시도 잘 쓰고, 글씨, 그림은 물론 비파 연주에도 탁월한 재능이 있었습니다. 22세에 진사 장원 급제하고 벼슬길에 나갔으나 평생 좌천과 복귀를 거듭하며 인생무상과 허무함을 뼈저리게 체험합니다. 어려서 아버지를 잃었고, 32세에는 사랑하는 아내와도 사별했지만, 평생 재혼하지 않고 홀로 살았습니다. 아내가 죽자 장안 부근 종남산 아래에 있는 망천의 버려진 별장을 사서 산수에 마음을 맡기며 수많은 명시를 남겼습니다. 그 별장은 원래 유희이의 외삼촌 송지문의 별장이었습니다.
 「탄백발(歎白髮)」은 허무한 자신의 인생을 탄식하면서 불교에서 비롯되는 깊은 울림과 맛을 지니고 있어서 불가사의한 여운을 남겨줍니다. 불교는 왕유의 시와 인생 전체에 내면적인 진실성을 더해 주었습니다.
 운문사에서 멋진 나무를 많이 보았습니다. 특이하게 흰 꽃이 피는 배롱나무도 보았고, 잎사귀가 널찍한 후박나무도 보았죠. 꼬

리진달래도 보았고, 나무가 통째로 화석이 된 규화목도 보았습니다. 보기 드문 벚나무 고목도 만났지만, 만세루(萬歲樓) 앞의 처진 소나무가 압권입니다. 수령 500년, 운문사의 처진 소나무는 예전보다 더 생생해진 듯합니다. 처진 소나무 앞 만세루에 앉아서 운문사의 바람을 맞아보는 것은 호사입니다. 이런 풍류는 사라져 가고 있지만 언젠가 부활할 날도 있지 않겠어요.

오늘 하루, 인생무상을 음미하면서 12,000보를 걸었습니다.

참새와 목수는 처마 밑에서 운다

고운사

나이가 든 다음에 여행하는 즐거움 가운데 하나는 일찍이 여행한 곳을 다시 찾아가는 즐거움이 있습니다. 10년, 20년 전에 갔던 곳을 다시 가보면 세월의 무상함을 느낄 때가 많습니다.

산사를 찾아가는 발걸음은 예전보다 훨씬 편해졌습니다. 별로 걷지도 않고 산사에 도착하면 옛날 같은 감각을 느끼지 못할 때가 많습니다. 고생하지 않았기 때문입니다. 의성군 단촌면 등운산에 있는 고운사(孤雲寺)도 그런 곳입니다. 갈림길에서 산길로 20리를 더 들어가야 하는 첩첩산중에 고운사가 나타납니다.

옛날에는 이 길을 걸어서 올라갔기 때문에 그 시절 고운사는 지금보다 훨씬 더 감동적인 사찰이었습니다. 사찰은 우리가 참배하러 갔을 때 마음을 씻어주는 듯한 기분이 있어야 합니다. 고운사가 사람을 끌어들이는 것은 깊디깊은 산속에 있기 때문입니다.

고운사는 좁은 골짜기에 지어진 사찰이라 교구 본사로서는 규모가 작은 편입니다. 개울 옆으로 일주문과 천왕문이 있고, 고불전을 지나면 개울에 걸터앉은 가운루(駕雲樓)가 나옵니다. 가운루란 구름 위에 올라탄다는 뜻입니다. 가운루에서 내려다보면 물 위에 뜬 구름이 보이기에 붙은 이름입니다. 현재의 건물은 1899년에 중수한 건물입니다. 개울을 가로질러 세워졌기에 건축 양식에 볼 만한 데가 많은 건물입니다.

우리나라의 산중 깊은 곳에 있는 사찰 가운데는 수맥이나 물구덩이 위에 세워진 사찰이 적지 않습니다. 대표적으로 순천 송광사도 물구덩이를 메워 법당을 지었습니다. 궁궐인 경복궁, 창경궁도 수맥 위에 세워진 궁궐입니다(이종호, 『한국의 유산 21가지』, 1999). 고운사 역시 좁은 계곡의 개울을 일부 메워서 지었습니다. 대웅보전과 약사전은 원래 물이 흐르던 계곡을 메우고 세운 건물입니다. 대웅보전과 약사전 사이로 보이는 단풍이 이제 막 물들기 시작했습니다.

고운사 경내를 어슬렁거리노라면 단연 단아한 건물 하나가 눈길을 끕니다. 솟을삼문 뒤로 겹처마가 아름다운 팔작지붕을 지닌 연수전(延壽殿)입니다. 연수전은 영조가 하사한 어첩과 불구, 보물 등을 모시기 위해 1744년에 건립했습니다. 현재의 건물은 고종의 무병장수를 기원하며 1902년에 어첩을 내리고 새로 지었습니다.

왕실의 족보를 기록한 어첩이 있었기에 고운사는 박해를 피해 번창할 수 있었습니다.

만세문(萬歲門)으로 들어가면 좁은 마당이 있고 사방을 에워싸는 토석담을 쌓았습니다. 작지만 단단하고 위엄이 돋보이는 건물입니다. 우리는 가끔 사찰에서 왕실 관련 건물을 만날 때마다 그 격조와 절제미에 감탄하곤 합니다. 만세문은 판장문으로 되어 있고 위에 홍살과 화반을 설치하였습니다. 홑처마 맞배지붕이 단정하면서도 위엄이 서려 있습니다. 이 문 앞에 서면 누구도 함부로 까불지 못할 것 같지 않습니까?

연수전은 돌로 쌓은 기단 위에 건물을 짓고 판벽과 사분합문을 두어 방을 만들었습니다. 돌로 쌓은 기단은 18세기 중반의 모습 그대로입니다. 마루는 우물마루에 쪽마루를 붙였는데 계자난간을 설치하여 운치를 더했습니다. 난간에 기대서면 시야가 확 트여 개방감과 존재감이 대단합니다.

점점 높아지는 뒷산의 경사를 살리면서 층차를 두고 쌓은 담장은 또 얼마나 아름다운지 모르겠습니다. 깊은 산속에 건물을 지으면서 개발의 흔적을 남겨 놓은 것입니다. 우리는 이런 건물을 가리켜 멋있고 살아 있는 듯 생생하다고 생각합니다. 담장 위로 단청과 어우러진 파스텔톤의 단풍이 그림처럼 아름답습니다. 너무나 아름다워서 넋을 놓고 오랫동안 바라보았습니다. 살짝 휜 처마, 단청, 단풍, 토석담의 아름다움이 감동을 넘어 도취감을 불러옵니다. 아, 여기서 바라보면 아름다운 풍경만 존재하고 '나'라는 의식마저 잠시 사라져 버립니다.

어떤 건물에 들어갔을 때, 바로 눈앞에서 날아 들어오는 처마의 모양은 사람의 마음을 움직이는 데 결정적인 역할을 합니다. 물론 건물을 지은 옛날 목수는 그런 것까지 다 염두에 두고 지었습니다. 그뿐만 아니라 오래된 나무는 놀랍게도 만져보면 따뜻하게 느껴집니다. 그리고 감촉이 부드럽습니다. 우리는 연수전의 난간과 기둥을 만져보며 고색창연함 속에서 반음계씩 낮아진 지음의 옛날이야기를 듣는 것 같은 즐거움을 느꼈습니다.

저 단정한 기와지붕, 그리고 살짝 휜 처마 아래 떠도는 어둠은 환상적입니다. 처마 밑은 어둠 속에 묻혀 있어서 밖에서 보면 웅숭깊은 그늘만 보입니다. 처마 밑 그늘은 매우 양질의 그늘입니다. 저 그늘 밑에 앉아서 편안하게 쉬고 싶어집니다. 저런 그늘은 우리들의 불안을 다독여 주는 효과가 있습니다. 바로 이런 처마 밑의 웅숭깊은 양질의 그늘을 읽을 줄 알았던 선인들이 적지 않았습니다.

천 년 전에도 이천 년 전에도 그런 그늘의 감촉을 느낀 사람이 있었을 것입니다만 오늘은 그중 원오극근 선사가 느낀 그늘의 감촉에 대해 생각해 보겠습니다. 1125년에 36세의 대혜종고

(1089~1163)가 가르침을 받기 위해서 천녕사로 62세의 원오극근 (1063~1135)을 찾아갑니다. 만난 지 40일이 지난 어느 날 원오가 법당에 올라 법문을 합니다.

> 어떤 승려가 운문(雲門, 864~949)에게 묻기를, "어떤 것이 모든 부처가 나오는 자리입니까?"라고 하자, 운문이 말했다. "동산(東山)이 물 위로 간다라고 하였는데, 나는 그렇게 여기지 않는다. 문득 누가 묻기를, 무엇이 모든 부처님이 나오는 자리입니까?라고 한다면 나는 그에게 말하겠다. 따뜻한 바람이 남쪽에서 불어오니 전각(殿閣)에서 조금 서늘한 기운이 생기는구나." 대혜는 말끝에 문득 앞뒤의 시간이 끊어졌다.
> - 『오등회원』 권19, 「대혜보각선사어록」.

이 법문에는 세 겹의 이야기가 들어 있습니다. 화자는 원오이고, 청자는 법문을 듣고 깨달음을 얻은 대혜입니다. 법문의 구절인 '훈풍자남래 전각생미량(薰風自南來, 殿閣生微涼)'은 당나라 유공권(778~865)의 작품입니다.

이 구절은 원래 당 문종(재위 829~840)이 앞 2구를 짓고 신하들에게 대구(對句)를 짓게 한 것인데, 유공권의 대구가 가장 좋다고 문종이 골라서 그 시절에도 이미 유명했던 구절입니다(『전당시』 권

4, 문종황제, 「하일연구(夏日聯句)」. 무더위 때문에 다들 싫어하는 여름을 황제가 굳이 낮이 길어서 좋다고 하자, 유공권이 더운 바람이 남쪽에서 불어와도 궁궐에는 청량한 기운이 일어난다고 맞장구를 치는 시였습니다.

원오의 위대함은 300년 전의 시를 읽는 방식의 깊이에 있습니다. 거기에서 가르침의 권위가 나옵니다. 이 구절은 원오로 말미암아 오랫동안 사람들의 가슴에 메아리치는 화두가 되었습니다. 300년 전의 시에서 무심(無心)의 경지를 처음으로 읽어낸 원오나 그 말을 듣고 깨달음을 얻은 대혜의 경지는 자아에서 벗어나 순수한 인식 상태에서 청량한 바람과 하나가 된 경지입니다.

객관만 남고 주관은 사라진 경계입니다. 고뇌와 고통이 다 사라진 경계입니다. 이런 경지는 무심의 묘경(妙境)입니다. 이는 돈오(頓悟)에 속하는 것으로서, 참으로 위대하고 아름다움의 극치라고 할 수 있습니다.

어린 시절 산수 공부를 할 때처럼 책 뒤쪽으로 가서 답을 미리 알고 공부하는 식으로 이 시를 읽어봤자 거죽만 훑을 뿐, 아무리 시간이 흘러도 '알았다'라는 감각을 얻을 수는 없습니다. 우리도 해설을 들으면 '훈풍자남래 전각생미량'의 경지를 잠깐 맛볼 수는 있겠지만 거기에 오랫동안 머물 수 있는 힘은 갖고 있지 못합니다. 옆에서 누가 어깨를 툭 건드리기만 해도 마법은 끝나버리고 우리는 다시 평범한 자신으로 돌아옵니다.

궁궐을 짓는 목수들 세계에서는 이런 말이 전해 옵니다.

"참새와 목수는 처마에서 운다."
- 마츠우라 쇼우지, 『천년을 이어온 궁궐 목수의 삶과 지혜』, 2003.

이 경지도 순수한 인식 상태에서 나온 것으로 또 하나의 별세계를 보여줍니다. 이런 세계에서는 오직 처마만 있고 참새나 목수는 사라지고 없는 경계입니다. 무거운 지붕을 떠받치는 처마 밑의 골조를 숨기지 않고 다 드러내는 서까래의 디테일만 순수하게 남고 나머지는 다 사라진 세계입니다. 이런 미적 관조의 시선은 플라톤의 이데아를 연상시키기도 합니다.

문득 이런 처마 밑에서 여생을 보냈으면 좋겠다는 생각이 들었습니다. 한 줄기 서늘한 바람이 되어 사라지거나 한 마리의 참새가 되어 조그만 소리로 한 번 울어보고 싶습니다.

깊은 밤 절집에 말없이 앉았으니

봉암사

우리나라에 일반인은 물론 불자의 출입도 허용하지 않는 사찰이 있습니다. 문경에 있는 봉암사는 한국 유일의 비공개 사찰입니다. 일 년에 단 하루, 초파일에만 산문을 개방합니다. 공개하지 않으면 당연히 신비감을 불러일으키고 그 신비감으로 깊은 맛을 더해 줍니다. 봉암사를 방문하려면 인연이 있어야 합니다. 나도 인연의 한 자락을 붙들고 봉암사를 찾는 행운을 얻었습니다.

봉암사 입구인 일주문은 1723년 이전에 세워진 문인데 참 아름답습니다. 두 기둥 양쪽으로 버팀 장치를 한 특이한 문입니다. 일주문 가운데 보물로 지정된 것은 범어사 조계문, 봉암사 봉황문, 동화사 봉황문, 선암사, 천은사 등 전국에 5개밖에 없는 귀중한 문화재입니다.

우리는 공양물을 싣고 갔으므로 차를 타고 종무소까지 올라가서 공양물을 접수합니다. 봉암사에서 1박을 할 예정이기 때문에 종무소 아래에 있는 희양원에 숙소를 배정받았습니다. 비공개 사찰 봉암사에서 하룻밤 묵을 수 있다는 것은 정말이지 특별한 행운입니다. 영묘한 지혜는 사물의 세계 밖에 있는 것이기 때문에 알 수 없다고 하는 방식에 의해서 알게 되는 것입니다.[승조(僧肇), 『조론(肇論)』, 「열반무명론(涅槃無明論)」, "妙智存乎物外, 故不知以知之."]

봉암사에는 볼 것이 아주 많습니다. 국가에서 지정한 보물들이 9점이나 있습니다. 지증대사탑비는 국보이고, 지증대사적조탑, 삼층석탑, 극락전, 아미타여래좌상 및 복장유물(腹藏遺物), 정진대사탑비, 정진대사탑, 최근에는 마애미륵여래좌상과 일주문이 보물로 추가 지정되었습니다.

대웅전에서 내려다보면 봉암사의 정문인 남훈루가 보입니다. 문루 겸 2층 누각 강당은 보기 드문 형태입니다. 종립선원이 있는 사찰답게 장엄하고 풍류가 있습니다. 마당 좌우에는 커다란 노주석이 2개 있습니다. 야간에 행사할 때 관솔불을 피우는 조명 시설인데, 이것 역시 보기 드문 시설입니다.

역사(歷史)의 맨 아래층에는 거의 움직이지 않는 역사가 있고, 맨 위층에는 출렁거림이 있습니다. 봉암사에서 한국 현대 불교문화의 문법이 탄생했고 뿌리가 튼튼해졌습니다.

1947년 해방 직후 혼란기에 35세의 성철 스님(1912~1993)이 주도

한 봉암사 결사는 "부처님 법대로만 살아 보자"라는 게 원이었습니다. 참여한 사람은 우봉, 보문, 자운, 청담, 향곡, 월산, 종수, 젊은 사람으로는 도우, 보경, 법전, 성수, 혜암, 의현 이렇게 20명으로 늘어나고, 나중에는 50명이 넘게 참여했습니다(서재영, 「봉암사 결사의 정신과 퇴옹 성철의 역할」, 『봉암사 결사와 현대 한국불교』, 2009).

"석존에게 돌아가라!"라는 테제는 불교사에서 몇 번이나 반복되었습니다. 혁신은 동시에 복고입니다. 봉암사 결사에는 18개 조항이 엄격한 공주규약(共住規約)이 있었는데, 그에 따라 모든 사람이 매일 2시간 이상의 노동을 했습니다. 물 긷고 나무하고 밭일을 했습니다. 이렇게 해서 한 사람, 한 사람 땀 흘리는 생활 속에서 면벽참선을 실천한 것입니다. 한 사람, 한 사람이 자발적으로 생활과 밀착한 가운데 수행했기에 현재에도 살아 있는 정신입니다. 결사에 참여한 사람 가운데 4명의 종정과 7명의 총무원장을 비롯한 고승이 계속 나온 것도 결사의 정신이 개인 속에서 구체적으로 살아 있었기 때문입니다.

대웅전에서 태고선원으로 가는 길옆에 국보인 지증대사탑비가 있습니다. 이 비석은 너무나도 유명한 최치원의 사산비명(四山碑銘) 가운데 하나입니다. 이 거대한 비석에는 수많은 역사적 사실이 적혀 있어 대단히 귀중한 사료입니다. 비석의 한 구절에서 논문 하나가 탄생할 정도로 귀중한 사료입니다.

지증대사 비석과 같은 지붕 아래 지증대사적조탑(부도)이 있습니다. 팔각원당형 승탑인데 정말 아름다운 부도입니다. 탑의 높이는 3.41m, 지대석 너비는 2.28m며 옥개석이 넓어 아주 당당합니다. 하대석의 사자상도 8면 모두 자세가 다르며 조각이 두툼해서 마치 사자가 꿈틀거리는 듯합니다. 중대석 괴임에는 구름을 새겼으니 이곳에서부터는 천상의 모습입니다. 새의 몸에 사람의 형상을 한 가릉빈가(극락조)가 조각되어 있고, 그 위로는 선녀의 합장 공양상, 사리함, 주악상 등을 배치하였습니다.

이런 아름답고 장중한 부도 앞에 서면 누구나 찬탄하지 않을 수 없습니다. 생각해 보세요. 천 년도 전에 희양산 깊은 산속에 이렇게 아름다운 탑을 세운 지방 호족은 그 세력과 신앙심이 얼마나 대단했던 걸까요.

대웅전 오른쪽에 극락전이 있습니다. 조선 중·후기에 만들어진 건물로 봉암사의 건물 중 가장 오래된 건물입니다. 외관상 2층으로 보이는 목탑 구조물로 작은 건물이지만 내부와 외부가 지극히 화려하며 장엄합니다. 조선조 왕실에서 건립한 원당이었을 것으로 추정됩니다.

봉암사 정문인 남훈루 앞으로 난 길을 따라 산길을 10분 정도 올라가면 유명한 마애미륵여래좌상이 나옵니다. 옥석대(백운대)에 위치한 널찍한 바위 옆에 새겨진 마애불은 자연 암반을 깎아 만들었습니다. 환적 대사가 1663년에 조성했습니다. 너럭바위 중 일부분은 두드리면 목탁 소리가 난다고 하여 신비성을 더해 줍니다. 아마도 절리 과정에서 비어 있는 공간이 생겨서 나는 소리로 추측하고 있습니다. 이곳은 봉암사 산문이 열리면 신도들이 기도하고 싶어 하는 곳입니다.

마애불에서 다시 산길을 따라 10분 정도 더 올라가면 산내 암자인 백련암이 있습니다. 인위가 더해지지 않은 그 길을 걸으면서 고요함을 가슴 가득 담아봅니다. 고요함과 침묵이야말로 종교적인 것으로 진입하는 문이 아닐까요.

저녁을 먹고 절 아래에 있는 원로선원을 지나 연못까지 산책합니다. 기대하지도 않았던 비공개 사찰인 봉암사에서 뜻밖의 호사를 누립니다. 산책하면서 봉암사의 거대한 문화적 흐름과 종교적 기운에 흠뻑 젖어봅니다.

산을 알려면 산속에서 자다가 한밤중에 일어나 산의 숨소리를 들어보아야 합니다. 봉암사의 기운을 제대로 느껴보려면 역시 새벽에 일어나 새벽 예불에 참여해 봐야 합니다. 새벽 2시 30분에 일어나 대웅전에 3시에 도착합니다.

보통 대웅전의 석가모니 불상 뒤에는『법화경』,『화엄경』장면의 후불탱화가 있습니다. 봉암사 대웅전은 불상 뒤에 목조 보살 부조상을 조각해 놓아 생동감이 대단합니다. 새벽 3시 예불 참석은 난생처음인데 그것도 봉암사의 새벽 예불입니다!

스무 명 남짓한 스님들이 들어오고 예불은 3시 30분에 끝납니다. 새벽 예불의 분위기에는 뭐라 말할 수 없는 청정함이 있습니다. 잠시나마 마음이 깨끗해집니다. 이 자리에 앉아보려고 봉암사에 오고 새벽 2시 30분에 일어난 것입니다. 그저 흉내만 내고 앉아본 것이지만, 강렬한 현존의 감각을 느꼈습니다.

새벽 예불을 마치고 내려오는데 주지실 앞의 동방장 입구 계단 위에 캄캄한 어둠이 내려와 있습니다. 오랫동안 잊고 살았던 캄캄한 어둠이 여기에 있군요. 나는 평생 이런 어둠을 평범하게 여기지 않았습니다. 들여다볼수록 더 깊어지는 어둠 속에는 깊이를 가늠할 수 없는 적막함이 있습니다.

우리는 어둠 속에 무엇이 있는지 모르기 때문에 어둠을 두려워합니다. 어둠이 두려워서 밤에도 대낮같이 불을 밝히고 흥청망청 살아갑니다. 하지만 삶에서 어둠을 몰아내는 것은 점점 더 어두운 데로 들어가는 것입니다. 류영모(1890~1981) 선생은 이렇게 일깨워 줍니다.

어둠이 빛보다 크며, 낮이란 만년을 깜빡거려도 하루살이의 빛이다.

- 박영호, 『다석 류영모』, 2009.

류영모 선생은 이 세상과의 연결이 아니라 자기 내면과의 연결, 자신 너머와의 연결을 위한 길은 어둠 속에 있다고 말합니다. 어둠을 죽음으로 인식하고 한 줄기 빛을 찾기 위해 어둠을 응시하는 사람도 있습니다. 근이영양증 환자로 위 경관영양과 인공호흡기로 살아가는 일본의 시인 이와사키 와타루(岩崎航, 1976~)는 「빛」이라는 시에서 어둠을 이렇게 노래합니다.

아무리
미세한 빛일지라도
놓치지 않을 것이다
안목을 기르기 위한
어둠

- 이와사키 와타루, 『点滴ポール 生き抜くという旗印』, 2013.

분명 우리는 어둠 속에서 가장 예민하게 빛을 감지합니다. 마찬가지로 죽음이 눈앞에 있을 때 삶을 절실하게 갈구하는 것입니다. 이와사키는 점적(点滴) 폴대에 의지해서 살아가면서도 죽지 않고 살아남은 것은 절망 끝에서 한 줄기 빛을 찾기 위해서라고 노래하고 있습니다.

어둠 가운데 가장 깊은 것은 무명(無明)의 어둠입니다. 지혜가 없어서 보여야 할 것이 보이지 않는 것이 무명입니다. 무명은 단순한 어둠이 아니라 인간 존재의 근본 무지입니다. 야보도천(冶父道川, 12세기)은 무명에 대해 이렇게 노래합니다. 시가 너무나 울림이 커서 많은 사람이 애송하는 게송입니다. 나도 밤에는 이 시를 한 번씩 외우곤 합니다.

> 깊은 밤 절집에 말없이 앉았으니
> 적막하고 쓸쓸함은 본래 그런 걸세
> 무슨 일로 서풍은 숲을 흔들고
> 찬 기러기는 하늘 끝까지 울며 가는가
> 山堂靜夜坐無言, 寂寂寥寥本自然.
> 何事西風動林野, 一聲寒雁淚長天.
>
> - 『금강경오가해』, 야보도천, 「금강경주」, 장엄정토분 게송.

깊은 밤, 산사에 말없이 앉아 있으면 얼마나 적막하고 쓸쓸할까요. 하지만 그 적막하고 쓸쓸함은 고요한 적멸일 뿐입니다. 그냥 '있는 그대로'의 세계입니다. 그러나 인간이기에 어쩔 수 없는 생존을 향한 욕망이 일어나자마자 근심 걱정이 적멸을 흔들어 놓습니다.

이 시는 바로 그러한 근본 무지로 말미암은 어둠을 노래하고 있습니다. '바람'과 '기러기'는 아집과 생로병사의 괴로움을 형상화한 것입니다. 무명은 잠재의식의 암흑이고 카르마의 암흑이라 살아 있는 한 쉽게 없어지지 않습니다.

아침 6시에 식사하고 봉암사 경내 부도들을 볼 겸 산길을 걸어 봅니다. 화장실과 종무소 사이로 난 산길을 올라가면 동암이 나옵니다. 동암의 우측 길로 가면 각종 부도와 탑이 있습니다. 말하자면 봉암사 명예의 전당과 같은 곳입니다.

나는 부도보다는 이 인적 없는 길, 끊임없이 들리는 새소리가 훨씬 더 좋습니다. 굳이 말한다면 아무 생각도 일어나지 않기 때문입니다. 인간의 언어를 떠나서 고스란히 자연만 느껴지는 무념의 신길입니다. 사람이 만들지 않은 아름다운 대자연이야말로 정토가 아닌가 싶습니다.

새소리 가득한 산길을 걷다가 내려오니 날씨가 맑아졌습니다. 날씨가 맑아지자 그동안 모습을 감췄던 희양산 봉우리가 자태를 드러냅니다. 천 층 만 첩으로 된 바위산이 절집을 더욱 빛나게 합니다. 보림당 처마 위로 하얗게 빛나는 희양산 정상(999m)이 보입니다. 산세가 드러나자 봉암사는 한층 더 신성한 기운에 휩싸입니다.

산문을 벗어나자 다시 소리가 들려오고 사람들이 나타나고 자동차가 지나갑니다. 깊은 침묵 속에서 아무 말도 떠오르지 않습니다.

나비야, 청산 가자

✽

남지장사

옛날 사람들은 인생살이가 막다른 골목에 부딪히면 여행을 떠났지만, 요즘에는 언제든지 도시 근교의 산속으로 들어가는 것만으로도 훌륭한 여행일 수 있습니다. 9월 산행 장소가 최정산 남지장사로 정해졌을 때 마음이 설렜습니다.

남지장사는 70년대 초, 친구인 우소현 스님이 주지로 있었던 절입니다. 그 옛날 그와 어울렸던 추억을 생각하면 마치 전생의 일처럼 까마득합니다. 남지장사 주차장에 도착한 순간, 성벽 같은 2단 축대의 웅장한 모습에 놀랐습니다.

옛날에는 축대는커녕 허술한 건물 몇 채만 있던 산골짜기 암자였거든요. 주차장은 물론 없었고 버스를 타고 우록에서 내려 2시간을 걸어야 했습니다. 지난 50년 동안 상전벽해의 세월을 남지장사에서 다시 한 번 음미합니다.

길 찾기가 어려웠지만 10시에는 모두 18명이 모여서 산행을 시작합니다. 남지장사 부근에는 소나무가 울창합니다. 빛과 그림자가 잘 어울리는 산길을 천천히 올라갑니다. 저 모롱이를 돌아가면 경사가 급해지고 길은 짐승들이 다니는 길처럼 좁아집니다. 등산화를 신고 스틱을 짚고 배낭을 멘 사람을 보면 왜 그렇게 아름답게 보이는 걸까요. 많은 사람이 노쇠를 경험하는 나이에 우리는 활짝 피려고 안간힘을 씁니다.

30분 정도 올라가느라 숨이 턱에 닿을 때, 잠시 앉아 간식을 나눈 다음 다시 올라갑니다. 경사가 가팔라 걷는데 몇 배로 힘이 들지만, 나무며 바람이 좋아 기분은 좋습니다. 산에 오른다는 것은 언제나 대자연과 신에게로 한 발자국 다가가는 일입니다.

다시 30분쯤 더 올라가면 능선에 올라섭니다. 힘들게 가파른 비탈에 붙었다가 능선으로 걸으니 발걸음이 한결 가볍습니다. 말없이 산속을 걸어가노라면 마음은 저절로 가라앉아 조용해집니다. 이 가라앉음이 좋아서 우리는 산으로 가는 겁니다. 말을 하지 않더라도 마음은 끊임없이 지껄입니다. 이 지껄이는 마음이 없어지면 그 경지가 바로 명상의 경지입니다(오쇼, 『행복한 동행』, 2007).

1시간 걷고 20분 쉬곤 합니다. 보통은 산기슭에서 어슬렁거리지만, 능선 위에서 휴식하니 색다른 맛입니다. 백 번을 되풀이하더라도 산은 언제나 새롭습니다.

2시간 가까이 걸은 다음에 시야가 탁 터진 곳이 처음 나타납니다. 우미산 삼성산 자락이 이어지고 그 너머 화악산, 관룡산 자락이 겹겹이 나타납니다. 이렇게 멀리까지 트인 곳에 서면 시야는 원대한 범위로 넓어집니다. 아스라한 산맥의 위용을 바라만 봐도 마음은 터질 듯 부풉니다.

능선을 따라 10분 정도 더 걸으면 최정산이 보이는 전망 바위에 도착합니다. 이곳은 해발 700m 고지, 최근 들어 처음으로 700고지까지 올라왔습니다. 저기 철탑이 보이는 곳이 905m, 최정산 정상입니다. 오른쪽으로는 아련하게 대구 시내의 고층 아파트들이 보입니다. 오늘 산행은 여기까지입니다. 산에서는 힘을 남겨두고 산행해야지 안전하게 돌아올 수 있습니다.

경사가 급해서 올라갈 때도 힘들었지만 내려올 때는 힘이 더 듭니다. 경사가 급하니 등산화 안에서 발이 놀아 발가락이 아픕니다. 몸은 힘든데 정신이 기쁨으로 넘치는 것은 산행이 지닌 매력 가운데 하나입니다. 때로는 산속에서 자신의 육체를 새삼스럽게 느끼기도 합니다.

노랑 코스모스 위에서 암끝검은표범나비 암컷 한 마리를 만났습니다. 제비꽃을 기주식물(특정한 곤충이나 애벌레의 먹이가 되는 식물)로 살아가는 나비이지만 노랑 코스모스도 좋아하나 봅니다. 우리 동네에서도 노랑 코스모스 위에 앉아 있는 이 나비를 몇 번 본

적이 있습니다. 모든 생명체는 저마다의 경계선 안에서 살아갑니다. 나비 종류마다 자신이 좋아하는 식물과 다니는 길이 따로 있다니 신비하지 않습니까.

나풀나풀 날아다니는 나비를 보면 장자(기원전 369?~기원전 286)의 호접몽이 생각납니다. 장자는 가난한 동네의 막다른 골목에서 짚신이나 짜면서 가난하게 살았지만, 관직을 거절하고 자유롭게 살아간 사람입니다(『장자』, 잡편 열어구).

> 어느 날 장주(莊周)가 꿈에 나비가 되었다.
> 나풀나풀 날아가는 나비가 되어
> 스스로 유쾌하고 만족스러워 장주임을 알지 못했다.
> 문득 깨어 보니 어엿한 장주였다.
> 장주가 꿈에 나비가 된 것인지
> 나비가 꿈에 장주가 된 것인지
> 알지 못하겠노라.
>
> - 『장자』(내편), 「제물론(齊物論)」.

장자는 자신이 나비였던 꿈을 꾸었는데, 깨고 나니 자신이 나비였던 것을 꿈꾸었던 사람인지, 아니면 자신이 사람이라고 지금 꿈꾸고 있는 나비인지 헷갈린다고 말합니다. 인간의 삶에서 무엇이 사실이고 무엇이 상상인지 결정하기란 어려운 일입니다. 장자는 호접몽을 통해 자기가 장주가 아니라 나비가 아닌지 모르겠다는 생각, 즉 '존재'를 의심하기 시작한 것입니다. 여기서 '의심한다'라는 말은 자기 머리로 생각한다는 의미입니다.

보르헤스(1899~1986)는 장자의 이 은유를 가장 훌륭한 은유라고 말했습니다. 첫째, 이것은 꿈으로 시작하며, 그래서 그가 깨어난 후에 그의 삶은 여전히 꿈과 같은 무언가를 가지고 있기 때문입니다. 그리고 둘째, 일종의 거의 기적과 같은 행복감을 품은 채 그는 적절한 동물을 선택했기 때문입니다. 만일 그가 "자신이 호랑이였던 꿈을 꾸었다"라고 말했다면, 그 말 속에는 아무것도 없었을 것입니다. 나비는 무언가 가냘프고 덧없는 것을 지니고 있습니다(호르헤 루이스 보르헤스, 『보르헤스, 문학을 말하다』, 2003).

보르헤스 외에도 수많은 동서양의 석학들이 장자의 호접몽에 놀라움을 금치 못하면서 다양한 해석을 내놓았습니다. 장자로부터 천 년이나 지난 후, 송나라의 비구니 묘총(1095~1170)은 장자의 호접몽을 읽고 난 다음 아름다운 게송을 남겼습니다.

> 한 척의 조그만 배를 큰 바다에 띄우고
> 노를 들고 춤을 추니 별세계의 곡조로다
> 구름과 산, 바다와 달을 모두 던져버리고

남은 세상 장주의 나비 꿈을 꾸며 살리라

　　　　　　　　－『오등회원』권20, 무착묘총(無著妙總) 선사.

　묘총은 장자의 호접몽을 읽고 감동한 나머지 그 감동을 감출 수 없어서 노를 들고 춤을 춘다고 말합니다. 일엽편주 위에서 노를 들고 춤을 추는 순간이야말로 순전한 기쁨이고 더없는 희열의 순간이며 깨달음의 순간입니다. 바이올리니스트가 연주할 때 그에게서 뿜어서 나오는 기쁨에 청중이 감동하듯이, 우리 또한 이 게송을 읽으면 묘총이 뿜어내는 기쁨에 "아, 좋구나!"라는 탄식이 저절로 나옵니다.

　자신을 앞세우지 않고 뒤로 물러설 줄 아는 소박한 여성이 때로는 이름난 시인보다 삶으로부터 훨씬 풍부한 의미를 찾아내기도 하는데 묘총이 그러합니다.

　우리나라에도 나비에 대한 아름다운 시 한 편이 전해 내려옵니다. 운율이 경쾌하고 글자 한 자 한 자가 환하게 빛납니다. 이 시는 누가 썼는지 알 수 없지만 오랜 세월 전해 내려오면서 수많은 사람의 지혜가 축적된 노래입니다.

　　나비야 청산 가자 범나비 너도 가자
　　가다가 저물거든 꽃에 들어 자고 가자

꽃에서 푸대접하거든 잎에서나 자고 가자

- 김천택, 『청구영언』(1728), 무명씨.

우리는 세상 안에서 살기보다 자신의 머릿속에서 살아갑니다. 사람들이 하루 동안 하는 온갖 생각들 가운데 가장 기분이 저조해지는 주제가 바로 자기 자신입니다(미하이 칙센트미하이, 『몰입의 재발견』, 2009). 자신에 대해서만 걱정하는 '나 중심적인' 사고에서 벗어나 자신을 자기 자신으로부터 해방시킬 때 인간은 행복해집니다.

이 노래는 우리에게 나비가 되어 다른 세계로 건너가자고 권유합니다. 자신의 밖을 향해 눈을 돌려 청산으로 가자고 권유합니다. "범나비 너도 가자"라는 구절에서는 개체를 넘어선 관계 속에 생물학적 진실과 행복이 있음을 말해 줍니다. 비록 짧은 시이지만 이 시는 우리를 더 큰 세상으로 데려갑니다.

나비는 자신의 삶을 계획하지 않으며 있는 그대로의 모습으로 자유롭게 살아갑니다. 시적 화자는 나비와 청산에서 천국을 본 것입니다. 이 세상 어느 곳이든 나비 한 마리가 존재하는 것만으로도 세상은 환하게 빛이 납니다.

최정산 남지장사 경내를 둘러봅니다. 묘문(광명루)은 축대 위에 있는 누각인데, 종루, 누각, 불이문 역할까지 합니다. 사찰은 건물 하나하나가 모두 문화적으로 고안된 것이라 그 의미가 심원합니다.

소나무숲을 배경으로 대웅전과 극락보전이 있습니다. 50년 전 우소현 스님이 기거했던 초라한 옛날 건물은 하나도 없는 것 같습니다. 이 부근 어디에 앉아서 시를 쓰던 그의 발자취를 더듬어보고 싶었는데, 아쉽습니다. 추억은 언제나 보이지 않는 것을 생각하게 합니다.

오늘 하루 11,000보를 걸었습니다. 경사가 급한 산이라 숫자보다 배로 힘든 산행이었습니다. 우리로서는 조금 자랑스러워해도 좋을 만한 산행이었습니다. 삶의 마지막 단계에서도 사람은 선택의 여지 없이 한 걸음 한 걸음씩 걷는 수밖에 없습니다.

"소옥아, 소옥아" 부르는 소리

※

부석사

　부석사는 우리나라 절집 가운데 가장 깊고 따스한 이야기가 있는 곳 중 하나입니다. 부석사는 봉황산(819.9m) 중턱에 기슭을 따라 여러 층을 이루며 가람이 배치되어 있습니다. 일주문, 천왕문을 지나 긴 돌계단을 올라갑니다. 3층 석탑, 범종각을 지나 또 돌계단을 올라가면 안양루(安養樓)가 나타납니다. 밑에서 보면 2층이지만 무량수전에서 보면 1층 누각입니다. 석단은 신라 시대의 것이고, 안양루 건물은 조선 시대 후기의 건물입니다. 이 하나의 아름다운 건축물에는 천 년의 역사가 공존합니다.

　안양루 2층에 황금색 가사를 걸치고 앉아 있는 듯이 보이는 여섯 부처님 모습이 보이십니까? 여기에는 두 가지 비밀이 있습니다. 우선 안양루의 공포(栱包, 처마 끝의 무게를 받치기 위해 기둥머리 같은 곳에 짜 맞추어 댄 나무쪽들)와 기둥 사이의 비어 있는 공간이 부처님처럼 보이도록 공포를 조각한 것입니다. 그 비어 있는 공간으로 무량수전의 황금색 벽면이 비쳐 보이는 것입니다.

무량수전의 문틀 위 벽면은 황금색으로 칠해져 있습니다. 안양루 아래 약간 동쪽에서 보면 안양루의 공포와 기둥 사이의 비어 있는 공간에 무량수전의 황금색 벽면이 비쳐서 황금 불상이 나타나는 것입니다. 이를 공포불(栱包佛)이라고 합니다. 불상은 비록 단순한 형태지만 나란히 나타나는 여섯 황금 불상은 보는 이를 아름다움과 신비의 세계로 데려갑니다.

안양루를 지은 목수가 이 지점에서 한 생각은 얼마나 깊었을까요? 여백에 불상이 나타나도록 공포를 조각한 선조들의 기술과 지혜에 경탄하지 않을 수 없습니다. 안양루를 지나면 그 위는 전부 극락정토입니다. 무량수전은 우리나라에서 가장 오래된 건물 중 하나로 13세기 초의 건물로 추정하고 있습니다.

무량수전의 겹처마와 공포는 정갈하면서도 아름답습니다. 각 자재가 지닌 간결함과 전체적 비례는 물론 공포와 주심포의 아름다움이 보는 사람을 상쾌하게 합니다. 무량수전 왼쪽 뒤편에 몇 개의 바위가 서로 엇비슷하게 쌓여 있습니다. 이 바위가 바로 부석(浮石), 즉 떠 있는 바위입니다. 부석사의 유래를 말하는 부석에는 애틋한 사랑 이야기가 전해 옵니다.

신라의 의상이 당나라에 공부하러 갔을 때 부유한 집 딸인 선묘가 의상의 준수한 용모를 보고 사랑에 빠집니다. 의상이 『화엄경』 공부를 마치고 귀국길에 오르자 함께 올 수 없었던 선묘는 의상이 무사히 귀국하기를 기원하며 바다에 투신합니다. 그리고 용이 되어 의상이 탄 배를 보호하여 신라까지 오게 됩니다. 의상이 부석사 자리에 절을 지으려고 하자 토착 세력이 방해합니다. 선묘가 커다란 바위로 변해 떨어질 듯 떨어지지 않고 떠다니자 방해하던 무리들이 무서워서 달아납니다. 그렇게 해서 의상이 여기에 절을 세웠다는 것이 부석사의 창건 설화입니다.

- 『송고승전』, 「당신라국의상전」.

저 바위 몇 개에 투영된 고대인의 가슴에 아로새겨진 사랑의 힘이 느껴지시나요? 이 애틋한 설화는 『송고승전(宋高僧傳)』에 실려 있는데, 일본에서 이 설화를 두루마리 그림으로 그려 교토 고잔지(京都 高山寺)에서 국보로 보관하고 있습니다.

승려들의 염문(艶聞)은 좀체 밖으로 알려지지 않지만 그렇다고 염문이 전혀 없는 것은 아닙니다. 간혹 전해지더라도 드러내놓고 말할 수 없어서 완곡하게 표현됩니다. 승려들도 즐겨 읽었던 소염시(小艶詩)는 당송시대에 민간에서 널리 유행했던 시입니다. 감춘

듯 드러내놓은 그 애틋한 마음이 읽는 사람의 마음을 관통하여 깊은 곳을 건드립니다.

아름다운 그 모습은 그림으로도 그릴 수 없네요
깊고 깊은 규방에서 내 마음 알리려고
자꾸만 소옥이를 부르지만 원래 소옥에게는 일이 없고
단지 님이 내 목소리를 알아듣기를 바랄 따름입니다.
- 『오등회원』 권19, 소각극근 선사.

수행은 물론 문학에도 조예가 깊었던 법연(1024?~1104)이 인용함으로써 소염시는 엄숙하던 선가(禪家)에 당당하게 등장합니다. 한낱 유행가였던 시가 법연에 의해 선적(禪的) 해석이 더해짐으로써 서사적 긴장감과 함께 깊이와 향기를 얻었습니다. 송나라의 진제형(陣提刑, 제형은 송나라 초기에 있었던 사법, 형벌, 감옥의 일을 담당했던 관직명)이 벼슬을 그만두고 촉(蜀) 땅으로 돌아가는 길에 법연에게 들러 도를 물었습니다. 법연이 이렇게 말합니다.

제형께서는 소년 시절에 소염시(小艷詩)를 읽어보셨겠지요? 두 구절이 자못 도에 가깝습니다. '자꾸만 소옥이를 부르지만 원래 소옥에게는 일이 없고, 단지 님이 내 목소리를 알아듣기를

바랄 따름입니다.'

- 『오등회원』 권19, 소각극근 선사.

이 시는 잘생긴 남자가 어느 집에 손님으로 왔는데, 그 집 아가씨가 얼굴을 내밀기가 불편해서 계속 하녀를 불러댄다는 내용입니다. 사실 그녀는 소옥에게는 아무 용무도 없습니다. 그저 좋아하는 남자에게 자기 목소리를 들려주고 싶었을 뿐입니다.

이 일화는 집착을 깨뜨리는 전형적인 사례로써 난해해 보이지만 사실은 단순합니다. 중요한 것은 '마음을 아는 것'입니다. 말뜻에 집착하지 않는다면 바로 이 '마음'을 알아차릴 수 있습니다. 마음을 아는 것이 바로 부처를 아는 것이고 깨닫는 것입니다. 진제형은 과연 법연의 말을 듣고 '마음'을 알았을까요?

(법연의 말을 듣고) 제형이 "예, 예, 그렇지요" 하자, 법연이 "그렇지만 조심하십시오"라고 하였습니다. 그때 마침 원오가 밖에서 돌아와 이 이야기를 듣고 스님에게 물었습니다.

"화상께서 소염시를 들어 말씀하셨는데, 제형이 이해했습니까?"

"그는 다만 소리를 알아들었을 뿐이다."

"스승님은 '그저 님이 내 목소리를 알아듣기를 바랄 따름'이라고 말씀하시지 않았습니까? 이미 그가 목소리를 알아들었다면, 어찌하여 옳지 않다고 하십니까?"

(아마도 이 대목에서 법연은 제자의 억양이나 표정을 보고 원오가 거의 깨달았다는 것을 알았을 것입니다. 그래서 다음과 같이 다그치는 것입니다.)

법연이 소리쳤습니다

"달마가 서쪽에서 온 뜻은 뜰 앞의 잣나무냐? 말해 보아라!"

원오가 이 말에 홀연히 깨치고 급히 밖으로 나갔다가 닭이 난간 위로 날아올라 깃을 치며 우는 소리를 듣고, "이것이 어찌 소리가 아니겠는가?" 하고 다시 혼자 말했습니다.

- 『오등회원』 권19, 소각극근 선사.

원오가 깨달음을 얻고 뛸 듯이 기뻐하는 모습이 눈에 선하지 않습니까. 다 같은 의미를 지닌 '소옥아!'와 '잣나무'와 '꼬끼오'를 삼각 측량하면 원오의 깨달음을 짐작할 수는 있습니다. 원오는 그 순간 그릇된 분별에서 벗어나 참다운 본성을 직접 대면한 것입니다. 그것은 개념이나 논리가 아니라 그냥 환하게 열린 세계입니다. 원오는 자아(自我)라는 한계로부터 해방되었던 것입니다.

법연과 원오의 대화는 임기응변적이고 기묘한 논리를 구사하는 일종의 대화 예술입니다. 원오는 법연에게 자신의 깨달음을 게송으로 지어 바치고, 법연은 원오가 선(禪)을 얻었음을 산중의 여러 승려에게 알립니다.

비단 장막에 밤이 깊어 향은 다 타고
피리와 노래 속에 잔뜩 취해 돌아오네
젊은 시절 한 가락 풍류 이야기는
단지 함께 한 사람만 알 뿐이네

-『오등회원』권19, 소각극근 선사.

이 시는 원오가 스승인 법연에게 바친 오도송입니다. 전체의 요지는 결구인 "단지 함께 한 사람만 알 뿐이네!" 이 한 구에 있습니다. 원오는 이미 깨달았지만 그릇된 분별이 사라졌기에 그것을 언어로는 표현할 수 없었던 것입니다. 오직 경탄이 있을 뿐입니다. 마치 젊은 시절에 풍류를 즐긴 일은 자신과 그녀만 알면 되는 것과 같은 이치입니다. 이 시는 출발점에 있는 소염시와 대(對)를 이루며 절묘하게 사랑과 선을 넘나듭니다.

소염시를 읽고 누구나 다 깨달을 수 있는 것은 아닙니다. 우리는 이 일련의 대화를 아무리 숙고하더라도 당연히 깨달음에는 이르지 못합니다.

"이 대목에서 원오는 무엇을 깨달은 것일까?" 하고 의심해 보는 것은 깨달음을 얻는 것만큼이나 즐겁습니다. 그렇지 않습니까?

부석사는 건물이 아름다울 뿐 아니라 절에서 내려다보는 경치 또한 산줄기가 켜켜이 겹쳐져서 깊은 감동을 선사합니다. 환하게 열린 이 풍경은 언제나 순수하게 바라보는 기쁨의 세계입니다. 이런 풍경 앞에 서면 이 세상 모든 것이 분리되지 않는 하나라는 것을 알게 됩니다.

"돌아다니지 말그래이!"

※

파계사 성전암

　파계사 주차장에서 왼쪽으로 꺾어 들면 대비암과 성전암으로 올라가는 길입니다. 갈림길에서 조금 가면 대비암이 나오고 성전암까지는 1km 정도입니다. 예전에는 그냥 다녔는데 오늘 가보니 예상외로 경사가 꽤 심하군요. 10분 정도 올라가면 성전암 주차장이 나타납니다.
　주차장이 벌써 해발 610m입니다. 겨우 차를 대고 성전암을 향해 올라갑니다. 초입의 이 길, 경사도가 거의 50도는 될 것 같습니다. 성전암 길이 워낙 가팔라서 각종 공양물과 식량을 운반하기 대단히 어렵습니다. 옛날에는 엉성한 리프트가 있었는데 요즘은 깔끔하게 모노레일을 깔았군요. 오랜만에 성전암에 다시 와보니 많은 것이 달라졌습니다. 깊은 산속 암자까지 달라질 정도로 우리나라는 많이 발전했습니다.

모노레일 출발점을 지나면 익숙한 옛길이 나타납니다. 20년 만에 성전암에 다시 오르니 내가 마치 20년이나 젊어진 듯합니다. 절벽에 붙어서 낸 길이라 좁고 위험합니다. 경사가 얼마나 급한지 전체적으로 45도~60도 정도의 경사가 내내 이어집니다. 어휴, 힘듭니다.

성전암이 가까워지면 묵은 채소밭이 나타납니다. 요즘은 성전암은 물론 파계사까지 채소밭은 모두 묵힌다고 합니다. 상주하는 대중도 부족하고, 여기까지 올라와서 농사 지을 신도도 없기 때문입니다. 저기, 일주문이 보입니다. 아이고 이제 다 왔습니다. 해발 680m, 30분 만에 올라왔습니다.

왕관바위 아래로 절벽에 붙은 제비집 같은 성전암입니다. 정자 뒤에 있는 건물은 공양간이고, 그 옆 건물에는 성전암 편액과 현응선원 편액이 함께 붙어 있습니다. 성전암 뒤에 있는 조그만 건물은 성철(1912~1993) 스님이 10년 수행했던 적묵실입니다.

가파른 계단을 올라 5평 남짓한 적묵실 앞에 서 봅니다. 이 작은 방에서 성철 스님은 1955년 동안거부터 1963년 동안거까지 10년 동안 그 유명한 장좌불와(長坐不臥) 수행을 했습니다(원택 스님 엮음, 『이 길의 끝에서 자유에 이르기를』, 조계종출판사, 2013). 흔히 8년 수행 또는 10년 수행이라고 엇갈리게 말하는데 따지고 보면 둘 다 맞는 말입니다. 당시 헐어서 일부 썩은 성전암을 수리하고, 암자주변에 철조망을 둘러친 다음, 들락날락하며 성철 스님을 시봉했던 법전(1925~2014) 스님은 이렇게 회고합니다.

> 성철 노장께서는 늘 수좌들에게 "돌아다니지 말라"고 당부했다.
>
> - 종정 법전, 『누구 없는가』, 2009.

성철 스님은 실로 의미심장한 말을 아주 단순하게 말한 것입니다. 단순하지만 이 한마디에는 알맹이가 있습니다. 어딘지 모르게 사람을 수행시키는 힘이 느껴집니다. 적묵실 앞에 서면 아득한 세월을 가로질러 성철 스님의 목소리가 들려옵니다.

"돌아다니지 말그래이!!"

생각해 보면 우리는 너무 많이 돌아다닙니다. 어떤 단어는 오래되면 오래될수록 생명력이 강해지고 주술적 의미마저 지니게 됩니다. 진정성 있고 귀중하며 울림이 있는 말들은 오랜 세월 동안 성장해 온 단어들입니다. '돌아다니지 말라'는 말은 정말 오래된 말입니다. 『숫타니파타』는 고타마 붓다(남방불교 전통설 : 기원전 624?~기원전 544?)가 직접 제자들에게 베푼 말을 가장 소박한 형태 그대로 전하는 불경입니다. 붓다는 제자들에게 이렇게 말합니다.

수행자는 때가 아닌데 돌아다녀서는 안 된다. 정해진 때에만 탁발을 위하여 마을에 가야 한다. 때가 아닌데 나가 돌아다닌 다면, 집착에 얽매이기 때문이다.

- 『숫타니파타』 386.

수행자가 방일한 마음을 억제하고 오로지 마음을 가라앉히기 위해서는 돌아다녀서는 안 된다는 말입니다. 이런 이야기를 들으면 아무리 오래된 이야기라도 낡았다는 느낌이 조금도 들지 않습니다. 서양에서도 이집트의 수도자들은 이렇게 말합니다.

너의 방에 머물러라. 그러면 그 방이 너에게 모든 것을 가르쳐 줄 것이다.

- 엠마누엘 융클라우센, 『예수 기도 배우기』, 성바오로출판사, 2011.

말은 조금 달라도 뜻은 같은 말입니다. 동양이 금지형으로 말하고 있다면, 서양은 긍정형으로 말하고 있습니다. 비슷한 말이 선종의 시조라고 할 수 있는 달마(6세기 초중반)의 입에서도 나왔습니다. 달마는 신격화되어 실제의 모습을 알기 어렵지만, 그가 한 말은 7, 8세기 중국 선종의 기본적인 입장이 투영되었다 해도 틀리지 않을 것입니다. 달마는 이조 혜가에게 이렇게 가르칩니다.

밖으로는 모든 인연을 끊고, 안으로는 마음에 헐떡거림이 없어야 한다. 그렇게 해서 마음이 장벽과 같으면 가히 도에 들어갈 것이다.

爲二祖, 說法秖教曰, 外息諸緣, 內心無喘, 心如牆壁, 可以入道.

- 『경덕전등록』 권3, 제28조 보리달마.

모든 인연을 끊는다는 말은 '돌아다니지 말라'는 말과 그 뜻은 같다 하겠습니다. 한 번 산에 들어가면 다시는 나가지 않을 각오로 수행해야 한다는 말입니다. 8세기경의 선종 승려들이 불도를 어떻게 이해했는지를 잘 알려주는 『능엄경』(권4)에도 비슷한 말이 나옵니다.

헐떡거리는 마음을 쉬게 하라.
생각이 쉬면 그것이 바로 깨달음이다.

狂性自歇, 歇即菩提.

돌아다니지 않는 것, 생각을 내려놓는 것이 수행의 핵심이라는 말입니다. 이런 말들은 단순한 말이지만 문화적 축적이 거듭되면서 보통 말과는 급이 다른 말이 되었다고 할 수 있습니다.

일찍이 말단 지방관리직을 전전하다가 40세에 평택 현령을 그

만둔 다음 고향에 은거하며 여생을 보낸 사람이 있습니다. 고향에 은거한 후 20여 년 동안, 그는 돌아다니지 않고 밭 갈고 책 읽으며 가난 속에서 농부처럼 살았습니다. 다시는 고향을 떠나지 않았고 교류한 대상도 오직 농부뿐이었습니다. 그 사람의 이름은 도연명(陶淵明, 365~427)입니다. 『남사』 열전 도연명전에 의하면 그는 굶주림으로 수척해져 드러누워 지내는 날이 많았다고 합니다.

> 동쪽 울타리 아래서 국화꽃을 따다가
> 무심코 남쪽 산을 바라보네
> 산은 저녁 무렵이라 더욱 아름다운데
> 새들은 줄지어 보금자리로 돌아가네
> 이 생활 속에 참된 진리가 있어서
> 말로 하고자 하나, 이미 말을 잊었네
> 採菊東籬下, 悠然見南山.
> 山氣日夕佳, 飛鳥相與還.
> 此中有眞意, 欲辨已忘言.
>
> － 도연명, 『도연명집』, 음주시5.

도연명은 국화꽃을 따다가 무심코 남산을 바라봅니다. 해가 질 무렵 산은 더욱 아름다운데, 새들은 무리를 지어 둥지로 돌아갑니다. 도연명은 이 평범한 일상 속에서 문득 무념의 경지를 체험하고 아집에서 벗어난 순전한 기쁨을 맛보았습니다. 그리고 그가 경험한 것을 말로 하고자 했을 때, 무념의 그 경계는 말로 표현할 수 없다는 사실을 깨달았습니다. 이 시에서 어려운 부분은 '말을 잊었네(忘言)'라는 한 단어뿐입니다. 아마도 도연명은 『장자』를 통하여 '망언'이라는 경계를 알았을 것입니다(『장자』 외물편, "言者所以在意, 得意而忘言.").

망언의 경계란 결국 언어와 생각을 잊는 것이고 나를 잊는 것입니다. 그러면 우리는 생생하게 야생의 삶을 살게 됩니다. 이것이 바로 도연명이 맛본 경계입니다. 이 시는 평범한 일상의 언어로써 깊은 인생철학을 이야기합니다. 도연명처럼 평온한 문화 인격의 사람은 대중들이 좋아하는 '이야기'가 없습니다. 그렇지만 그는 평범한 시골 농가에서 높고 아득한 경지를 만들어 냈으니 실로 대단한 시인입니다.

도연명이 죽고 600년이 지난 후 송대, 특히 소동파에 의해서 도연명의 진정한 가치가 알려집니다. 소동파는 「여자유서(與子由書)」를 통하여 "이백과 두보도 도연명만 못하다"라고 말하면서 "만년에 그의 깊음을 배우고자 한다"라고 칭송하였습니다.

자신을 잊는 경지에 이른 시를 하나 더 소개하겠습니다. 일본 조동종의 개조로 불리는 도겐(道元, 1200~1253)의 시입니다. 도겐은 불법을 전하고자 하는 사명감에 불타서 『정법안장(正法眼藏)』 95권을 저술했습니다.

> 나는 무엇에
> 세상과 인생을 비교하면 좋을까요?
> 달그림자에,
> 이슬방울 속의 달그림자가
> 물새의 부리를 스칠 때
> 世中は何にたとへん水鳥のはしふる露にやとる月影
>
> - 도겐, 『산송도영집(傘松道詠集)』.

도겐은 덧없는 세상에서 덧없는 사물과 함께합니다. 덧없음을 슬퍼하지 않고 자신도 덧없는 사물과 함께 어디에도 머무르지 않고 유쾌하게 흘러갑니다. 이슬방울 속의 달그림자가 물새의 부리를 스치는 찰나의 순간, 거기에는 이미 자기라고 부를 만한 어떤 것도 없습니다. 그것은 내면성이 없는 무아로부터 솟아난 것입니다. 선시는 이처럼 존재의 놀라움을 섬광처럼 드러내면서 거기에 불성이 나타나게 합니다.

암자의 겨울은 빨리 옵니다. 성전암도 장작을 준비하고 연통을 달고 겨울 채비를 마쳤군요. 내려다보면 까마득한 절벽 아래로 저 멀리 주차장이 보입니다. 올라오는 길은 역경이라 힘들지만 내려가는 길은 순경이라 수월합니다.

바람 없는 곳에 바람이 통하나니

※

수도암 인현왕후길

 김천에 있는 수도암과 인현왕후길을 걸으러 갑니다. 비가 예보되어 있다가 취소되었지만, 채비를 단단히 하고 출발합니다. 성주댐을 지나 무흘구곡 절경을 보며 수도리에 도착하였습니다. 수도리 주차장에서 수도암까지 1시간 정도 올라갑니다. 수도암까지 1.5km 오르막은 바라보는 것만으로도 숨이 턱 막힙니다. 천천히, 그러나 한 번도 쉬지는 않고 올라갑니다.
 수도산(불령산)은 1,317m 높은 산이고, 수도암은 정상 가까이 1,000m 부근에 있습니다. 1972년 김천 성의여중고에 교사로 근무할 때 수도암에 처음 와 보았습니다. 당시 공사 중이던 이 절에서 나무를 한 짐 해 오시는 40대 후반의 법전(1925~2014) 스님을 뵈었습니다. 물론 당시에는 그분이 주지 스님이란 것만 알았지 법전 스님인 줄은 몰랐습니다. 72년은 법전 스님이 막 불사를 시작하던 해였고, 수도암은 퇴락한 조그만 암자에 불과했습니다. 법전 스님은 수도암에 15년간 주석하면서 가람을 중수하고 선원을 복원하였습니다.

대적광전 앞마당에서 보는 경치는 수백 리가 한눈에 들어오는 절경(絶景)입니다. 1,000m 고지에 이처럼 평평하고 넓게 트인 명당도 드물 것입니다. 도선국사가 아니더라도 누구나 이곳에 서면 기쁨에 겨워 춤을 추고 싶어질 겁니다. 대저광전의 비로자나불께서 바라보는 정면에 높이 솟은 저 봉우리가 혹시 보이십니까?

자, 이제 혹시 눈치채셨는지요. 그렇습니다. 보는 사람의 가슴을 설레게 하는 저 봉우리는 가야산의 주봉인 우두봉입니다. 우두봉(상왕봉)을 스님들은 보통 연화봉이라고 부르는데 해발 1,430m입니다. 대적광전 앞마당에서 연화봉을 바라보면 전율감마저 느껴집니다.

대적광전 바로 옆에 수도선원이 있습니다. 선원을 복원한 법전 스님은 30대 초반에 성전암에서 성철 스님을 모신 적이 있습니다. 그때 성철 스님은 제자들에게 늘 "돌아다니지 말라"고 했다고 합니다. 법전 스님과 함께 공부한 학인들 가운데 끝까지 출가 생활을 한 사람은 거의 없다고 합니다. "아주 상근기나 나와 같은 하근기만 남고, 중간 근기는 전부 마을 집으로 갔다." 겸손의 말씀이긴 하지만 어느 분야든 아주 상근기와 하근기만 남고 중근기는 떠나가게 마련입니다. 한세상 살아갈 때 운도 따라야 하지만 둔하고 근기가 있어야 성공하는 법입니다. 지금도 우리가 혹시 너무 똑똑한 척하는 건 아닌지, 스스로 반성할 때 이 말씀은 하나의 잣대가 될 수 있습니다.

법전 스님은 6년 결사를 맺으면서 하루에 나무 한 짐 하고 한 시간씩 밭을 매게 했습니다. 스님은 쌓아 놓은 수천 개의 장작 가운데 단 한 개라도 튀어나오면 다 밀어버렸답니다. 그리고는 혼자서 처음부터 다시 깐충하게 쌓아 올렸다고 합니다(종정 법전, 『누구 없는가』, 2009.). 단순한 작업을 정성을 다해 반복함으로써 근심 걱정을 벗어나 평정심을 찾은 걸까요.

수도암에는 재래식 해우소가 있습니다. 앞 문짝도 없고, 변기 아래가 허공으로 확 트여 있습니다. 겨울에 여기에 앉아 볼일을 볼라치면 잡생각 많던 마음도 시린 엉덩이 때문에 단순해지지 않을까요. 우리는 너무 안락한 생활을 하기 때문에 오히려 잡생각이 많아져서 불행한지도 모릅니다.

변기 아래가 탁 트여 있는 것을 보노라면 풍류라는 단어가 저절로 떠오릅니다. 아래가 훤히 트여 있으니 바람이 잘 통하지 않겠어요. 바람이 잘 통하는 측간이야말로 불풍류처야풍류(不風流處也風流)입니다. 이 선어(禪語)는 불가에서 특별히 좋아하는 말입니다. 『벽암록』 제67칙의 착어(著語)를 비롯해서 여러 문헌에 용례가 보이지만 오늘은 『오등회원』의 글을 인용해 보겠습니다.

꿋꿋한 기운이 일어날 때는 거기에 기세를 더하고
바람이 잘 통하지 않은 곳에 또한 바람이 통하게 한다.
- 『오등회원』 권20.

'불풍류처야풍류'란 말 그대로 바람이 잘 통하지 않는 곳에 바람을 통하게 한다는 뜻입니다. 풍류가 없는 곳에 오히려 풍류가 있을 수 있고 묘미가 있다는 뜻으로 읽을 수도 있습니다. 이렇게 읽을 경우, 풍류는 인간의 내면 상태를 말하는 것입니다.

죽음도 질병도 상처도 사람의 마음을 뒤흔들어 놓는다면 바람이 잘 통하는 상태, 즉 풍류라고 말할 수 있습니다. 이 도리는 평범한 일상도 풍류가 될 수 있고 나아가 측간에서도 풍류가 있을 수 있다고 말해 줍니다.

당나라의 유명한 승려 임제(?~867)는 불도(佛道)란 애써 공부하는 데 있지 않다고 말합니다. 그저 평상대로 아무 일 없는 것이 불도이며, 똥오줌 누며 옷 입고 밥 먹으며 피곤하면 누워서 쉬는 가운데 불도가 있다고 말합니다(『임제록』, 示衆). 바람이 불지 않는 곳에서도 바람의 소식을 듣는 이런 사고방식이야말로 '불풍류처야풍류'입니다.

임제보다 한 세대 뒤의 운문(864~949)은 한 걸음 더 나아갔습니다. 운문은 부처는 마른 똥 작대기라고까지 말합니다(『무문관』 제21칙, 雲門屎橛). 똥 작대기란 용변 후 화장지 대용으로 쓰던 둥근 막대기를 말합니다. 도란 똥오줌을 누는 데도 있고, 부처는 마른 똥 작대기라고 거침없이 말할 수 있는 이 대담함은 어디에서 온 것일까요?

임제나 운문은 스스로 사색을 통해 그렇게 단호하게 말할 수 있었습니다. 사색을 통하여 얻은 지식만이 진정한 지식입니다. 그러므로 임제나 운문이 하는 말에는 활기가 넘칩니다. 우리가 진정 스스로 사색하는 자가 되고 싶다면 그 소재를 현실에서 찾아야 합니다. 이렇게 비근(卑近)한 데서 도를 구하는 것이야말로 내면의 깊이를 더해 주고 우리에게는 세상을 바라보는 새로운 시각 하나를 더해 줍니다.

임제나 운문처럼 비근한 데서 도를 구하는 정신은 중국 정신사의 오랜 전통 가운데 하나입니다. 기원전 4세기에 이미 장자(기원전 369?~기원전 286?)가 큰 도리는 똥오줌에도 있다고 단언했습니다. 장자는 도가 어디에 있느냐는 동곽자의 질문에 이렇게 말했습니다.

도는 있지 않은 곳이 없다. 땅강아지와 개미에게도 도는 있다.

강아지풀과 논에서 자라는 피에도 있고, 기왓장과 벽돌에도 있다. 나아가 도는 똥오줌 속에도 있다.

-『장자』(외편),「지북유(知北游)」.

도가 땅강아지나 개미는 물론 강아지풀과 피에도 있고 심지어 기왓장이나 벽돌 나아가 똥오줌 속에도 있다는 단호한 표현은 장자가 얼마나 깊게 사색했는지 그 깊이를 느끼게 해줍니다. 이런 표현에서는 어떤 상식이나 형식에도 구애받지 않는 천재의 생기가 뿜어져 나옵니다.

이처럼 기원전 4세기경의 장자로부터 9세기의 임제, 10세기의 운문에 이르기까지 중국 정신 문화사의 대가들이 측간의 풍류를 노래했지만, 측간은 역시 냄새나는 곳입니다. 최근까지도 측간은 일상 공간에 둘 수 없었으므로, 대부분 집 옆의 후미진 곳에 있었습니다. 그래서 '뒷간 측(厠)' 자를 사용했습니다.

안채에서 떨어져 있는 측간은 나무나 풀숲에 가려져 있어 어둑어둑한 그늘에서 생각에 잠기기 좋은 곳입니다. 빗방울 소리도 들리고 벌레 소리, 새소리도 잘 들리는 곳이라 예로부터 수많은 사람이 측간에서 생기 넘치는 사색에 잠겼습니다. 송나라의 대문호 구양수(歐陽修, 1007~1072)가 자신은 많은 작품을 마상(馬上), 침상(枕上), 측상(厠上)의 삼상(三上)에서 썼다는 말을 했습니다(구양

수, 『귀전록(歸田錄)』).

마상과 침상이 생각하기 좋은 장소라는 것이야 누구나 다 아는 바이지만 측간을 그런 장소와 나란히 열거한 것은 참으로 정직하면서도 비범한 말입니다. 측간에 대해서 학자들은 불결하다고 생각해서 별로 언급하지 않았지만, 자료를 찾아보면 측간의 풍류는 의외로 매우 광대하고 심오해서 인류 정신사의 원천 가운데 하나라는 생각마저 듭니다.

우리는 비로 그 측간에서 오줌을 누고 수도암을 떠납니다. 1시간 동안 쉬지 않고 올라온 수도암에서 1시간도 채 머물지 못하고 내려옵니다. 수도암에서 청암사 쪽으로 내려가는 8km의 인현왕후길을 걷기로 했으니까요.

길은 평탄하고, 낙엽은 수북하게 쌓여 있고, 햇볕은 따뜻하고, 마음은 고요합니다. 1시간쯤 걸어가서 자리를 펴고 점심을 먹습니다. 우리를 즐겁게 하는 것은 음식 자체라기보다 그것을 먹는 방법입니다. 친구들과 땀 흘리며 산행한 후에 함께 먹는 점심은 그 자체로 진수성찬입니다. 배고픔은 신성한 감각이라는 걸 다시 한 번 깨닫는 점심입니다.

점심을 먹고 걸어가는 오솔길 역시 평화롭고 따스합니다. 그다음에는 내리막 계단이 무려 2.7km나 이어집니다. 계단 하나가 꼭 두 걸음씩 걷게 되어 있어서 피로도가 가중됩니다. 끝없는 급경사를 계속 툭툭 내려가노라면 골반과 무릎은 물론 엄지발톱까지 다 아픕니다.

  호젓한 초겨울 산길은 아름답기 그지없어 마음속에 긴 울림을 남겨 놓습니다. 측간의 사색처럼.

배고프면 밥 먹고 졸리면 잠잔다

은해사 운부암

팔공산 뒤쪽에 있는 운부암으로 산행합니다. 은해사 입구의 소나무숲은 조선조 숙종 연간에 심어진 소나무들입니다. 300년이 넘은 소나무숲 아래로 걸어가면 인간은 보잘것없는 존재가 됩니다. 은해사 입구에서 운부암까지는 3.5km입니다. 치일천을 따라 물길을 거슬러 올라가면 구름이 머무는 그곳에 운부암이 있습니다.

니체가 말했듯이, 우리는 아주 작은 것으로도 충분히 행복할 수 있습니다. 지극히 작은 것, 지극히 조용한 것, 지극히 가벼운 것이 최상의 행복을 만듭니다(프리드리히 니체, 『차라투스트라는 이렇게 말했다』, 1892). 이리저리 하늘하늘 날아다니는 나비가 손등에 앉는다면 얼마나 행복할까요. 작은표범나비 한 마리가 아내의 손등 위에 앉아 오랫동안 날아가지 않습니다.

난생처음 아름다운 나비가 손등에 앉자 그 행복감에 웃음이 사라지지 않습니다. 어제 내린 비로 날개가 무거워진 것일까요, 아니면 방금 우화한 나비일까요, 수명을 다하고 죽어 가는 나비일까요. 나비가 손등에 앉은 행복한 감촉만은 앞으로 나비를 볼 때마다 되살아나겠지요.

우리가 잠시 앉아 쉬는 신일지는 은해사에서 1km 정도 거리에 있습니다. 신일지 앞에 인종의 태실봉(462.8m)이 있습니다. 인종의 태(胎)를 묻은 후에 해안사를 은해사로 개명하고 수호사찰로 삼았습니다. 은해사 앞에 하마비가 있는 것도 그 때문입니다. 삼거리에서 오른쪽으로 2.5km 더 올라가면 운부암입니다.

시냇물이 흐르고 숲으로 둘러싸인 오솔길은 치유의 장소입니다. 물길을 따라 이어지는 오솔길은 물소리를 들으며 걷는 사람들을 토닥이며 위로해 줍니다. 이처럼 아름답고 호젓한 길을 걷노라면 깊은 감동이 온몸을 에워쌉니다. 감동이란 인간의 마음을 깨끗이 씻어줍니다.

깊은 산 속의 절을 찾아 걸어가는 것은 하나의 축복이며 때로는 치유나 기도가 되기도 합니다. 그 길을 빠르게 지나가면 풍부한 의미는 사라지고 맙니다. 걷는 것이 의미를 지니려면 천천히 음미하며 걸어야 합니다. 바람에 나뭇잎 하나가 흔들려도 아름다움을 느끼고 구름이 흘러가는 하늘을 바라보면서 구도의 길을 생각하기도 합니다.

8세기경 당나라 시절에 유원 율사가 마조의 제자인 혜해를 찾아가 질문합니다. 율사(律師)는 경서와 계율에 해박한 승려를 가리킵니다. 혜해는 참선을 주로 하는 선사입니다. 율사들이 보기에 선사들은 그냥 가만히 앉아만 있는데, 그게 도대체 무슨 공부냐고 생각한 것입니다.

> 유원 율사가 와서 혜해에게 물었다.
> "당신네 선사들의 수도에도 공부하시는 게 있습니까?"
> "물론이죠."
> "어떻게 공부하시는데요?"
> "배고프면 밥 먹고 졸리면 잠잡니다."
> "세상 사람들이 다 그러한데, 일반인과 무슨 차이가 있습니까?"
> "그들은 밥 먹을 때에도 백 가지 생각을 하고 잠잘 때는 천 가지 계산을 한답니다. 이것이 다릅니다."
>
> -『오등회원』 권3, 대주혜해 선사.

책 읽는 것만 공부인 줄 아는 그 율사에게 혜해는 깨우침을 주었습니다. 중생의 미혹은 밥을 먹어도 잘 먹지 못하고 잠을 자도 잘 자지 못하는 데 있다는 것입니다.

혜해는 평범해 보이지만 고도로 다듬어진 시적인 언어를 사용하여 쉬운 말로 직접 호소합니다. 혜해의 언어는 경건하고 신성합니다. 밥 먹고, 잠자는 것, 평범한 일상에서 그 누구도 보지 못했던 것을 깨우쳐 줍니다.

일상에서 어떤 일을 할 때 대부분 정신은 딴 데 가서 헤맵니다. 이를 마음의 방황, 마음속 수다라고 하고 현대 심리학에서는 마인드 원더링(mind wandering)이라고 합니다. 혜해는 이미 1200년 전에 마인드 원더링이 인간의 보편적 심리상태인 것을 알았던 것입니다.

혜해는 지금 하는 활동에 주의를 기울이면 우리는 마음속 수다에서 해방되어 걱정이 줄어들고 평온하고 자유로워질 것이라고 말합니다. 혜해보다 800년쯤 후에 서양에서도 몽테뉴가 비슷한 말을 남겼습니다.

> 나는 춤출 때는 춤추고 잠잘 때는 잠잔다. 아름다운 과수원을 홀로 거닐 때, 내 생각들이 쓸데없이 헤매기도 하지만 나는 곧 그 생각들을 산책으로, 과수원으로, 기분 좋은 고독과 나 자신에게로 돌아오게 한다.
>
> - 미셸 드 몽테뉴, 『수상록』, 1588.

이 문장은 『수상록』의 마지막 장인 「경험에 대하여」에 나오는 문장인데, 어떤 삶이든 주어진 그대로 받아들이라는 것입니다. "나는 춤출 때는 춤추고 잠잘 때는 잠잔다." 이렇게 말하면 아주 단순한 것 같지만, 이것은 쉬운 일이 아닙니다.

몽테뉴는 자신이 마음속 수다로 헤매고 있음을 깨달을 때마다 '지금, 여기'에 의식적으로 초점을 맞추는 것입니다. '의식적인 주의'를 다른 말로 바꾸면 '알아차림(mindfulness)'입니다. 몽테뉴도 선을 수련하는 사람처럼 이러한 경지에 오르기 위해서 평생 수행을 했던 것입니다.

이렇게 구도의 길을 생각하며 한 시간쯤 올라가면 구름과 맞닿은 곳에 운부암이 나타납니다. 운부암의 출입문 격인 불이문은 작지만 정취가 있는 문이로군요. 으스대지 않아서 보는 사람을 편안하게 해줍니다. 불이문을 지나 계단을 올라가면 보화루가 나타납니다. 1900년에 지어진 보화루 건물은 고풍스러우면서도 위풍당당합니다.

운부암은 보화루의 중앙에 있는 누하 계단으로 올라가게 되어 있습니다. 밑에서 보면 2층 누각이지만 절 마당에서 보면 단층으로 보이는 구조입니다. 축대 앞에 누각을 지어 시각적 단차를 없애 주고 누각을 하늘 높이 치켜올립니다.

보화루 누하 계단에서 바라본 원통전은 1862년에 세워진 건물입니다. 왼쪽에는 요사채인 우의당, 오른쪽은 선방인 운부난야입니다. 운부암은 작은 절집이지만 천하명당에 자리 잡은 영근 암자입니다.

보화루에는 특이하게도 길손을 위한 찻자리가 마련되어 있습니다. 맷돌을 다관으로 연출한 비의식이 돋보입니다. 오늘의 팽주(烹主, 찻자리에서 차를 우려서 내놓는 사람)는 한승세 원장님 부인입니다. 마침 철관음을 갖고 오셨기에 우리를 위해 흔쾌히 차를 우렸습니다. 관세음보살을 모신 원통전을 바라보며 철관음을 마신다니 호사로군요. 보화루 탁 트인 누각에 앉아 차를 마실 수 있었다는 것은 뜻밖의 행운이었습니다.

내려오는 길은 올라가는 길과 같은 길이지만 운치는 전혀 다릅니다. 올라갈 때 보지 못했던 것이 내려올 때는 보이기도 합니다. 걷는 것이 때로는 종교적인 행위가 될 수도 있습니다. 우리는 물론 우리 자신을 위해서 걷지만 다른 사람을 위하여 걷기도 합니다. 왜 우리는 걸을 때 걷기만 하지 못하고 잡념이 많은 걸까요. 흥선유관(興善惟寬, 755~817)은 이렇게 말해 줍니다.

언젠가 한 승려가 흥선유관에게 가르침을 청했다.
"대화상, 도는 어디에 있습니까?"
"바로 눈앞에 있소."

"눈앞에 있다면 왜 저는 보지 못합니까?"

"당신한테 나[我]가 있어서 그렇소."

"그러면, 대화상, 당신한테는 보입니까?"

"너도 있고 나도 있으면 더 안 보인다오."

"나도 없고 너도 없으면 보이겠군요?"

"나도 없고 너도 없으면 누가 보겠소?"

- 『오등회원』 권3, 흥선유관 선사.

인간은 원래 자기중심적으로 생각하는 존재입니다. 마음속 수다도 모두 '나'와 관련된 생각들입니다. 이는 자연선택이 인간에게 자신의 이익에 집중하도록 뇌를 설계했다는 점을 참고하면 그리 놀라운 일은 아닙니다.

무아(無我)를 머리로 이해하는 것은 어렵습니다. 태국의 승려 아잔 차(1918~1992)는 무아를 단지 머리로 이해하려고 하면 머리가 터질지도 모른다고 했습니다(로버트 라이트, 『불교는 왜 진실인가』, 2019). 무아는 보통 사람의 영역이 아닙니다. 다만 '나'를 없애거나 나를 잊는 것은 어렵지만 '나'를 적게 생각하고 다른 사람을 보다 더 많이 생각하는 것은 보통 사람에게도 가능한 일입니다.

여러 깨달은 사람의 말에 따르면, 마음의 안정을 가질 수 있는 비결은 다른 사람의 행복을 우리 자신의 행복보다 먼저 생각하는 것입니다. 몸이 아플 때, 그렇게 아픈 다른 누군가를 생각하면 공포와 두려움은 작아집니다(사꿍 미팜, 『내가 누구인가라는 가장 깊고 오랜, 질문에 대하여』, 판미동, 2008). 다른 사람을 더 많이 생각하면 '나'는 그만큼 더 작아 보입니다. 남을 위해 무언가를 하게 되면 마음이 풍요로워집니다.

'나'에 대해서 조금 적게 생각하면서 산길을 내려오노라면 시냇물은 소리 내어 흐르고, 새들은 숲속에서 노래하며, 뺨에 닿는 바람은 우리 마음을 깨끗하게 씻어줍니다.

죽은 뒤에는 소가 되리라

팔공산 내원암

오늘은 친구들과 모처럼 팔공산 내원암 산행을 합니다. 동화사 북서쪽 주차장에 내리니 언덕을 밀고 대공사를 하고 있습니다. 멀리 팔공산 주 능선이 한눈에 들어옵니다. 팔공산 능선을 바라보면 언제나 가슴이 설렙니다. 내 청춘을 산에 묻은 건 아니지만, 저 능선에 청춘의 추억이 있기 때문이죠. 서봉, 비로봉, 동봉은 구름에 가리어지고, 염불봉과 병풍바위가 한눈에 들어옵니다. 1,000미터급 능선들은 바라만 보아도 기분이 웅장해집니다.

오늘 일기예보는 낮 최고 34℃, 오후 한때 소나기 예보입니다. 푹푹 찌는 듯 더운 날입니다. 겨우 내원암까지 가는 거지만, 마음만은 병풍바위에 붙어보는 듯합니다. 우리는 작은 언덕을 넘고 부도암을 지나 정토교를 건너갑니다.

이 길은 비구니 선원인 양진암과 내원암으로 가는 길입니다.

염불암 올라가는 길에는 사람이 더러 있어도 이 길에는 사람이 거의 없죠. 내원암 가는 길, 생각하면 추억이 있는 길입니다. 55년 전에 이 길을 타박타박 걸어서 내원암으로 올라가던 '나'를 생각합니다. 지금이야 시멘트 포장이 되어 있지만, 옛날에는 그냥 좁은 흙길이었습니다.

우리나라에 친가와 외가를 합쳐 모두 41명이 출가한 집안이 있습니다. 일타(1929~1999) 스님의 집안입니다. 일타 스님의 이미니 성호 스님은 출가 후 1940년대 전반 팔공산 내원암에 살았습니다. 성호 스님은 내원암에 살면서도 바가지, 작은 그릇, 단지 등 살림살이를 수시로 사다 날랐습니다. 한번은 끈이 헐거워져 덜그럭거리는 소달구지를 세우고 끈을 다시 묶다가 소가 갑자기 앞으로 나가는 바람에 발등이 바스러졌다고 합니다. 대구 동산병원에 입원한 어머니에게 문병 갔더니 자꾸 웃으며 이런 말을 하더랍니다.

> "나는 발등을 다쳐 기절하는 바로 그 찰나에 닭 한 마리가 퍼덕퍼덕 날개를 치며 달아나는 걸 보았다. 3년 전에 부엌 안으로 닭 한 마리가 들어와서 왔다 갔다 하길래 닭을 쫓기 위해 아무 생각 없이 부지깽이를 던졌는데, 그만 닭 다리에 정통으로 맞아 두 다리가 몽땅 부러져 황급히 밖으로 날아 나갔지."
>   - 일타, 『윤회와 인과응보 이야기』, 효림, 1997.

기절하는 순간, 닭이 달아나는 영상을 본 어머니는 직감적으로 그때의 닭이 죽어 지금의 저 소가 되어 악연을 갚는 것임을 느꼈다는 것입니다.

"3년 전에 지어놓은 업을 이렇게 빨리 받았으니, 그전에 지은 죄업도 어지간히 갚아진 것이 아니겠니. 나는 얼마나 기쁜지 모르겠다."

성호 스님은 부정적인 생각을 하지 않고 업보를 받는다고 생각함으로써 마음의 평안을 얻었으니, 진정 망상을 떠났다고 할 수 있을 것입니다. 그런 마음가짐 덕분인지 바스러진 발등도 일찍 낫고 평생 발이 아프다는 말도 하지 않았다고 합니다.

내원암 올라가는 길을 걷고 있노라면 성호 스님의 이야기가 생각납니다. 이야기가 있는 길을 걸으면 마치 이야기 속으로 걸어가는 것 같습니다. 오늘 정말 아름다운 길을 걷느라고 땀을 뻘뻘 흘리면서도 기뻤습니다. 내원암 가는 길을 마치 책을 읽듯이 천천히 읽으며 올라갑니다.

소달구지 이야기가 나왔으니 말이지만 불가에서는 소가 자주 등장합니다. 물론 소를 통하여 깨달음을 얻은 사람도 있습니다. 동학사 강원의 강사로 이름을 떨치던 학승 경허(1846~1912) 스님은 여덟 살 때 절에 그냥 맡겨진 자기를 길러주신 노장 스님을 찾아가 뵈려고 1879년(33세) 먼 길을 떠났습니다. 천안 근처에서 콜레라가 창궐한 마을을 지나다가 모골이 송연해져 도망치면서, "차라리 바보가 되어 지낼지언정 문자에 매이지 않고 조사의 도를 닦으리라(『경허집』,「경허화상집 권1」, 한암 필사본)"고 다짐합니다. 동학사로 돌아온 경허 스님은 12년간 담당하던 강의를 폐지하고 참선을 시작했습니다.

당시 동학사에 한 사미승이 있었는데, 사미승의 부친이 다년간 좌선하여 스스로 개오(開悟)한 곳이 있어 사람들이 그를 이 처사라고 불렀습니다. 그 사미승의 스승이 이 처사의 집에 들렀을 때 이런 말을 들었다고 합니다.

이 처사가 "중이 된 자는 필경 소가 되지요"라고 하니, 사미승의 스승이 "중이 되어 심지(心地)를 밝히지 못하고 단지 신도의 시주만 받으면 반드시 소가 되어 그 시은을 갚게 마련입니다"라고 하였습니다. 이 처사가 그 말을 듣고 꾸짖기를, "소위 사문으로서 이처럼 맞지 않은 대답을 한단 말이오?"라고 하였습니다. 사미승의 스승이 "나는 선지(禪旨)를 알지 못하니, 어떻게 대답하여야 옳겠소?" 하니, 이 처사가 "어찌하여 소가 되어도 콧구멍을 뚫을 곳이 없다고 말하지 않소?"라고 하였습니다(『경허집』,「경허화상집 권1」, 한암 필사본).

경허는 이 처사의 '무천비공우(無穿鼻孔牛, 콧구멍을 뚫지 않은 소)'라는 말을 전해 듣고 즉시 깨달았다고 합니다. 이듬해 천장암에서 보림 후 다음과 같은 오도송을 남겼습니다.

> 홀연히 '고삐 뚫을 곳 없는 소'라는 말을 듣고
> 문득 삼천대천세계가 '나'라는 것을 알았네
> 유월 연암산 아랫길에
> 농부들은 한가로이 태평가를 부르네
> -『경허집』,「경허화상집 권1」(한암 필사본).

이 게송의 키워드는 무비공(無鼻孔)입니다. 무비공이란 과연 무엇을 말하는 것일까요?『대혜서』에 보면 "요즘 총림에서는 쓸개 빠진[無鼻孔] 패거리를 '묵조(默照)'라고 부르는 수행이 바로 이것이다(『대혜서』,「답엄교수」)"라는 표현에 무비공이 나옵니다. 경허 스님은 승법 제자인 만공, 혜월 등 많은 제자에게 '무천비공'을 한 번도 설명해 주지 않았습니다. 그래서 오늘날까지도 이 구절에 대해서 자세하게 생각하는 사람이 드뭅니다.

경허는 '무천비공' 한마디에 바로 깨닫고 망념이 단박에 사라졌습니다. 망념이 사라진 후에는 자신과 세계를 가로막는 경계가 사라지고 정신이 확대된 감각과 강한 행복감을 느꼈습니다. 오도송에 그 경계와 기쁨이 잘 나타나 있습니다.

오도송을 읊은 후 경허 스님은 자신의 새로운 법명을 성우(惺

牛), 즉 깨달은 소라고 이름 지었습니다. 이후 경허는 천장암이라는 작은 암자에서 수월, 혜월, 만공 등 많은 제자를 길러냈습니다.

소와 관련된 심오하면서도 유머가 넘치는 선어(禪語)는 지금부터 1,200년 전, 30년 동안 산에서 내려오지 않고 수행한 남전(南泉, 748~834)스님에게서 나왔습니다. 남전 선사가 임종할 무렵 수좌와 나눈 대화입니다.

"화상께서는 돌아가신 뒤에 어디로 가십니까?"
"산 밑의 단월의 집에 가서 한 마리의 수고우(水牯牛)가 될 것이니라."
"제가 화상을 따라가도 되겠습니까?"
"네가 나를 따라온다면 풀을 한 줄기 물어와야 하느니라."

- 『조당집』 권16, 남전화상.

임종 전 한마디는 일생을 총결산하는 한마디입니다. "돌아가신 뒤에 어디로 가십니까"라는 질문에 "아, 나는 저 산 아래 아무개 집 소가 되겠다"라는 답변을 들으면 누구나 놀라움을 금할 수 없습니다. 인간 너머의 세계를 향한 문을 여는 듯한 그 놀라움은 경계를 넘어서는 말이라 우리의 가슴을 울립니다.

남전은 설법할 때 종종 이류중행(異類中行)을 말했습니다. 이류(異類)란 사람이 아닌 종류를 말합니다. 남전은 고양이와 소를 예로 들어 말하곤 했습니다. 그 이류 가운데로 걸어간다는 것은 진흙을 뒤집어쓰고 물을 뒤집어쓰며 마소가 되어 사람들에게 봉사하는 것을 말합니다.
　수좌가 "그러면 제가 큰스님 뒤를 따라가도 되겠습니까?"라고 물으니까, 남전은 따뜻한 유머로 대답합니다.

　"네가 온다면 그 뭐냐 꼴이라도 약간 좀 들고 오려무나."

　이 경쾌한 한마디는 이류중행이 괴로운 것이 아니라 유쾌한 삶의 방식이라는 것을 암시합니다. 남전은 왜 이류중행을 해야 하는지 아무런 근거도 없이 주장하는 것이 아닙니다. 남전이 말한 이류중행에는 죽어서 축생이 되어 사람에게 봉사한다는 의미 외에도 동물에게는 망상이 없으므로 이류중행을 하여 망상을 없애야 한다는 깊은 뜻이 들어 있습니다.

　"그러므로 말하기를, '조사나 부처는 알지 못하지만, 고양이나 소는 안다'라고 하였느니라. 어찌하여 그러한가? 오히려 그들에게는 그렇게 많은 망상이 없기 때문이니라. 그러므로 말하기를, '여여(如如)라 하여도 벌써 변했다'라고 하였으니, 반드시 이류(異類) 가운데서 행해야 하느니라."

- 『조당집』 권16, 남전화상.

불도를 닦는 사람들이 가장 먼저 부딪치는 어려움은 바로 생각이나 망념이 끊어지지 않는 것입니다. 선에서 깨닫는다는 건 망상에서 벗어나 살아간다는 것입니다. 망상을 빗어버림으로써 자신의 참다운 본성을 직접 대면하는 것입니다.

남전은 고양이나 소가 선사보다도 더 망상이 없는 존재라는 것을 가르쳐주었습니다. 고양이나 소는 망상이 없으므로 기만적인 자아상 없이 자기 모습 그대로의 삶을 하나의 선물로 받아들이고 살아갑니다. 1,200년의 세월 저편에서 남전은 우리에게 이렇게 말하는 듯합니다.

"망상만 없어져도 인생의 고민에서 해방된 기쁨, 어쩌면 깨달은 듯한 기분을 느낄 수 있으니 반드시 이류중행을 해서 망상을 버려야 하네."

포대화상, 그 유쾌한 삶의 방식

※

중국 대자은사

중국에는 역사상 유명한 수도가 세 군데 있습니다. 낙양과 장안과 북경입니다. 장안은 오늘날에는 시안(西安)이라고 부릅니다. 2010년 1월에 시안에 갔다 왔습니다. 시안은 기원전 1100년 무렵부터 기원후 907년(당의 멸망)까지 여러 나라의 도읍이 있었던 곳입니다.

시안의 첫째 날은 베이징에서 시안까지 비행기로 이동하고 시안외국어학교를 참관했습니다. 둘째 날은 진시황 병마용박물관, 진시황릉, 화청지, 덕발장, 회교 지역 야시장 등을 다니느라 많이 걸었습니다. 덕분에 잘 잤습니다. 준 5성급 호텔인 시안금석국제호텔(西安金石國際大廈)의 뷔페식 아침 식사는 다양하고 맛있는 음식이 많았습니다. 국제화된 최고급 호텔이라 준비해 간 고추장은 필요가 없었습니다.

시안은 실크로드의 출발점이라 그런지 언제나 하늘이 뿌옇습니다. 이런 날씨로 시안 사람들에게는 이비인후과 환자가 많다고 합니다. 셋째 날 아침 일찍 대자은사를 찾아갔습니다.

648년 당나라 황태자 이치(李治, 후의 당 고종)가 사망한 어머니 문덕황후의 명복을 빌기 위해 절을 짓고 어머니의 은혜에 보답한다는 뜻에서 자은사(慈恩寺)라고 명명했습니다. 대웅보전 올라가는 중앙 계단에 황실의 상징인 '용'이 새겨진 것도 바로 그 때문입니다. 대웅보전 앞에서 절을 하면 일직선상으로 촛불과 향, 대웅보전과 대안탑이 놓여 있어 신성한 느낌이 있습니다.

652년에 건립된 대안탑은 처음에는 현장(602~664)이 서역으로부터 가져온 불상이나 경전을 수장하기 위한 탑이었습니다. 서역식(西域式) 7층전탑(七層塼塔)으로 높이는 64m입니다. 현재 시안에 남아 있는 당나라 시대의 건축물은 대안탑과 청룡사뿐이라 중국에서도 귀중한 문화유산입니다.

현장이 불법을 가지고 645년 당나라로 돌아오면서 당나라의 가장 뛰어난 인재들이 불법에 매달렸습니다. 신라의 원측(613~696)과 중국의 규기(632~682)가 현장의 수제자로 이름을 날렸던 절이 바로 대자은사입니다.

고대 중국 사회에서 승려들은 종교적 이념을 통해 거대한 에너지를 가지고 경전을 얻으러 머나먼 인도까지 갔다 왔습니다. 당나라 승려 현장의 만리역정(萬里歷程)은 영원한 촛불이 되어줄 것입니다. 어려서부터 10년 동안 스승을 찾아 전국을 누볐기 때문에 '불가의 천리마'로 칭찬받았던 현장은 끝이 보이지 않는 광활한 사막에서 백골과 말똥의 흔적을 따라 혈혈단신으로 사막을 건넜습니다. 17년 동안 5만 리를 걷고 110국을 거쳤습니다. 현장과 같은 사례는 세계 어느 나라 역사에도 없습니다.

현장과 그의 제자들은 11년에 걸쳐 40여 부의 경전을 한역하였는데, 그중 가장 유명한 것은『반야심경(般若心經)』입니다.『반야심경』은 모두 260자로 불교의 기본적인 사상을 간결하게 정리하였기 때문에 요약 경전이라 불립니다.

현장이 인도로 갈 때 악귀들에게 둘러싸인 적이 있습니다. 관음보살을 염했지만 아무 효과가 없었는데『반야심경』을 외웠더니 악귀들이 두려워하는 소리를 내면서 쏜살같이 도망가 버렸다고 합니다[『반야심경관의(般若心經貫義)』권1, 홍찬(弘贊 述, 明代)]. 그래서 지금도 불교 신자라면 종파를 가리지 않고 누구나 다 도움이 필요할 때 외우고 있는 경전이 바로『반야심경』입니다.

대자은사 경내는 매우 넓어서 걷다 보면 호젓한 숲속에서 세속과 격리된 듯한 곳도 적지 않습니다. 구석진 정원 가장 깊숙한 곳에 포대화상(布袋和尙, ?~917?)이 좌정하고 있습니다. 포대화상은 중국 사찰에서 사람들이 가장 많이 참배하는 곳 중 하나입니다. 불룩하게 솟은 커다란 배를 드러낸 채 아이처럼 해맑게 웃는 표정으로 중국인들의 심중에 미륵보살의 화신으로 자리 잡고 있습니다.

일상생활에서 배를 드러내는 것은 예의에 어긋나는 행동입니다. 다만 출세에 대한 뜻을 버린 자만이 이처럼 호방하게 배를 드러내 놓고 웃으며 떠돌 수 있을 것입니다. 중국에는 오랜 옛날부터 옷을 벗고 다리를 쭉 뻗고 편안히 앉아 있는 사람을 진인(眞人)으로 인정하는 전통이 있었습니다. 『장자』에 이런 이야기가 적혀 있습니다.

송나라 원군이 그림을 그리게 하였을 때 많은 화공이 모였다. 화공들은 명령을 받자 절하고 일어나 곧 붓을 핥고 먹을 가는데, 화공이 너무 많아 방에 들어가지 못하는 자가 반이 넘었다. 한 화공이 늦게 도착하였으나 유유히 서두르지 않고 명령을 받자 절을 하고는 방 밖에 서서 기다리지 않고 자기 숙소로 돌아가 버렸다.

원군이 사람을 보내어 그가 어떻게 하는가를 살펴보게 하였다. 그는 옷을 벗고 두 다리를 뻗은 채 벌거숭이로 쉬고 있었다. 이 말을 전해 들은 원군은 "됐다. 그야말로 참된 화공이다"라고 말하였다.

- 『장자』(외편), 「전자방(田子方)」.

복식(服飾)은 사람의 심리나 성격과 긴밀한 관계가 있습니다. 겉

모습이 변하면 내면세계도 변하곤 합니다. 윌리엄 제임스(1842~1910)는 우리가 세상을 인식하고 이해할 때 정신이 아니라 몸이 중심이라고 말했습니다. 그는 감정적 상태는 정신에서 오지 않고 몸에서 비롯된다고 주장했습니다(윌리엄 제임스, 「마인드 Mind」 1884).

포대화상은 배를 드러내놓고 항상 웃으면서 다녔기 때문에 진정 정신의 자유를 누렸는지도 모릅니다. 어린아이들에게 바보 취급을 당해도 그리 기분 나빠하지 않았습니다. 무엇보다도 인상적인 것은 그의 얼굴이 항상 웃는 얼굴이었다는 것입니다. 자신을 싸고 있던 껍데기를 벗어버렸기 때문이었을까요.

벌거벗은 채로 그냥 사는 것, 아무것도 가지지 않고 생생하게 살아간다는 것은 인간에게는 가장 어려운 일입니다. 아무것도 가지지 않으면 거기에 '나'라는 자아도 없어지기 때문에 진정 자유로운 삶을 살 수 있었는지도 모릅니다. 어쨌든 배를 드러내고 항상 웃으며 이 동네 저 동네를 떠도는 포대화상을 중국인들은 진정한 이상적 삶의 경지를 구현한 사람으로 받아들여 마침내 그를 미륵불처럼 숭배하게 된 것입니다.

포대화상은 일찍이 "청정한 지혜의 마음은 그 가치를 헤아릴 수 없다(『명주정응대사포대화상전』, "無價心珠本圓淨.")"라고 말했습니다. 나는 이 어질러지지 않은 조그만 곳에서 한참 동안 포대화상을 생각하며 앉아 있었습니다.

불교가 어렵다는 사람은 대체로 불교를 지식으로 받아들이려는 사람입니다. 말이나 논리로 불교를 이해하려면 어렵게 느껴질 수도 있습니다. 그런 사람들에게 포대화상의 삶이야말로 인생 풍경이 완전히 뒤바뀌는 경험이라고 할 수 있을 것입니다.

사람들에게 포대화상은 유쾌한 삶의 방식을 보여주었던 것입니다. 사람은 깨달으면 웃음이 절로 터져 나온다고 합니다. 특히 포대화상의 웃음은 고나에 지친 민중들에게 불교의 정수로써 한 줄기 청량한 느낌을 주었을 것입니다. 포대화상은 배를 드러내놓고 항상 웃는 이미지와는 다르게 심오한 게송을 남겼습니다.

> 손에 모를 쥐고 논에 심는데
> 머리를 숙이니 물에 비친 하늘이 보이고
> 육근(六根, 인식작용)이 청정해 바야흐로 모를 다 심고 보니
> 물러나는 것이 본디 나아가는 것이라네.
>
> -『명주정응대사포대화상전』,「포대화상 후서」.

이 게송은 『경덕전등록』과 『오등회원』에는 없고 포대화상 사후 400년이나 지난 원말(元末) 임제종의 담악(曇噩, 1285~1373)이 편찬한 『명주정응대사포대화상전』에만 실려 있어 위작(僞作)일 수도 있지만, 선종을 대표하는 게송 가운데 하나입니다. 거창한 해설이나 화

려한 묘사와 대구(對句)도 없이 그저 평범한 일상용어만 썼습니다.

포대화상은 모를 심는 단순한 노동 속에서 커다란 이치를 발견한 것입니다. 머리를 숙여야 물에 하늘이 나타난다든지 퇴보가 바로 전진이라는 이치는 모두 중의적(重義的)이며 불도와 처세에 대한 가르침을 내포하고 있습니다. 글자들이 다 소박하지만 독보적이면서도 평온하고 태연자약한 가운데 불도와 처세에 대한 깨달음을 전해 주고 있습니다.

아무것도 하지 않는 짧은 시간, 호흡을 조정하고 공기의 냄새를 맡아봅니다. 새소리를 들으며 저세상을 향하여 귀를 기울입니다. 꽃잎 하나에도 삼라만상이 있고, 나뭇잎 하나에도 부처가 있습니다.

대자은사는 원래 1,897칸의 방이 있었고, 300명이 넘는 승려가 있었던 큰 절이었습니다. 지금의 대자은사도 적지 않지만 원래 규모의 십 분의 일에 불과하다고 합니다. 저쪽에서 옛 영광을 기억하는 스님 한 분이 당나라 시대로부터 천천히 걸어오는 듯합니다.

나는 대자은사의 길고 긴 길을 걸으면서 고요함을 가슴 가득 담고 갑니다. 고요함과 침묵이야말로 종교로 진입하는 문이 아닐까요. 모든 번잡스러움 너머에서 인간 영혼이 신성한 공간으로 들어가는 입구가 저 앞에 있습니다. 시안에 부는 차가운 바람은 스치는 모든 나뭇잎을 뒤집어 놓으며 지나갑니다.

4부 —— 나는 차 달이며 평상에 앉았다네

닷 트밤 아시, 네가 곧 그것이다

※

일본 교토 텐류지

교토에는 아름다운 정원, 일부러 찾아가 볼 만한 정원이 참 많습니다. 한때 교토의 아름다운 정원 100곳을 찾아가 보리라 마음먹은 적이 있었죠. 미즈노 카츠히코의 사진집 『교토명정원(京都名庭園)』이라는 책을 사서 가끔 들여다보곤 했습니다. 표지의 정원은 카잔자키스와 엘리자베스 여왕이 사랑한 료안지의 정원입니다.

『교토명정원』에 실려 있는 정원은 111개입니다. 그동안 내가 찾아다닌 정원은 줄잡아 30곳 정도가 아닌가 싶습니다. 교토는 끝에서 끝까지 걸어도 5km 정도라 걸어서 다니기 좋은 도시입니다. 원래 여행은 모두 도보 여행이었습니다. 걸어서 여기저기 다니며 구경할 수 있다면 행복한 것입니다. 특히 외국에 나가서 걸어다닐 수 있다면 더욱 행복한 것입니다.

여행은 즐겁습니다. 마음은 즐겁지만, 사실 몸은 망가집니다. 낯선 기후, 낯선 잠자리, 낯선 음식과 바뀐 물로 몸이 헝클어집니다. 젊었을 때는 젊음의 기운으로 쌩쌩 돌아다니지만 나이 들면 몸이 처져 힘들죠.

오늘은 교토 서쪽에 있는 텐류지(天龍寺)로 갑니다. 찾아다니기 힘들어 교토 일일 투어에 참가 신청을 했습니다. 투어에 따라다니면 시간 제약이 있어서 여행의 깊은 맛은 느낄 수 없지만, 버스로 관광시 바로 앞까지 내려나주니 편리합니다.

가쓰라 강이 흐르는 아라시야마 일대에는 텐류지, 도게츠교, 노노미야 등이 있습니다. 아라시야마의 텐류지는 교토의 5대 선종 사찰 중 제1위의 사찰입니다. 텐류지는 고타이고 천황의 명복을 기원하기 위해 무소 소세키(夢窓疎石, 1275~1351)를 개산조로 1339년에 건립되었습니다.

텐류지에 들어가면 바로 오호조(大方丈)의 가레산스이(枯山水) 정원이 나오고, 오호조를 돌아가면 텐류지가 자랑하는 지켄카이유식(池泉回遊式) 정원인 소겐치(曹源池) 정원이 나옵니다. 무소가 디자인한 정원으로 세계문화유산으로 지정되어 있습니다. 가메야마(亀山)를 소겐치 정원의 원경으로 차경하여 광활한 시야를 보여줍니다.

무소는 재속 제자가 13,000명에 이를 정도로 한 시대를 풍미한 선승입니다. 당시 임제종 승려들은 지식과 한문 실력으로 막부의 브레인 역할을 하였습니다. 텐류지는 그림, 건축, 정원 등 최첨단 중국풍 문화의 산실이 되었습니다.

오호조에 들어가기 위해서는 입장권을 한 번 더 사야 합니다. 중앙에 석가모니불을 모신 48첩 다다미방과 좌우로 24첩 다다미방이 있습니다. 특별 공개 중인 스즈키 쇼넨(鈴木松年, 1848~1918)의 운룡도는 대담한 필치와 용의 눈이 인상적이었습니다.

텐류지의 주지가 행사할 때 타고 다니던 가고(駕籠)도 전시되어 있습니다. 옻칠이 된 최상급의 가마이며 텐류지의 사격을 과시하는 가마입니다.

오호조에서 다호덴(多宝殿)으로 이어지는 회랑 옆으로 요시노에서 옮겨온 벚나무도 있고 수많은 나무, 꽃, 풀들이 있습니다. 그 나무는 물론 풀까지 하나하나 다 이름표를 붙여 놓았군요, 대단합니다. 심지어 '처녀치마' 같은 들도 보도 못한 작은 풀꽃까지 이름을 달아놓았습니다. 히라가나 하나만 달기에도 힘들 텐데 한자, 한글까지 적어 놓았습니다. 작은 정성이 하나하나 모여서 텐류지라는 최고의 브랜드를 만들어 낸 것입니다.

텐류지에 있다는 것을 알고 갔지만 보지 못한 것도 있습니다. 가장 보고 싶었던 것은 「운문대사도」와 「청량법안도(淸凉法眼圖)」였는데 비공개라 보지 못했습니다. 13세기 초 당대 최고의 화가인

마원(1160~1225)이 그리고, 영종의 황후인 양후(楊后, 1162~1232)의 제찬(題贊)과 붉은색 도장이 찍혀 있는 그림입니다.

두 폭 가운데 「청량법안도」의 찬시(讚詩)입니다.

  대지와 산하의 자연은
  필경 같은가 다른가
  만일 만법 유심을 깨달으면
  하늘의 꽃이나 물속의 달을 보지 않으리

  - 교토 텐류지(京都 天龍寺) 소장.

법안문익(885~958)이 스승인 나한계침(867~928)에게 묻는 장면을 그렸습니다. "산하대지와 상좌 자신은 같은가 다른가"라고 묻는 계침의 질문에 철저한 해결을 얻지 못했던 법안은 행각에 나서 지장원에서 수행한 끝에 계침이 말한 "만일 불법을 논한다면 모든 것이 보이는 그대로이다"라는 한마디에 환하게 깨달았다고 하는 일화를 표현한 것입니다(선림고경총서 10, 『오가정종찬』 下, 법안종 청량법안 선사).

두 사람의 뒤로 허리보다 낮은 상당히 부자연스러운 위치에 어렴풋하게 멀리 있는 산이 보입니다. 두 사람 사이에서 자연과 자기의 동일성을 논하는 문답이 행해지는 것을 상징한다고 해석할 수 있겠습니다.

"산하대지와 내가 같다"라는 말은 만물을 자아에 이입하여 니르바나에 이르게 하는 범아일여(梵我一如)와 같은 말이라고 해석해도 좋을 것입니다. 우파니샤드 전통에서는 이것을 '탓 트밤 아시(Tat tvam asi)' 즉, '네가 곧 그것이다'라고 합니다. 모든 피조물은 그 전체성 속에서 '나'입니다. 나밖에 다른 존재는 없습니다. 우리가 고유의 개별성을 초월하면 황홀경에 빠지는 것과 같은 이치로 누구라도 이런 깨달음을 얻는다면 기쁨이 넘쳐흐를 것입니다.

법안은 남경(南京)에 있는 정량사에 있으면서 남당(南唐)의 군주인 이경(916~961)과 대단히 친하게 지냈습니다. 하루는 둘이서 불도를 논하다가 만발한 모란을 감상하러 갔는데, 이 자리에서 군주의 청에 따라 법안은 즉흥시를 한 수 지었습니다. 아마도 이경이 30대 후반, 법안은 60대 후반이었을 것입니다.

털옷 걸치고 아름다운 꽃 마주하니
그 느낌 이전과 다르네
머리카락은 이제 희어만 가는데
꽃은 작년처럼 붉기만 하네
아름다움은 아침 이슬처럼 스러지고
향기는 저녁 바람에 흩어지네

어찌 꽃잎이 시든 다음에야
삶의 덧없음을 알아차리리오.

- 『오가정종찬』, 법안종 청량법안 선사.

이 시를 읽으면서 우리는 법안이 훌륭한 선사일 뿐 아니라 대단한 시인이기도 했음을 알 수 있습니다. 즉흥시를 이렇게 완벽하게 지을 수 있는 사람은 대시인이 아닐 수 없습니다. 시가 다소 애조를 띠는 것은 낭시 남당이 처한 정치적 상황과 무관하지 않으리라고 여겨집니다. 남당은 후주의 압박을 받았고 결국 후주에 항복(955)하게 됩니다. 황제라고 하지 않고 군주라고 부르는 것은 이 때문입니다.

아름다움은 아침 이슬처럼 스러지고 향기는 저녁 바람에 흩어지는 건, 단순히 꽃피는 봄날의 풍경일 수도 있고 후주의 압박으로 기우는 남당의 정치적 상황일 수도 있겠습니다. 물론 인생의 황혼기에 이른 법안의 정감일 수도 있는데, 이를 통해 법안은 귀중한 제자인 군주에게 세상의 덧없음에 대한 생생한 깨달음과 위로를 전하려 한 것이 아닌가 싶습니다. 모든 사물은 영원하지 않고, 인간은 고통에 시달리는 존재이며, 그것은 왕이든 거지든 마찬가지라고 깨우쳐 주려는 것입니다. 군주 또한 그 자리에서 뭔가 '알았다'라는 감각을 표현한 것으로 전해집니다(『오가정종찬』, 법안종 청량법안 선사, "王聞開悟.").

  우리는 선사들의 시를 통해서 자신을 평소보다 조금 더 높은 곳으로 감아올리는 법을 배우게 됩니다. 선사들의 문답이나 게송을 읽을 때마다 신비롭고 충격적인 기분이 들었습니다. "아, 정말 엄청난 말을 들었네!" 하고 감탄하는 마음을 감출 길 없습니다. 가르침에 대한 감사의 예물로 선사들에게 다음의 시 한 수를 바치고자 합니다. 쇼펜하우어를 읽고 첫눈에 반한 미셸 우엘백(1958~)이 쇼펜하우어에게 바친 시입니다.

> 아르투어 쇼펜하우어, 그대를 생각하고 싶네
> 사랑하는 그대 모습, 유리창에 비쳐 보이네
> 출구 없는 세상에서 나는 한 명의 늙은 광대
> 차가운, 너무나 차디찬
>
>   - 미셸 우엘백, 『행복의 추구』, 1992.

인간은 울기 위해 태어났습니다

※

일본 교토 시센도, 철학의 길

천 년 고도 교토에는 수많은 정원이 있습니다. 대부분은 료안지(龍安寺)나 다이토쿠지(大德寺)처럼 사찰의 방장 정원이거나, 가쓰라리큐(桂離宮), 슈가쿠인리큐(修學院離宮)처럼 황실 정원입니다. 정원에 가더라도 거기 있는 모래, 돌, 이끼, 물, 나무와 마음을 터놓고 만나지 않으면 마음에 오래 남지 않습니다.

니코스 카잔자키스(1883~1957)는 일본 정원보다 더 아름다운 모습은 세상에 없다고 말했습니다. 그것은 인간이 도달한 지혜와 감수성의 최고봉이라고 말했습니다. 심지어 "만일 나의 마음을 정원 모양으로 만들 수 있다면, 나는 교토의 료안지에 있는 돌의 정원이 되고 싶다"라고 말했습니다. 나야 뭐 그 정도는 아니지만, 교토, 특히 다이토쿠지의 방장 정원을 좋아합니다.

교토 북동부에 있는 작은 절 시센도(詩仙堂)는 한낱 문인이 만든 정원이지만 세계인의 사랑을 받고 있습니다. 일본의 초기 문인 중 한 명으로 이시카와 조잔(石川丈山, 1583~1672)이 있습니다. 실패한 무장이었던 그는 은퇴하여 교토에 아직도 남아 있는 시센도라는 은거지를 짓고 살았습니다. 조잔은 시센도 안에서 홀로 노니는 일 외에는 세상만사에 흥미가 없었습니다.

조잔은 쓸데없이 돌아다니지도 않았고 권력자에게 아부하지도 않았습니다. 퇴위한 고미즈노오 상황(後水尾上皇, 1596~1680)이 불렀을 때도 그는 나가지 않았습니다. 실권자인 상황의 부름을 거절한 조잔도 대단하지만 이를 대범하게 수용하고 넘어간 고미즈노오 상황도 대단하지 않나요? 두 사람은 84세, 89세까지 살았으니 당시로써는 대단히 오래 살았습니다. 문학을 하는 사람이라면 조잔의 삶이야말로 하나의 꿈과 같은 삶입니다.

시센도는 집주인 사후 시센도 조잔지(詩仙堂丈山寺)라는 이름의 절이 되어 오늘에 이르고 있으며, 건물과 정원이 아름다워 세상 사람들이 동경하는 장소가 되었습니다. 1986년에는 멀리 영국에서 찰스 왕세자와 다이애나 비(妃)가 시센도를 찾아왔습니다.

조잔은 1641년 히에이산 기슭에 시센도를 건립한 다음, 이곳에서 30년 동안 학문과 시작에 몰두하며 청빈한 삶을 살았습니다. 외진 산기슭에서 육물명(六物銘)이라는 엄격한 생활 규칙을 만들어 놓고 살았습니다. 나무판에 새긴 육물명이 지금은 시센도에 걸려 있습니다만, 원래는 부엌에 걸려 있었습니다. 조잔은 항상 그것을 바라보면서 규칙적인 생활을 하려고 노력했습니다. 여섯 가지 생활지침은 다름 아닌 불조심, 도둑 조심, 늦잠 금지, 편식 금지, 근검절약, 청소 철저입니다(六勿銘 : 勿妾丙王, 勿忘棍族, 勿斁晨興, 勿嫌糲食, 勿變僚勤, 勿婿拂拭.). 190cm 장신의 전직 사무라이가 아내도 없이 홀로 살아가면서 규칙적으로 생활하려고 자신을 엄격하게 다잡는 모습이 눈에 선합니다.

문하이 창기 가득한 시센도에는 유명한 정원이 있습니다. 그 정원 앞에 앉으면 홀가분한 마음이 되어 세상을 잊고 자신마저 잊게 됩니다. 이런 아름다움은 분명 지적이고 심미적인 존재의 정신에서 나온 아름다움입니다. 시센도에서 우리는 정원을 바라보는 하나의 눈으로써 현존합니다.

하찮은 철학은 하찮은 행동으로 귀결되고, 고결한 철학은 고결한 행동으로 귀결됩니다. 조잔의 철학은 이런 것이었다고 합니다.

> 때로 정원의 꽃을 따고 때로 거위 울음소리를 듣는다. 때로는 낙엽을 쓸고 때로는 국화를 심는다. 동쪽 언덕에 올라 달을 향하여 노래한다. 북쪽 창에서 책을 읽고 시를 암송한다. 이외에는 아무것도 하지 않는다.
>
> - 알렉스 커, 『사라진 일본』, 2004.

시센도는 퇴출된 사무라이가 스스로 모색한 문학적 삶의 방식이 응축된 곳입니다. 거기에는 기존의 사무라이 생활방식과는 완전히 다른 발상으로 속세를 벗어난 삶의 형태를 보여줍니다. 이시카와 조잔의 꿈의 유적지 시센도에서 나는 마음이 깨끗해졌다고 느꼈습니다. 그것은 자신을 잊고 순간에 침잠하는 경험입니다. 8세기에 지어진 선시 한 편이 생각납니다.

> 한순간 고요히 앉아 있으면
> 항하사만큼의 칠보탑을 만드는 것보다 낫다
> 보배탑은 결국 먼지로 돌아가지만
> 한순간 깨끗한 마음은 깨달음을 이룬다
>
> - 보지선사(寶誌禪師), 『통행록』(『가려 뽑은 송나라 선종 3부록』 2권, 장경각, 2019).

시센도에서 버스를 타고 긴가쿠지 마치에서 내려서 긴가쿠지(銀閣寺)로 가기 위해 길을 건너면 바로 '철학의 길'이 나타납니다. 비와코에서 교토로 깔린 인공 수로 변의 벚나무 길입니다. 긴가쿠지 다리에서 와카오지교(에이칸도 앞 400m)까지 약 1.6km입니다.

교토대학의 철학자 니시다 기타로(1870~1945)가 이 길을 사색하며 걸었다고 하여 '철학의 길'로 명명되었습니다. 길은 넓지 않지만, 벚나무 등 나무가 많아 산책하기 좋은 길입니다. 니시다 기타로는 늘 이 길을 전통복 차림에 구두를 신고 걸었습니다. 그는 교토대학에서 강의할 때도 같은 차림이었습니다.

니시다 기타로를 생각할 때 나는 언제나 그의 친구 스즈키 다이세쓰(1870~1966)를 떠올립니다. 두 사람은 1870년 가나자와에서 태어나 제4고등학교에서 동문수학했습니다. 가정 형편이 어려웠던 두 사람은 제4고를 중퇴하고 도쿄제국대학 선과에 입학했습니다. 선과란 일종의 청강생과 같은 것으로 본과생과 비교할 때 차별 내우를 받았기에 줄곧 큰 굴욕감과 좌절감을 느꼈다고 합니다. 그런 차별은 졸업 후에도 계속되었지만 결국 두 사람은 모두 세계적인 학자가 되었습니다.

니시다 기타로가 남긴 말 가운데 특히 다음의 말은 우리나라에도 『탄이초』를 뺀 채 널리 알려졌습니다.

"일본의 모든 것이 불타도 『임제록』과 『탄이초』만은 남았으면 좋겠다."
- 타츠노리 나와(名和達宣), 「西田幾多郎と『教行信証』」より(『니시다 기타로와 가르침의 증언』).

두 사람의 사상은 서로 영향을 주고받았기 때문에 비슷한 데가 많습니다. 스즈키 다이세쓰는 이런 말을 한 적이 있습니다.

말은 시대마다 다르지만, 행위적인 모순, 즉 비극은 영원히 상속된다. 인간은 울기 위해 태어났다고 해도 좋다. 또 이것을 인간의 업이라고 한다.

— 스즈키 다이세쓰, 『선의 사상』(오가와 다카시, 『선사상사 강의』에서 재인용).

비슷한 내용을 니시다 기타로는 철학적으로 말했습니다.

철학의 동기는 '놀라움'이 아니라 삶의 깊은 비애여야 한다.

— 니시다 기타로, 「場所の自己限定としての意識作用」(『西田幾多郎全集』第6卷, 岩波書店).

나는 물론 니시다 기타로보다는 스즈키 다이세쓰를 좋아합니다. 다이세쓰의 책을 몇 권 더 읽기도 했지만, 그의 평이한 언어를 더 좋아하기 때문입니다. 슬픔을 안다는 것은 곧 이 세상의 참된 모습을 안다는 것입니다. 8세기에 지어진 만세이(滿誓)의 유명한 와카는 인생의 무상함을 노래한 불후의 절창입니다.

이 세상을 무엇에 비유하랴, 어스름한 새벽녘
저어가는 배 뒤에 남는 하얀 물결

— 『만엽집』, "世の中を何にたとへむ 朝びらき漕ぎいにし船の跡なきごとし."

인생이 고통스럽고 슬픈 것이라는 사실은 만고의 진리입니다. 삶 그 자체는 고뇌이고 때로는 참담하고 슬픈 일이지만, 그것을 순수하게 직관하거나 예술에 의해 재현하면 고통이 줄어들면서 인생은 하나의 의미심장한 스펙터클이 됩니다.

니시다 기타로는 41세 때 출간한 『선(善)의 연구』(1911)로 유명합니다. 이 책은 니시다가 가나자와 제4고등학교 교직에 있을 때 쓴 책입니다.

니시다는 인간이 '선한 것 혹은 올바른 것을 안다'라는 것이 무엇인지를 설명하고자 했습니다. 스스로 생각을 거듭한 끝에, 주관과 객관의 구별이 없는 경험, 즉 순수 경험이라는 개념을 창출합니다. 니시다는 인간에게 있어 '순수 경험'을 얻는 것이야말로 '최고의 선(善)'이라고 주장합니다.

> 진정한 종교는 자기의 변환, 생명의 혁신을 요구하는 것이다. … 한 점이라도 아직 자기를 믿는 마음이 있는 동안은 아직 진정한 종교심이라고 할 수 없는 것이다.
>
> - 니시다 기타로, 『선의 연구』, 1911.

순수 경험은 자기의 얕은 지식은 모두 버리고 사실에 따라 아는 것입니다. 니시다는 또 포이에시스(Poiesis, 예술적 제작)의 세계야말로 참다운 순수 경험의 세계라고 말했습니다. 대부분의 선시는 니시다 식으로 말하자면 '순수 경험'을 노래하고 있습니다. 선시의 절창으로 사랑받는 화정덕성(華亭德誠, 8~9세기)의 게송입니다.

긴 낚싯줄 아래로 드리우니
한 물결 살짝 흔들리자 만 물결이 뒤따르네
밤이 깊어 물은 찬데 고기는 물지 않으니
빈 배에 가득 달빛만 싣고 돌아오누나

- 『오등회원』 권5.

덕성은 실제로 뱃사공 노릇을 하기도 했지만, 이 시는 어디까지나 마음의 정경을 노래한 것입니다. 한 물결이 살짝 흔들리자 만 물결이 뒤따른다는 일파만파(一波萬波)는 인간의 자기중심적 생각이 끊임없음을 비유한 것입니다. 이 시에서 낚시는 상징적 은유로써 깨달음을 의미합니다. 빈 배를 달빛 가득한 세계로 묘사한 마지막 구절은 무념(無念)이 곧 온전한 마음[全心]이라는 『금강경』의 깨달음을 눈부시게 표현했습니다.

시를 다 읽고 나면 알지 못할 깨달음의 경계에 읽는 사람의 마음에서 자아는 사라지고 담백하고 그윽한 풍경만 영화처럼 펼쳐집니다. 이 시는 야보도천이 『금강경야보송』에 인용함으로써 천하가 애송하는 게송이 되었습니다.

  내가 교토에 갔을 때는 3월 중순이라 벚꽃도 없고 단풍도 없지만 그야말로 터질 듯 부푸는 꽃봉오리의 계절이었습니다. 어느 시기, 어느 곳에 살더라도 사람들은 모두 꽃봉오리를 품고 살아갑니다.

  말은 이렇게 했지만, 순수 경험은 여전히 내 손이 닿지 않은 곳에 있다고 느낍니다. 내가 니시다 기타로의 『선의 연구』를 다 읽어낸 것은 아마도 건성으로 읽었기 때문일 것입니다.

구름은 하늘에 있고 물은 물병 속에 있다네

❋

부모님 산소

어렸을 때는 밤에 화장실 가는 것이 무서웠습니다. 그 시절에 화장실은 집 안에서 가장 구석진 곳에 있었거든요. 무덤 옆으로 지나갈 때는 대낮이라도 무서웠습니다. 산속에 있는 무덤 옆으로야 좀체 지나갈 일이 없었지만, 마을 입구에 있는 고생이집(상엿집)을 지날 때면 어쩐지 누가 뒤꼭대기를 당기는 듯이 무서웠습니다. 고생이집이란 마을 공동의 상여와 부속품을 보관하는 집으로 보통 마을에서 좀 떨어진 산밑에 지어졌습니다.

밤에 화장실에 가거나 고생이집을 지나갈 때는 무서우니까 노래를 부르면서 갔습니다. 노래를 부르면 그 공포에서 벗어날 수 있었습니다. 인간은 행복할 때보다 무섭거나 절망적인 상황에 빠져 있을 때 더 노래를 부르고 싶어 합니다. 두려움과 절망 때문인지, 아니면 노래를 부름으로써 공포심과 절망감을 잊으려고 한 것인지는 알 수 없습니다.

불가에서는 노래를 부르는 대신에 관음보살을 염하거나 『반야심경』을 염송합니다. 현장(602~664)이 인도로 가면서 사막에서 악귀들에게 둘러싸였을 때 관음보살을 염했으나 도무지 효과가 없어 「반야심경」을 외웠더니 악귀들이 두려워하는 소리를 내면서 쏜살같이 도망가 버렸다[홍찬(明代) 술, 『반야심경관의』 권1]는 고사에 따른 것입니다.

나는 이제 젊었을 때 그렇게 두려워했던 무덤을 별로 두려워하지 않는 나이가 되었습니다. 요즘은 무덤에 가도 옛날처럼 음산한 기분이 들지 않고, 무섭지도 않습니다. 게다가 부모님 산소에 가면 오히려 마음이 편안합니다.

무덤가에 있으면 인생의 허무함을 노래한 옛 시가 생각납니다. 북망산의 묘지를 보고 읊은 시입니다. 이 시는 소명태자(501~531)가 편찬한 『문선』에 실린 「고시 19수」에 실려 있습니다. 「고시 19수」가 후대 문학에 끼친 영향은 『시경』에 못지않을 정도로 컸습니다. 이 시는 작가를 알 수 없지만 많은 사람이 애송하는 노래입니다.

　세월은 거침없이 흘러가고
　사람의 목숨은 아침 이슬 같구나

인생은 잠시 머물렀다 홀연히 가는 것
목숨은 쇠나 돌처럼 오래 가지 않는다네

- 소명태자, 『문선』, 「고시 19수」 13.

인생과 죽음을 평이하고 질박한 언어로 노래했습니다. 시의 생명은 비유입니다. 시어는 단순하지만, 아침 이슬, 쇠와 돌 같은 비유는 쉬우면서도 의미는 깊다 하겠습니다. 이런 비유를 통해 평소에는 깨닫기 어려운 이치를 깨닫게 하고 느끼기 어려운 정감을 느끼게 합니다.

인생이 짧은 여행이라는 것을, 인생은 꿈이라는 것을 누가 모르겠습니까. 그것은 단순히 비유가 아니라 무덤 앞에 서면 실감으로 느껴지는 것입니다. 부모님의 묘소 앞에 서면, 마치 잃어버린 나의 과거를 들여다보는 기분이 듭니다. 부모님 세대는 필사적으로 살았던 시절입니다. 자랑하고 싶은 것이 있는 것도 아니고 뜨거운 감정이 있는 것도 아니지만 그저 가만히 서 있는 정도의 인생도 나쁘지 않습니다.

부모님을 모신 산소에서 바라보는 풍경은 그야말로 구만리 창공입니다. 맑은 날에는 수백 리 밖 소백산까지 보이는 일망무제의 끝없는 하늘입니다. 문득 돌아보면 한없이 펼쳐지는 하늘, 어디까지가 끝이고 어디까지가 현실인지 모르겠습니다. 아무리 끝없는 하늘이라지만 사람들은 대체로 하늘은 없는 것으로 생각합니다. 사람은 하늘은 보지 않고 작은 구름을 보면서 살아갑니다.

우리가 고개를 들면 보이는 것이 구름이지만, 구름 또한 깨달음의 상징이 될 수 있습니다. 선승들과 교유하면서 진정으로 선의 삼매를 얻었던 당대(唐代)의 사대부 가운데 특별히 기술할 만한 사람은 이고(772~841)와 배휴(791~870)입니다.

이고가 낭주 자사로 좌천되었을 때, 여러 차례 약산을 초정하였으나 약산은 가지 않았습니다. 아마도 이고는 50세 부근, 약산은 71세 부근이었을 것입니다. 나이로 보나 관례로 보나 먼저 찾아가지 않고 부르는 것은 결례입니다. 약산이 초청에 응하지 않자, 이고는 직접 약산을 만나러 산으로 갑니다. 여기서부터는 『조당집』의 기록을 따라가 보겠습니다.

상공(相公)인 이고(李翶)가 화상을 뵈러 왔는데, 마침 화상이 경을 보고 있던 까닭에 전혀 돌아본 체도 하지 않으니, 상공은 절을 하지 않고 혼잣말처럼 가볍게 말을 하였다.
"만나 보니 천 리 밖에서 소문을 듣는 것만 못하구나."
이에 선사가 상공을 불렀다.
"상공!"
상공이 대답하니, 선사가 말했다.

"어째서 귀만 소중히 여기고 눈은 천히 여기는가요?"
상공이 얼른 절을 하고 나서 물었다.
"어떤 것이 도입니까?"
선사가 하늘을 가리켰다가 다시 물병을 가리키면서 말했다.
"구름은 하늘에 있고 물은 물병 속에 있소이다."
상공이 절을 한 뒤에 다음과 같은 게송을 읊어 찬탄하였다.

- 『조당집』 권4, 약산화상.

팽팽한 기 싸움이 느껴지십니까? 이고가 초청할 때 약산은 응하지 않았고, 이고가 찾아왔을 때도 짐짓 못 본 체합니다. 이고 또한 상대가 자신을 무시하는데 자존심이 상해 인사도 하지 않고 "만나 보니 별것 아니네" 하고 혼잣말처럼 상대를 폄하합니다. 사람은 누구나 잘 대접받기를 원합니다. 현장을 보지 않으면 그 만남의 깊이를 알지 못합니다.

『조당집』의 행간에 나타나 있는 손짓, 눈짓, 말투 등 생생한 표현을 이해하지 않으면 이 대화를 제대로 이해하기 어렵습니다. 같은 말이라도 상황에 따라서 말의 경중과 뉘앙스가 다르고 의미의 폭도 다르기 때문입니다.

이런 기 싸움 후에 약산은 "상공!" 하며 이고를 부릅니다. 이고는 그 부드러운 말씨에 응하여 비로소 인사를 하고 "어떤 것이 도입니까?" 하고 묻습니다.

이처럼 재미있고 흥미로운 대화를 나눌 수 있다면 그것만으로도 인생은 매우 빛날 것입니다. 이 장면에는 분명 사람의 마음을 뒤흔드는 무언가가 있습니다. 실제로 이 문답 장면은 후일 화가들이 즐겨 그리는 소재가 될 정도로 많은 사람에게 영감을 주었습니다.

이고가 지은 게송은 '운재청천수재병(雲在靑天水在瓶)'입니다. 이 게송은 너무나 유명하여 후일 대표적인 공안 가운데 하나가 되었습니다.

> 수행하신 풍채는 학 같으신데
> 소나무 아래에 경이 두어 권
> 도를 물었더니 다른 말은 하지 않고
> 구름은 하늘에 있고 물은 물병 속에 있다네
> 練得身形似鶴形, 千株松下兩函經,
> 我聞師道無餘說, 雲在靑天水在瓶.
>
> - 『조당집』 권4, 약산화상.

하늘에 뜬 구름과 물병 속의 물은 그대로 실상(實相)이라고 불러도 좋을 것입니다. 구름과 물은 그 자체로 진실한 모습, 즉 실상으로서 의심의 여지가 없는 명백한 사실을 가리킵니다. 즉 버들은 푸르고 꽃은 붉은 것입니다[柳綠花紅]. 사람과는 달리 구름이나 물, 나무나 꽃은 시기하지도 않고 분별하지도 않으며 본래면목(本來面目) 그대로입니다. 약산은 이고에게 이렇게 말하는 듯합니다.

"상공, 사람을 괴롭히는 많은 문제는 세상을 '있는 그대로' 보지 않은 데서 생기는 거예요. 세상을 '있는 그대로', 진여(眞如)로서 바라본다면 인생의 수많은 괴로움에서 벗어날 수 있답니다. 그게 바로 도이고 깨달음이에요."

이고는 약산의 말을 듣자 바로 그 뜻을 알아차리고 마음이 환해져서 게송을 읊었던 것입니다. 이처럼 세상 모든 것이 본래면목 그대로 드러나 있는데 우리는 왜 깨닫지 못하는 걸까요?

우리는 본래 진여의 깨끗한 정토(淨土)에서 살고 있는데, '내 몸', '내 마음'이라는 분별에 사로잡혀 정토를 더러운 땅, 곧 예토(穢土)로 만들어 고생하며 살아가고 있는 것입니다. 진여에 대해서는 신수(神秀, 606~706)의 깊은 가르침을 들어보겠습니다.

묻는다, "어떠한 것이 진여입니까?"
대답한다, "마음이 분별의 의식을 일으키지 않으면 그 마음이 진여이며, 대상을 분별하지 않으면 그 대상이 진여일 것이다.

마음이 진여이면 마음이 해방되고, 대상이 진여이면 대상이 해방된다. 마음과 대상이 모두 분별을 떠난다면, 더 실체적인 것은 아무것도 없는 것[無一物]이며, 그것이 바로 깨달음의 큰 나무인 것[大菩提樹]이다."

- 신수, 『대승무생방편문』(대정장 권85).

마음에 분별이 없다면 자기중심적인 감정에 의하여 왜곡되지 않고 '아(我)'가 없어져서 마음의 평온을 얻게 됩니다. 하지만 분별을 없앤다는 것, '아'를 없앤다는 것이 어디 말처럼 쉬운 일이겠습니까. 일상생활에서 우리는 자꾸만 자기중심적으로 생각하고, 자꾸만 분별하여 진여를 놓치기 쉽습니다. 우리는 세상 속에서 살기보다 자신의 머릿속에서 살아가기 때문입니다. 그러므로 끊임없이 얼음처럼 차가운 물음표를 던져야 합니다.

"구름은 하늘에 있고 물은 물병 속에 있다네."

얼굴 좀 펴게나 올빼미여,
이건 봄비가 아닌가

※

인천 송도

여행은 언제나 좋은 것입니다. 예전처럼 가슴이 두근거리지는 않지만, 마음속 깊이 잔잔한 기쁨이 물결칩니다. 숙소는 64층인데, 내려다보는 야경이 아름답습니다. 이 정도 높이면 대체로 솔개의 눈으로 내려다보는 조감도에 가깝지 않을까 싶습니다.

독수리, 기러기, 고니, 앨버트로스는 비행기 높이까지 올라갑니다. 9,000미터 상공에서 내려다보면 구름도 발아래로 보이고 산맥이나 평야, 바다만 보일 뿐 생명체는 식별하기 어렵습니다. 사실 64층의 경치만 하더라도 인간의 눈에는 아찔합니다. 음, 이렇게 내려다보고 있으니 저 아래 인간 세상이 하잘것없어 보입니다. 마치 꿈을 꾸는 듯합니다.

대략 천 년이나 전쯤, 일흔에 가까운 노부인이 쓴 「몽고비란(夢跨飛鸞)」이라는 시가 생각납니다.

꿈속에 난새를 타고 하늘 높이 올랐다가
이 몸도 세상도 초라한 움막이란 걸 처음 알았네
한바탕 꿈에서 깨어나 돌아오니
산새 울음소리 봄비 끝에 들리네

- 대혜스님, 『선(禪) 스승의 편지』(法供養, 2002), 미주 71.

이 시는 『서장(書狀)』(대한불교조계종 교육원, 1999)이란 책에 미주(尾註)로 실려 있습니다. 『서장』에는 대혜종고(1089~1163)가 42명의 사대부에게 보낸 62편의 편지가 수록되어 있는데, 여성에게 보낸 편지는 딱 한 편뿐입니다. 그 여성이 바로 이 시를 지은 진국태부인입니다. 대혜종고는 상좌인 도겸이 전해 준 진국태부인의 게송을 읽고, 며칠 동안 먹고 자는 것을 잊을 정도로 기뻤다고 편지에서 말합니다. 무엇이 대혜종고를 그렇게 감동하게 한 것일까요?

깨달음은 순수 경험을 말하는 것입니다. 자신과 세계에 대한 부정적인 측면과 미혹을 제거함으로써 얻게 되는 최고의 행복감을 말합니다. 「몽고비란」은 자신과 이 세상이 초라한 움막에 불과하다는 것을 깨달은 순수 경험을 노래하고 있습니다. 대혜종고는 이 순수 경험을 깨달음이라고 인증한 것입니다.

특히 '산새 울음소리 봄비 끝에 들리네'라는 마지막 구절에서 세계를 직접 체험하는 사람의 생생한 기쁨이 전해집니다.

이제 우리는 젊은이들처럼 돌아다니는 여행은 하기 어렵습니다. 빠르게 돌아다니면 호흡이 가빠져서 마음속 깊은 곳에서 일어나는 감동은 얻기 어렵습니다. 호흡이 편안해야 진정한 기쁨을 맛볼 수 있습니다.

센트럴파크는 경제자유구역 송도 국제도시의 한가운데에 있습니다. 도심지에 이런 공원이 있다니 놀랍습니다. 공원 가운데로 바닷물을 끌어들여서 수로를 만들었습니다. 인공 수로에는 수상 택시, 보트가 떠다닙니다. 수로의 물이 너무 맑아서 깜짝 놀랐습니다.

공원이 굉장히 넓어서 여의도 공원의 2배 넓이입니다. 넓은 초원에 사슴도 방사하고 있습니다. 사슴은 주로 아침저녁으로 먹이를 찾아다니고 낮에는 경치를 바라보며 휴식합니다. 맑은 눈망울이 마치 먼 곳을 바라보며 생각에 잠겨 있는 듯합니다.

나무도 많고 새도 많습니다. 특히 새들이 사람 겁을 내지 않고 몇 발자국 이내로 스스럼없이 접근합니다. 직박구리를 손닿을 듯 가까운 거리에서 본 것은 처음입니다. 성깔 사나운 새로만 알았는데 의외로 예쁘군요. 산비둘기도 사람을 경계하는 새인데 태연하게 나뭇가지에 앉아 날아가지 않습니다. 통통하게 살이 쪘군요. 도심지에 서식하는 집비둘기와 달리 아름답고 산새다운 품격이 있습니다.

새들은 저마다 걷는 모습이 다릅니다. 비둘기는 두 다리를 번갈아 내디디며 여유 있게 걸어다닙니다. 참새는 두 다리를 모으고 깡충깡충 뛰어다닙니다. 까마귀는 걷기도 하고 뛰기도 합니다.

뱁새(붉은머리오목눈이) 수십 마리가 덤불 속으로 몰려다닙니다. 사람이 나타나면 재빨리 달아나기 때문에 가까이에서 보기는 어려운 새입니다. 모처럼 가까이에서 보니 뱁새도 참 아름다운 새로군요.

새들은 계속 노래를 부릅니다. 나무들은 계속 꽃을 피웁니다. 바람은 계속 불고 강물은 계속 흐릅니다. 전 세계가 현란하고 다채롭게 찬미합니다. 다만 인간들만 스스로 불행하다고 생각하는 것 같습니다. 사람들은 생각이 너무 많아서 새들의 노래도 제대로 듣지 못하고, 뺨으로 바람을 느낄 여유도 없는 것 같습니다. 무언가 잘못된 것이 아닐까요?

약 1,200년 전의 일입니다. 황폐한 마을과 부서진 절에서 끼니조차 제대로 잇지 못하면서도 참새소리에 귀를 기울인 승려가 있습니다. 흔히 '조주'라고 불리는 조주종심(趙州從諗, 778~897)은 80세가 되어서 겨우 조그만 절의 주인이 되었습니다. 그리고 40년 후 죽을 때 나이가 무려 120세였습니다. 그가 60대이던 시절에 당나라 무종이 단행한 회창의 폐불(845~847)은 중국 전역에서 불교를 철저하게 파괴하였습니다.

파괴된 유명 사원은 4,600여 개소, 무명 사원은 4만여 개, 환속한 승려와 비구니는 26만 5백 명, 몰수된 전답은 수천만 경(頃), 사원 소속의 노비 15만 명이 평민으로 돌아갔습니다(『구당서』, 「무종본기」). 이 처참한 시대에 부서진 암자를 떠돌며 궁핍한 삶을 살던 조주는 이런 시를 남겼습니다.

> 황량한 마을, 부서진 암자, 형언하기 어렵네
> 아침 숙 속에 쌀알이라곤 전혀 없으니
> 하염없이 창틈 사이 먼지만 바라보네
> 오직 참새 지저귀는 소리뿐, 인적은 없어
> 홀로 앉아 낙엽 지는 소리를 듣네
> 수행자는 애증을 끊는다고 누가 말했나
> 생각하노라면 나도 몰래 눈물 흐르네
>
> - 『조주록』, 12시가, 평단인(平旦寅).

마을은 황폐해졌고 암자는 부서졌으며 죽을 끓일 쌀도 제대로 없었습니다. 생활은 물론 종교도 문학도 현장이 빚어내는 산물입니다. 도탄에 빠진 백성의 삶과 폐불로 인한 사찰의 황폐화에 직면했을 때 승려들에게 요구된 것은 진정성이었습니다.

그의 시는 인간 영혼에서 저절로 솟아 나오는 눈물을 불교적

질감과 감촉으로 노래합니다. 부서진 암자에서 굶주린 삶을 살아내면서도 참새가 지저귀는 소리와 낙엽 지는 소리에 귀 기울입니다. 눈물 속에서도 인생무상을 담담하게 노래합니다. 조주는 자신의 개인적 경험을 통해 초개인적인 시대 정신을 노래한 것입니다.

1814년, 평생 타향을 떠돌던 한 사나이가 오랜 싸움 끝에 아버지의 유산 일부를 상속하고 고향인 나가노현으로 돌아옵니다. 그의 이름은 고바야시 잇사(小林一茶), 나이는 52세입니다. 치아가 하나도 없이 다 빠져버린 늙은 잇사는 귀향하고 석 달 후 28세의 신부와 결혼합니다. 객지를 떠돌던 고달픈 생활을 청산하고 젊은 아내와 함께 새롭게 출발하며 자신의 불우한 인생을 찰싹 때리는 듯한 감촉의 시를 씁니다.

얼굴 좀 펴게나
올빼미여,
이건 봄비가 아닌가
梟よ面癖直せ春の雨

- 고바야시 잇사, 『7번일기(七番日記)』.

이 시의 앞 마에쿠(前句)에는 '비둘기가 말하기를'이라는 말이 붙어 있습니다. 그러니까 이 시는 비둘기가 올빼미에게 하는 말입니다. 말놀이 같기도 하고 가벼운 농담 같기도 하지만 읽으면 저절로 잔잔한 미소가 떠오릅니다.

평생 가난에 찌든 얼굴을 펴보고자 하는 잇사의 각오를 비둘기는 무심한 듯 가벼운 말투로 툭, 던지고 날아갑니다. 이 가벼움이 잇사의 시에 깊이를 더해 줍니다. 잇사가 노래하는 비둘기와 올빼미의 세계는 인간들 세상보다 더 따뜻하고 친절합니다. 거기에는 인간으로부터 해방된 신선함이 있습니다. 잇사의 깨달음은 무슨 대단한 깨달음이 아니라 평범한 것으로 깨어나는 것입니다.

한없이 무거울 수 있는 주제를 마치 아무것도 아닌 듯 가벼운 말투로 툭 하고 던지는 잇사의 시에는 모든 것을 가벼운 웃음으로 날려버리면서 자기를 해방하는 경쾌함이 있습니다.

더 많은 새가 더 많은 장소에서 쉴 새 없이 지저귑니다. 그렇게 끊임없이 울어도 새소리에 귀를 기울이는 사람은 거의 없습니다. 나 역시 오랜 세월 나와는 아무 상관 없이 수많은 새가 노래하는 소리를 들었습니다. 나는 그 새들을 알지 못했고 새들 또한 나를 알지 못했습니다.

사람은 아무리 나이가 들어도 봄이 오기를 기다립니다. 봄이 와도 새싹 하나 밀어내지 못하고 꽃잎 한 장 피우지 못하겠지만, 이 몸에도 꽃 피울 마음만은 아직 남았습니다.

님하, 그 물을 건너지 마오

※

삼성현역사문화관

경산시 남산면 상대 온천 가는 길에 하대리가 있고, 삼성현 역사문화공원이 있습니다. 삼성현(三聖賢)이란 경산에서 태어난 원효(617~686), 설총(원효의 아들), 일연 세 사람을 말합니다. 7만 9천 평 부지 위에 450억 원을 투입하여 2015년에 문을 열었습니다. 나지막한 언덕들 사이로 산책하기에 좋은 곳입니다. 바로 앞에 있는 자라못도 아름답습니다.

원효, 설총, 일연 세 사람의 자료를 삼성현역사문화관에 다양하게 전시해 놓았습니다. 눈길을 끈 것은 '화엄종조사회전(華嚴宗祖師繪傳)'이란 두루마리 그림입니다. 이 그림은 『송고승전』에 있는 원효와 의상의 일대기를 일본에서 그린 것입니다. 일본 화엄종의 조사 묘에(明惠, 1173~1232)는 고잔지(高山寺)에서 이 그림을 그리게 하고 경건하게 보관하도록 했습니다. 일본의 국보로 지정된 귀중한 그림입니다.

묘에는 35년 이상 자신이 꾼 꿈들을 자세하게 기록하였습니다. 대부분은 평범한 꿈이었지만 어떤 것들은 명확하게 성적인 내용의 꿈이었습니다. 한번은 꿈에서 중국의 여자 인형을 발견했는데 인형은 고향이 그리워서 울음을 터뜨렸고, 묘에의 손바닥 위에서 살아 있는 여자로 바뀌었습니다. 묘에는 자신의 꿈을 해석하면서 그 여자를 불교를 수호하는 선묘로 보았습니다(베르나르 포르, 『새로 보는 선불교』, 운주사, 2023).

선묘는 한국의 승려 의상과의 정신적 사랑 이야기로 일본에서도 유명했습니다. 묘에는 원효와 의상의 종교 체험과 종교적 견해에 깊이 공감하여 두 사람을 일본 화엄종의 조사로 추앙한 것입니다.

공원 내에 무궁화동산(6백 평), 꽃무릇 동산(3천 평), 허브 동산(3천 평)이 있습니다. 공원 안을 발길 닿는 대로 여기저기 돌아다니기도 하고 쉬기도 합니다. 언덕 위에서 내려다보면 아득하게 펼쳐지는 파노라마를 볼 수 있습니다. 시야가 멀리까지 트인 곳은 언제나 관조하는 시선을 갖게 합니다. 멀리 내다보는 즐거움을 쇼펜하우어는 '세계의 눈'이라고 불렀습니다(쇼펜하우어, 『의지와 표상으로서의 세계』, 1859). 이렇게 관조하는 시선을 가질 때 인생은 한낱 꿈처럼 보입니다.

삼성현 역사문화공원에서 상대 온천 쪽으로 조금 더 올라가면 반곡지가 있습니다. 사진 명소로 유명한 곳이라 어디에서 보아도 그림엽서처럼 아름답습니다. 반곡지는 8천 평 정도의 작은 못입니다. 복사꽃이 만개하는 4월 초나 버드나무 녹음이 짙을 때가 가장 좋다고 하지만 초겨울의 반곡지도 아름답기 그지없습니다.

못 둑에 늘어선 수령 300년이 넘은 20여 그루의 왕버들이 물에 반영되어 그림 같은 풍경을 보여줍니다. 이런 풍경은 물이 없으면 결코 볼 수 없는 이중 인화 풍경입니다. 호수에는 떨어진 낙엽이 떠다니고 오리들이 물살을 만들며 노닐고 있습니다. 오리가 만든 물살을 바라보면서 1,300년 전에 있었던 '마조(馬祖, 709~788)의 들오리[馬大師野鴨子]'를 생각합니다.

마조의 들오리는 『조당집』(952)과 『벽암록』(1125)에 수록되어 있습니다. 내용은 똑같으나 『벽암록』에는 백장유정이 훨씬 더 유명한 백장회해로 바뀌어 있고, 마조가 비튼 것도 귀가 아니라 코라는 점만 다릅니다. 보다 원형에 가깝다고 여겨지는 『조당집』의 들오리 문답입니다.

어느 날, 마조가 사람들을 데리고 서쪽 성벽 근처를 산책하고 있었는데, 갑자기 들오리가 날아갔다.
마조가 말했다. "뭐지?"

정 상좌(백장유정)가 대답했다. "오리입니다."

"어디로 갔나?"

"날아가 버렸습니다."

마조는 갑자기 유정의 귀를 잡아 비틀었다.

"아악!"

유정은 무심결에 소리쳤다.

마조가 말했다. "아직 여기에 있네. 날아간 게 아니잖아."

유정은 확연히 깨달았다

- 『조당집』 권15, 오설장(五洩章).

정말 재미있는 한 편의 콩트를 읽는 것 같지 않습니까. 이 이야기는 선문답 가운데 가장 빛나는 장면 가운데 하나입니다. 평범한 일상적 대화를 주고받다가 갑자기 마지막 장면에서 코페르니쿠스적 전환이 일어납니다.

"뭐지?", "오리입니다.", "어디로 갔나?", "날아가 버렸습니다." 여기까지는 평범한 대화입니다. 하지만 갑자기 귀를 잡아 비틀자 비명을 지르고, "아직 여기에 있네. 날아간 게 아니잖아"에 이르면 정신이 번쩍 듭니다. 마조는 이렇게 말하는 듯합니다. "제발 이 세계를 한쪽 면만 보지 말아라. 오리만 보지 말고, 오리를 보는 너를 보란 말이야!"

우리가 마조의 가르침을 받아들인다면 완전히 다른 세계로 건너가게 됩니다. 이 세상을 바라보는 것이 아니라 그것을 바라보는 '나'를 보게 되는 것입니다. 그러나 선이 이렇게 단순하다면 누가 열심히 수행하려 하겠습니까. 마조의 제자들 사이에서도 이런 단순한 가르침에 대해 위화감을 느낀 사람이 적지 않았습니다.

그 가운데 한 사람이 오설(747~818)입니다. 그도 마조의 들오리 문답 현장에 함께 있었지만, 유정이 오리를 인연으로 깨닫는 것을 보고 공감하지도 않았고 찬탄하지도 않았으며 부러워하지도 않았습니다. 오히려 무호기(無好氣), 어쩐지 불쾌해졌습니다. 마조의 가르침에 강한 위화감을 느낀 오설은 솔직하게 그 기분을 말했고, 그 말을 들은 마조는 오설에게 석두 문하로 가도록 권했습니다. 오설이 석두(700~790)에게 가서 비로소 깨달았는데, 『조당집』은 이 이야기를 전후 사정과 함께 오설장에 자세하게 수록한 것입니다.

처음 석두에게 간 오설은 몇 마디를 주고받은 다음 석두에게도 실망한 나머지 아무 말 없이 소맷자락을 떨치며 돌아가려 했습니다.

오설이 법당문을 막 나서려는 순간 석두가 갑자기 고함을 질렀다.

"이놈!"

그때 오설의 다리는 한쪽은 문안, 한쪽은 문밖에 있었다. 무심코 뒤돌아보니 석두는 오설을 향해 손바닥을 옆으로 세워 보였다.

"태어나서 죽을 때까지 오직 이 사내일 따름이다. 그런데도 그렇게 머뭇거리고 있으면 어쩌는가?"

오설은 순간 크게 깨달아 그대로 수년간 석두를 섬겼고 마침내 오설 화상이라 불리게 되었다.

- 『조당집』 권15, 오설장(五洩章).

이 선문답도 마조의 들오리 장면 못지않게 흥미진진합니다. 마치 한 편의 드라마를 보는 듯합니다. "이놈!" 하는 소리에 무심결에 오설은 뒤돌아봅니다. 바로 그 순간 석두는 옆으로 손바닥을 세웠습니다. "태어나서 죽을 때까지 오직 이 사내일 따름[只這個漢]인데 그렇게 우물쭈물해서 어쩔 것인가!"

이 장면은 문답뿐만 아니라 몸짓이나 표정까지 생생하게 묘사하고 있습니다. 석두가 지적한 것은 한쪽 다리는 문안, 한쪽 다리는 문밖에 걸치고 있는 바로 그 찰나 오설의 모습입니다. 오설이 혹시 못 알아차릴까 봐 석두는 손바닥을 세워서 손의 측면으로 오설을 가리키기까지 한 것입니다. 너무 생생해서 우리가 마치 그

현장에 있는 것 같습니다.

선사의 어록은 이처럼 생생합니다. 장면 자체를 독해하는 데는 여러 견해가 있고, 해석은 서로 일치하지 않지만, 장면 자체는 팔팔하게 약동하고 있습니다. 석두는 이렇게 말하고 있는 듯합니다. "문을 넘어가는 너는 물론, 불러서 뒤돌아보는 그 순간의 너를 함께 알아차리란 말이야!" 오설은 비로소 '행동하는 자신과 그 자신을 뒤돌아보는 자신'을 알아차리고 깨달았습니다. 이렇게 깨달은 오설은 당연히 마조 곁으로 돌아가지 않고 석두를 스승으로 모셨다고 적어 놓았습니다.

마조는 '오리만 보지 말고 오리를 바라보는 너'를 보라는 것입니다. 석두는 '너를 바라보는 너를 바라보는 찰나의 너'를 보라고 말합니다. 마조가 말한 '오리를 바라보는 나'를 바라보려면, 그 '나'를 바라보는 '나'를 상정해야 가능합니다. 마조와 석두는 결국 지향점이 같다고 할 수 있겠습니다.

현대 철학에서도 '나를 바라보는 나를 바라보는 나'까지는 생각할 수 있지만, '나를 바라보는 나를 바라보는 나를 바라보는 나'는 생각할 수 없다고 합니다. 마조와 석두는 '나'와 세계라는 존재의 심오한 의미를 그 극한까지 파헤쳐 내려간 것입니다.

마조와 석두가 말한 '나를 찾는 것'은 선의 영원한 화두이자 생의 신비이며 철학의 출발점이자 종착점입니다. 아이고, 이런 이야기는 얼핏 들으면 쉬운 것 같지만, 나 정도의 수준에서는 끝까지 따라가기 어려운 이야기입니다.

천당이 아무리 좋다고 해도 지금 당장 나하고 함께 천당에 가자고 하면 누가 따라가겠어요. 우리는 오직 원앙이 부러울 뿐 신선을 부러워하지 않습니다. 사랑하는 남편이 물을 건너가자 뒤쫓아 가며 말리다가 미치지 못하고, 남편이 그예 물에 빠져 죽자 여인이 절망하며 부른 노래가 있습니다. 노래를 부르고 난 다음 여인도 스스로 물에 빠져 죽었으니 망부가라고 해도 좋고 절명시라고 해도 좋겠습니다.

우리나라 노래인지 중국의 노래인지 분명하지 않지만, 2세기에 지은 거문고 연주자를 기록해 놓은 채옹(蔡邕, 133~192)이 쓴 『금조』라는 중국 문헌에 공무도하가(公無渡河歌)란 노래가 전해지고 있습니다.

님하, 그 물을 건너지 마오
님은 기어이 물을 건너가네
그예 물에 빠져 죽고 말았으니
이 일을 어찌하리오

- 채옹, 『금조(琴操)』.

불과 16자의 짧은 노래이지만 한 글자 한 글자가 여인의 가슴에서 우러나와 천지를 울립니다. 2,000년 전의 노래가 지금 들어도 호소력이 있는 것은 인간의 마음은 이 정도 수준에서 서로 공명하면서 통하기 때문입니다.

300년 동안 자연에 순응하며 살아온 왕버들이 물 위에 비칩니다. 오리가 만드는 물무늬는 나를 관통하여 수면 너머 아득한 곳으로 번져갑니다. 누구나 다 이 자리에 있고, 누구나 다 진리의 하늘 아래 있습니다. 광활한 심리적 풍경 속에서 비록 잠깐이지만 왠지 마음이 편안해졌습니다.

자연인이 된 옛친구가 못내 좋아서

※

함양군 안의

친구들과 함양군 안의로 갈비탕을 먹으러 갑니다. 풍채 좋은 행인에게 현지인이 잘 가는 식당을 물어봅니다. 그 사람이 나를 한참 보더니 갑자기 내 가슴을 탁, 칩니다. "야, 자네는 어째 친구도 몰라보나?"

아니 이게 누구냐 싶어서 자세히 보니 글쎄, 나와 초등학교 때부터 친했던 K입니다. 그는 대구에서 건설회사를 경영하기도 하고 카페를 운영하기도 했습니다. 그런 그가 지금은 바로 이 안의에서 가까운 산속에 혼자 산다는 겁니다. 요즘 TV에서 인기를 끌고 있는 '자연인', 그가 바로 자연인입니다. 세상에 어째 이런 우연이 다 있는 걸까요.

"야, 가서 갈비탕이나 한 그릇 같이 먹자." 내가 권하자 선약이 있다고 합니다. 그럼 식사 후에 자네가 사는 곳을 한번 보고 싶다고 하자 흔쾌히 우리를 초대합니다.

약속 장소로 가서 자연인에게 전화하니 사륜구동 포터를 타고 나타납니다. 그의 차를 타고 꼬불꼬불 군데군데 푹푹 파인 험한 비포장 산길을 거침없이 휙휙 올라갑니다. 앞 좌석에 앉아 안전벨트를 맨 나는 좀 덜하지만 3인용 뒷좌석에 4명이 끼여 앉은 친구들은 식겁합니다. 간신히 고개를 하나 넘어 내리막길을 내리달으니 자연인의 움막이 나타납니다.

산 능선에 소나무가 늘어선 모습이 마치 보초를 서는 것 같습니다. 뒤쪽으로는 암벽이 턱 버티고 있어 좋은 기운이 느껴집니다. 원래 암자가 있던 곳을 인수했다는 말에 고개가 끄덕여집니다.

그는 이 깊은 산중에 있는 땅을 어떻게 알고 샀을까요. 그가 젊었을 때 이 일대에 등산 왔다가 하산하는 길에 우연히 이곳에 들렀습니다. 경치가 너무 좋고 어쩐지 마음이 편안해져서 암자에 계시던 스님에게 말합니다.

"스님, 나중에 혹시라도 이 암자를 파실 의향이 생기시면 저에게 먼저 연락주십시오."

그런데 20년 전쯤에 그 스님으로부터 암자를 물려받은 스님에게서 연락이 옵니다. 포교당을 하는데 도저히 암자를 유지할 수 없어서 팔겠다고 합니다. 적당한 금액에 암자와 부속 토지 일체를 사고 길을 내고 나무를 심었습니다. 차가 들어오도록 길을 내는 과정에서 길에 물린 땅도 어쩔 수 없이 사들입니다. 지금은 7,000평이 좀 넘는 땅이 그의 소유입니다.

나는 그가 쭈글쭈글한 도시 생활에서 벗어나 인적없는 풍경 속에서 한 줄기 푸른 바람처럼 살아가는 모습에 깊은 감명을 받았습니다. 깊은 산속에서 바람 소리를 들으면 누구나 머리가 맑아지는 순간이 있습니다. 바람 소리 속에는 천 년이라는 세월을 건너 한 선승(禪僧)이 우리에게 말하는 목소리도 들려옵니다.

9. 조법연(1024?~1104)은 수행과 문학에서 모두 두각을 나타낸 천재입니다. 천재란 내적 영성의 영감을 부여받은 사람입니다. 우리나라 선방에서도 널리 행해지는 조주의 무자(無字) 화두를 수행의 근본으로 삼은 최초의 인물이 바로 법연입니다. 법연의 오도송(悟道頌)입니다.

> 저 산기슭에 있는 한 뙈기 쓸모없는 밭에 대해
> 두 손 모으고 은근하게 할아버지께 물었더니
> 그 밭을 몇 번이고 팔았다가 다시 산 것은
> 송죽에 부는 맑은 바람이 못내 좋아서라네
>
> - 『고존숙어록』 권22.

법연은 본향에 돌아와서 산기슭에 있는 저 쓸모없는 밭뙈기를 왜 샀느냐고 할아버지에게 짐짓 물어봅니다. 그러자 할아버지는 송죽에 부는 맑은 바람이 이루 다 말할 수 없이 좋아서 몇 번이고 팔았다가 끝내 다시 샀다고 말합니다. 그 땅은 농사를 지으려고 산 것이 아니라 바람 소리를 들으려고 샀다고 하니 어느 누가 그 정도로까지 생각할 수 있을까요.

이 시는 의경(意境)을 노래한 것으로 화자인 할아버지는 바로 법연 자신입니다. 천 년 세월이 흐른 뒤에도 여전히 생생하게 살아 있는 삶의 기쁨이 할아버지의 무심한 목소리에 실려 우리 내면에서 살아납니다. 이 시는 '송죽에 부는 바람 소리' 같은 심미적 정취를 인생철학의 위치로까지 끌어올렸습니다.

선종에서는 자연계가 가장 불성(佛性)이 풍부하고 깨달음의 경지에 가깝다고 생각합니다.

푸르디푸른 대나무는 모두가 법신(法身)이고
무성한 노란 꽃은 반야가 아닌 것이 없습니다.
靑靑翠竹, 盡是眞如, 鬱鬱黃花, 無非般若.

- 『조정사원』 권5.

법연은 이 시를 통하여 송죽에 이는 바람 소리 속에 깨달음의 세계를 만들어내고 아득한 경지를 창출합니다. 해탈의 심리 상태에서 집착을 버린 마음, 넓은 시야를 가지고 살아가는 또 다른 세계를 보여줍니다.

사람은 왜 사는 걸까요? 아리스토텔레스는 인간은 행복하기 위해서 산다고 말합니다. 행복에는 외적인 행복, 육체의 행복, 영혼의 행복이 있는데, 이 가운데 영혼의 행복이 가장 엄밀한 의미에서의 행복입니다. 영혼의 행복은 관조적인 활동에서 오는 행복입니다(아리스토텔레스, 『니코마코스 윤리학』).

법연은 이 시에서 바람 소리를 관조하는 영혼의 행복을 노래합니다. 내 친구도 아마 송죽에 부는 바람 소리를 마음속으로 받아들여 행복을 찾아서 이 깊은 산속에 홀로 들어온 것이 아닐까 생각하니 마음이 숙연해졌습니다.

이 깊은 산속에 혼자 들어와 사는 것은 야생에 가까운 삶입니다. 이름 없는 자로 살아간다는 것은 그만큼 존재에 더 가까이 가는 일입니다. 야생은 존재의 밀도가 높은 삶이지만 현대인에게는 참으로 어려운 삶입니다. 그는 거창하게 거품을 늘어놓지 않고 그저 노후에 집에 죽치고 앉아 있는 것이 싫어서 깊은 산속에 혼자 들어왔다고 말합니다.

건설회사 사장 출신이라 그는 거주하는 움막을 2층으로 올리고 리모델링했습니다. 커 보이지만 실상은 원래 움막이라 건평은 스무 평이 채 안 됩니다. 자가용 사륜구동 포터와 개도 두 마리 있습니다. 토종 진돗개와 시베리아견인 라이카로 두 마리 다 중형견입니다. 멧돼지들이 날뛰는 바람에 어쩔 수 없이 기르게 되었다고 합니다. 야생은 살기에 만만한 곳이 아닙니다.

"저녁엔 주로 뭐 하고 지내느냐?"고 물어봅니다. 밤에는 심심하다고 합니다. 일찍 자거나 아니면 TV로 자연인, 등산, 바둑, 여행 프로그램을 보기도 합니다. 아침에는 일찍 일어나서 개들을 데리고 산책을 하기도 하고 밭일도 합니다. 한눈에 봐도 혼자서 경작하기에는 벅찬 면적입니다. 그는 여기에 온갖 재래종 과실수를 심었습니다. 그리고 지금 갈아놓은 곳에는 주로 산초를 재배하려 합니다. 산초기름은 참기름보다 훨씬 비싸답니다.

이곳 말고 스님이 살던 진짜 암자는 따로 있습니다. 그럼 그곳을 한번 보자고 하니, 그 암자는 허물어 버렸다며 산모롱이를 돌아 빈터로 안내합니다. 등산객들이 버려진 집인 줄 알고 들어와 불을 피우는 바람에 불이 날까 봐 허물어 버린 것입니다. 허문 지 얼마 되지 않았는지 아직 풀도 제대로 자라지 않았습니다.

나는 이곳에서도 마치 수행하던 옛 스님을 만난 듯, 한줄기 푸른 바람이 뺨에 닿는 것을 느꼈습니다.

취한 듯 꿈꾸는 듯 나른하게 보내는 하루
문득 봄이 다 간다는 소리에 힘을 내어 산에 올랐네

대숲 지나다 마주친 스님과 나눈 이야기
덧없는 인생에 또 한나절의 한가로움을 얻었네

- 『전당시』, 이섭, 「제계림사승실(題鶴林寺僧室)」.

우리는 뒷짐을 지고 그를 따라 이곳저곳 둘러봅니다. 단풍나무에는 수액을 받기 위해 수액 줄을 설치해 두었더군요. 고로쇠 수액보다 단풍나무 수액이 더 달다고 합니다. 고로쇠 수액만 알았지 단풍나무 수액은 처음 들었습니다. 나무에서 수액을 받아내는 방법을 맨 처음 알아낸 사람은 어떤 사람이었을까요. 산에서 혼자 사는 사람들은 모든 것을 자기 손으로 해야 하니까 자연히 생각이 깊어집니다. 그래서 자연인들은 대체로 도시에 사는 사람보다 지혜롭습니다. 요즘 사람들은 뭐든지 스스로 해결하지 않으니 점점 인터넷 멍텅구리로 변해 갑니다.

우리는 짐짓 선승의 포행을 흉내 내며 걸어갑니다. 저 마루를 넘으면 자연인의 움막이 있습니다. 산길에는 언제나 거룩하고 아득한 깊이가 있습니다. 이 길도 밤에는 멧돼지가 출몰하는 길입니다.

시간이 촉박해서 우리는 그만 돌아가야 할 시간입니다. 그는 우리를 다시 데려다주기 위해 사륜구동 포터로 험한 길을 내려옵니다. 올라올 때처럼 산길을 거침없이 내달립니다. 아찔한 가운데도 차창 밖으로 건너다보이는 풍경은 절경입니다. 대통선 고속도로가 지나가는 곳이라 건너편 기슭에는 호화로운 주택이 많이 보입니다. 나는 저쪽에 그림 같은 집을 짓고 사는 사람들도 훌륭하고 멋있다고 생각합니다. 허나 이쪽 산중 움막에 혼자 사는 내 친구도 인생이 무엇인지 사는 맛을 아는 사람이라고 생각합니다.

그날 저녁, 나는 이리 뒤척 저리 뒤척 좀체 잠을 이루지 못했습니다. 깊은 산속에서 혼자 살아가는 친구의 모습이 계속 떠올랐습니다. 아울러 내 귀에 가만히 속삭여 준 인간적인 말도 산속의 고독이 얼마나 견디기 힘든지 생생하게 전해 주었거든요.

"보기와 달리 외롭고 쓸쓸한 하루하루가 길고 길게 느껴진다네."

그렇다면 밥그릇은 씻었는가?

봉암사 공양

속세의 사람들은 사찰을 방문하면 그 사찰의 절밥이 어떤지 관심이 지대합니다. 절밥도 세월에 따라 뷔페식으로 발전했지만, 근본은 역시 나물 밥상입니다. 식사는 절대로 하찮은 문제가 아니라 중요한 결과를 초래합니다. 실제로 절제의 기본은 먹고 마시는 것을 자제하는 데 달려 있습니다. 아마도 가장 저항하기 어려운 쾌락이 먹는 쾌락일 것입니다.

공자(기원전 551~기원전 479)는 어느 해의 연말 제사에 빈객으로 참여했다가 나오면서 언언(言偃)이라는 사람에게 탄식하며 이런 말을 했다고 『예기』에 적혀 있습니다.

먹고 마시고 남녀가 만나는 것, 인간의 큰 욕망은 거기에 있다. 죽는 것과 가난하고 고생스러운 것은 인간이 가장 싫어하는 것이다. 그러므로 음식 남녀와 사망 빈고(貧苦)는 사람의 마음이 움직이는 시초이다.

飲食男女, 人之大欲存焉. 死亡貧苦, 人之大惡存焉. 故欲惡者, 心之大端也.

- 『예기(禮記)』, 예운(禮運) 제9.

공자는 인생의 최고 경지를 알았지만, 사람을 움직이는 가장 기본적인 두 가지가 '음식 남녀'라고 분명하게 말하고 있습니다. 생존하고 발전하려면 '음식남녀' 네 글자를 이야기하지 않을 수 없습니다. 동물조차도 먹이를 구하지 않을 수 없고, 짝을 구하지 않을 수 없습니다. 음식남녀는 우리가 하는 모든 일의 바탕에 깊숙이 내재한 동기입니다. 이 때문에 인류 문화는 바로 여기에서 출발합니다. 공자는 문제를 정확히 짚었습니다만 해결책은 두루뭉술하게 예(禮)를 가지고 헤아릴 수밖에 없다고 말합니다.

붓다(남방불교 전통설 : 기원전 624?~기원전 544?)는 더 구체적이고 단호하게 말합니다.

내가 깨달음을 이루기 전 아직 깨닫지 못한 보살이었을 때, 나는 이런 생각이 들었다. '세속의 삶은 번잡하고 먼지투성이다. 출가의 삶은 넓게 열려 있다. 세속에 살면서 잘 닦인 조개껍질처럼 지극히 완전하고 순수한 청정범행을 닦기는 쉽지 않다. 머리카락과 수염을 깎고 황색 가사를 입고 집을 떠나 집 없는 삶으로 출가를 하면 어떨까?' (…) 내 어머니와 아버지가 눈물 젖은 얼굴로 슬퍼하면서 반대했지만 나는 머리카락과 수염을 깎았다. 그리고 황색 가사를 입고 집을 떠나 출가했다.

- 『맛지마 니카야』 36.

붓다는 출가함으로써 '음식남녀' 네 글자의 굴레에서 벗어나려 했습니다. 많은 사람이 출가해도 성공하지 못하는 것은 음식남녀 네 글자 때문입니다. 수행 공부가 훌륭한 사람도 인연 하나로 끝장이 나는 경우가 많습니다. 어떤 법문이든 남녀 문제에 대해서는 방법이 없습니다. 음욕을 끊는다는 것은 참으로 어려운 일입니다. 참선 공부가 아무리 훌륭하다 해도 욕념이 일어나기 시작하면 그냥 허물어지고 맙니다.

많은 사람이 먹는 즐거움을 말하지만 건강에 대해서는 말하지 않습니다. 나물 밥상에 불과한 절밥 한 그릇에도 불도의 깊은 뜻이 담겨 있습니다. 비공개 사찰인 봉암사에서 첫날 저녁 공양과 이튿날 아침 공양, 두 끼를 먹었습니다. 종립선원이 있는 봉암사에는 수좌들이 많으므로 공양에 특별히 신경을 씁니다.

종무소 앞, 선열당 1층이 공양간인데 그 앞에 늘어선 장독들이 경외심을 불러일으킵니다. 이 갈색 옹기 안에 담긴 것들은 모두 간장, 된장, 고추장, 김치, 장아찌입니다. 산내 암자에 계시는 스님들도 공양은 선열당까지 걸어와서 해야 합니다. 봄과 가을이야 기분 좋게 오고 가겠지만 여름과 겨울에는 꽤 힘들겠습니다.

공양 시간이 상당히 빠릅니다. 스님 공양 시간은 아침 공양은 5시 40분, 점심 공양은 11시 20분, 저녁 공양은 오후 4시 40분에 시작합니다. 불자님 공양 시간은 이보다 20분 늦게 시작합니다.

공양은 깔끔하게 뷔페식으로 차려져 있습니다. 밥, 나물 반찬 다섯 가지, 김, 콩나물·두부찌개입니다. 공양 시간을 잘 몰라서 4시 50분쯤 갔더니 스님들과 시간이 조금 겹쳤습니다. 비공개 사찰이라 스님들 외에는 우리 일행뿐이었습니다. 스무 명 가까운 스님들이 있었지만, 말하는 사람은 아무도 없었습니다. 음식 먹으며 쩝쩝거리는 소리나 젓가락 소리도 들리지 않았습니다.

심지어 식탁 의자를 빼거나 당기는 소리마저 들리지 않았습니다. 눈인사는 하는지 몰라도 소리 내어 인사하는 스님도 없었습니다. 이 고요함이 봉암사 식당에서 느낀 아름다움이었습니다. 공양이란 단순히 밥만 먹는 것만이 아니라 그 시공간을 즐긴다는 의미도 있으니까요.

커다란 대접에 밥과 나물들을 골고루 담고, 국은 국그릇에 따로 담습니다. 김치, 버섯, 두릅, 더덕, 양배추 생채, 김, 콩나물·

두부찌개, 근대국입니다. 김치, 양배추, 콩나물·두부찌개가 다 맛있습니다. 특히 직접 재배하고 채취한 두릅과 더덕은 입에 착 감깁니다. 근대국의 식감과 향긋한 나물 향은 어릴 때부터 좋아했습니다.

고추장 맛도 기가 막힙니다. 채식은 은근히 까다로운 음식입니다. 풋내도 나지 않고 재료 본연의 맛과 향이 다 살아 있어서 먹는 내내 기분이 상쾌하였습니다. 음식도 맛있었지만, 수좌들의 삽상한 기운을 느낄 수 있어서 더욱 좋았습니다.

밥을 먹고 나면 불자들은 스스로 식기를 씻고 물기를 닦아 보관함에 담아두고 나옵니다. 이렇게 그릇을 씻는 데에는 심오한 가르침이 있습니다. 120세까지 산 조주(趙州, 778~897) 선사의 가르침입니다. 조주와 신입 승려와의 대화입니다.

"저는 총림에 처음 들어왔습니다. 부디 가르침을 주십시오."
"아침은 먹었는가?"
"먹었습니다."
"그렇다면 밥그릇은 씻었는가?"

— 『무문관』, 제7칙 조주세발(趙州洗鉢).

이렇게 간단한 몇 마디 대화가 『무문관』에 실린 이유는 무엇일까요? 이 짧은 말 속에 가르치고 배우는 지극한 뜻이 담겨 있기 때문입니다. 당연한 일을 당연히 할 수 있는 것이 바로 깨달음입니다. 특히 가정이나 학교에서 아이들에게 이 이치를 제대로 가르친다면 말할 수 없는 깨우침이 있을 것입니다.

우리는 사색할 때 저 너머의 높은 것을 필요로 하지 않습니다. 우리 곁에 있는 것에 대해 생각하면서, 우리와 가장 가까운 것, 지금 여기서, 우리와 관련된 개별적인 것에 대해 숙고하는 것으로 충분하다는 가르침입니다.

새벽 예불을 마치고 잠깐 눈 붙였다가 6시에 아침 공양하러 선열당으로 갑니다. 비록 하룻밤이지만 봉암사에서 자고 일어나니 몸도 마음도 개운합니다. 절에는 공양게라는 것이 있어서 절밥을 받으면 언제나 자신을 돌아보게 됩니다.

"이 음식이 어디서 왔는가. 내 덕행으로는 받기가 부끄럽네. 마음의 온갖 욕심 버리고 몸을 지탱하는 약으로 알고 도업을 이루고자 이 공양을 받습니다."

나물 반찬 다섯 가지, 찌개의 구성은 같지만, 아침 공양에는 죽, 식혜, 사과가 더 있습니다. 다섯 가지 나물 반찬도 나물 종류를 조금씩 달리해서 변화를 주었습니다. 스님들은 평생 채식만 했으니 나물 맛에 민감할 것입니다. 공양주 보살님들도 수십 년 동안 나물 반찬만 만들었으니 전문가가 다 됐습니다.

김치, 양배추 생채, 우엉 조림, 나박 백김치, 엄나무 순, 김치·두부찌개입니다. 직접 재배하고 채취한 나물들이라 신선도와 청결함은 최고입니다. 엄나무 순(개두릅) 무침 맛이 일품입니다. 채소 반찬만으로 맛있다고 느낄 수 있는 반찬을 만든다는 것은 쉬운 일이 아닙니다.

나박 백김치 맛이 담백하면서도 소금 맛이 은근히 기분을 좋게 합니다. 봉암사 공양주 보살님들의 간 맞추는 솜씨가 절묘합니다. 따끈한 죽도 속을 따뜻하게 데워줍니다. 후식으로 나온 사과도 맛있습니다.

자세히 보니 식당의 모든 의자 밑에는 테니스공을 잘라 덧대어 놓았습니다. 오, 그래서 의자 빼거나 당기는 소리가 조금도 나지 않았군요. 지금까지 절은 좀 다녔지만, 절밥을 먹어본 사찰은 그렇게 많지 않습니다. 내 기억으로는 절밥이 맛있지 않은 곳은 한 곳도 없었습니다. 절밥을 먹기 위해서는 상당 시간 산행을 해야 하니까 더 맛있었을 겁니다. 젊었을 때는 몰랐는데, 나이가 들수록 밥값은 제대로 하고 있는지 생각하면 그저 부끄러울 따름입니다.

바쇼(1644~1694)는 아침밥을 먹으면서 이런 하이쿠를 남겼습니다.

나팔꽃을 바라보면서
밥을 먹어 치웁니다

나는 그런 사람입니다

朝顔(あさがお)に我(われ)は飯(めし)食う男かな.

- 다카라이 가카쿠 편(宝井其角 編), 「미나시구라(虚栗)」, 1683.

바쇼는 스스로 아침에 일찍 일어나서 나팔꽃을 바라보면서 조촐한 아침밥을 먹는 보통 사람이라고 말합니다. 이 시에는 아무것도 숨긴 것이 없습니다. 자신의 일상생활을 소박히게 밀하고 있을 뿐입니다. 자랑스러운 것은 아무것도 없습니다. 깨달음이란 이처럼 평범한 것으로 깨어나는 것이 아닐까요. 대놓고 자랑할 것 없는 아침밥 한 그릇을 먹으면서 이런 시를 읊을 수 있다면 깊은 내재성에 도달했다 하겠습니다.

먹는 것, 무엇을 먹는가, 어떻게 먹는가는 심원한 문제입니다. 붓다는 이렇게 말합니다.

모든 괴로움은 음식으로 인해서 생긴다.
음식에 대한 집착이 소멸되면 괴로움도 생기지 않는다.
- 『숫타니파타』 747.

붓다는 인간의 모든 괴로움은 음식으로 인해서 생긴다고 통찰합니다. 이때 음식은 넓게는 재물, 돈으로 해석해도 좋을 것입니다. 음식에 대한 집착을 남김없이 없애버리면 괴로움이 생기지 않는다는 말씀은 우리로서는 도달하기 어려운 까마득한 경지이지만, 또한 가야 할 곳을 알려주는 등대와도 같습니다.

나의 시가 내 얼굴을 환히 밝혀준다면

※

나는 어느덧 어디가 안 좋아도 안 좋은 게 정상인 나이가 되었습니다. 몸이 작년 다르고 올해 다르다는 말을 실감합니다. 이제부터는 살면서 덮어두었던 삶의 어두운 면과도 대면해야 하는 나이이고, 잘 알지 못하는 세계로 한 걸음씩 들어가야 하는 나이입니다.

작년 여름이 힘들었기에 올해 여름은 더 힘들 것입니다. 연일 불볕더위가 이어집니다. 일 년 중 가장 지나기 어려운 관문은 삼복더위입니다. 정신적 피로, 질병의 발생과 악화, 사망에 이르는 것이 여기서 비롯되는 것이 많습니다. 하지만 아무리 무더운 삼복더위도 우리가 살아 있기에 만날 수 있는 언덕이라고 생각하면 땀을 뻘뻘 흘리면서도 한없이 기뻐해야 할 일이기도 합니다.

아침부터 덥습니다. 거실로 나와 에어컨부터 켭니다. 제습기도 가동합니다. 나이가 들어갈수록 여름 나기가 점점 힘들어지니 가전제품이 하나씩 늘게 됩니다. 선풍기, 에어컨, 이제 제습기가 끝이라 이걸 넘어가면 신의 영역입니다. 습도가 50% 이하로 떨어지면 보송보송하니 쾌적합니다. 단열이 잘 된 집, 상하수도 시설, 선풍기, 전기밥솥, 냉장고, 세탁기, 에어컨, 제습기 등 온갖 기술의 힘으로 더위를 넘어갑니다.

기술이 발달하는 것은 좋은데 자연으로부터는 점점 멀어지는 기분입니다. 진정한 자연으로부터 우리는 너무 멀어졌습니다. 사계절의 순환은 자연계뿐만 아니라 인간에게도 중요한 순환입니다. 아파트 안에서 책이나 읽고 있으면 자연이 멈추어 버렸다는 생각마저 듭니다.

누구든 마흔이 넘어가면 전력을 다하지 말고 여력을 남겨 놓을 줄 알아야 합니다. 신진대사도 완만해지고 술을 마시면 이튿날 개운하지 않습니다. 상처를 입어 딱지가 앉으면 여간해서 딱지가 잘 떨어지지 않습니다.

나이가 들면 몸에 피로를 쌓아두지 않아야 합니다. 나는 오십대 이후에는 안마 침대에서 하루의 피로를 풀었습니다. 안마 침대는 독서 침대로도 쓰기 때문에 안마하면서 책도 읽고 밑줄도 긋고, 메모도 하고, 광도 내었습니다. 나뿐만 아니라 옛날부터 책을 읽을 때는 누워서 읽은 사람들이 적지 않습니다.

지금도 내 경험 가운데 가장 행복한 경험은 책을 읽는 것입니다. 가끔 글도 쓰겠지만 역시 읽는 것이 나의 운명이라 생각하고 있습니다. 세계적 수준의 책을 읽다가 보면 나 정도 수준에서 쓰는 것이 무슨 의미가 있을까 싶은 회의에 빠지기도 합니다. 그러면 한동안 글을 쓰지 못하는 거죠. 글을 쓰지 않는다고 해서 위축되는 것이 아니라 훨씬 높은 수준의 고감도 책을 읽음으로써 더할 나위 없는 기쁨을 느낍니다.

좋은 책은 읽고 나면 읽은 사람의 얼굴이 달라집니다. 기분이 좋아져서 얼굴이 환하게 빛납니다. 지금 이대로 계속 있었으면 좋겠다는 생각마저 듭니다. 그것은 일종의 황홀감입니다. 내가 쓰는 글이 읽는 이들의 얼굴을 얼마나 환하게 할 수 있을까요? 생각하면 오십 년이 넘도록 글을 썼는데, 참 부끄럽습니다. 지금은 내가 쓰는 글이 그저 내 얼굴이라도 환히 밝혀준다면 좋겠습니다.

누워서 책을 읽다가 조금 처지는 것 같아서 차를 한 잔 우립니다. 집에서는 찻자리를 식탁 위로 옮겼습니다. 찻자리는 분수에 맞게 조촐합니다. 비싼 물건은 하나도 없습니다. 비싸고 아름다운 기물이야 물론 좋지만 나는 흥 없이 편안한 게 좋습니다.

혼자 차를 마실 때도 동작 하나하나를 제멋대로 하지는 않습니다. 물을 끓이고, 찻잎을 덜고, 차를 우려냅니다. 팔을 뻗고, 손을 내밀며, 주전자 손잡이를 잡는 등 모든 동작을 평소보다 조금 천천히 합니다. 찻잔을 들어 올릴 때 찻잔 속에서 찻물이 움직이는 것을 느끼고, 잔의 테두리가 입술에 닿는 느낌을 알아차리려고 합니다. 차를 마시는 중에 손에 들린 찻잔은 의식하지 못한 채, 다른 생각에 마음을 빼앗기기도 합니다. 그럴 때마다 괜스레 마나라 존자(?~164, 『祖堂集』의 기록)의 게송을 외워보곤 합니다.

> 마음은 온갖 경계를 따라 굴러다니지만
> 구르는 곳마다 능히 고요할 수 있다면
> 흐름을 따르더라도 본 성품을 깨달아서
> 기쁨도 없고 근심도 없으리로다
> 心隨萬境轉, 轉處實能幽,
> 隨流認得性, 無喜復(亦) 無憂.
>
> - 『조당집』 권2, 제22조 마나라 존자.

마음은 외계의 경계에 따라 끝없이 일어나지만, 투명한 거울처럼 무심히 비출 뿐 거기에 집착하지 않는다면 그것이 바로 깨달음의 경지라는 말입니다. 이 게송은 무심(無心)을 노래한 것입니다. 마음이 무심이면 그것은 그대로 불법입니다. 육조 혜능의 제자인 신회(神會, 670~762)는 "단지 무념만 얻으면 그것이 그대로 해탈이다(『신회화상선어록』)"라고 말했습니다.

신회가 볼 때, 개인에게 일어나는 모든 일은 무한대의 스크린 위를 오가는 영상에 불과합니다. 깨달음은 스크린 위의 영상을 깨닫는 것이 아니라, 개체의 경험이 비치는 스크린 자체를 알아차리는 것입니다. 마나라 존자의 게송에서 앞의 두 구절은 표층에서 일어나는 개체의 경험을 말하고, 뒤의 두 구절은 심층에 존재하는 스크린을 노래하고 있습니다.

차를 마시는 사람들은 이 게송을 두고두고 음미하면 마음으로 얻는 바가 있을 것입니다. 기물을 다루면서 몸과 마음을 집중하지만 거기에 집착하지 않고 무심으로 할 수 있다면 다도라고 불러도 좋을 것입니다. 무심이라 하지만 생각을 일으키지 않는 그 경지는 어지간해서 되는 것이 아닙니다. 아는 체하지 않고 잘난 체하지 않는다면 실로 존귀한 사람입니다.

음식을 먹거나 물을 마실 때도 거기에 집착하지 않는다면 그것은 수행이 될 것입니다. 종교적 차원이 더해짐으로써 차 마시기는 정신적 깊이를 가지게 된 것입니다. 일본 임제종의 선승인 구도우 국사(愚堂國師, 1577~1661)는 차를 마시는 일에 바로 불법이 있다고 노래합니다.

십 년 행각하던 일 홀로 웃으며
마른 등나무로 만든 해어진 삿갓으로 산문을 두드리네

원래 불법은 별것 없어서
차 마시고 밥 먹고 또한 옷 입을 뿐이라네
自笑十年行脚事, 瘦藤破笠扣禅扉.
元来仏法無多子, 喫茶喫飯又着衣.

- 『우당화상어록(愚堂和尙語錄)』.

때가 되면 차 마시고 밥 먹고 옷 입을 뿐 불법에 다른 비결은 없다는 뜻입니다. 여기에서 차를 마시고 밥을 먹는 행위는 단순히 표층적 행위를 말하는 것이 아니라 불법이라는 심층의 스크린에 비치는 행위를 말합니다.

우리는 이렇게 무심으로 차를 마시기 어렵습니다. 다만 차를 마시면서 그저 긴장을 풀고 편안해진다면 그것만으로도 충분히 행복한 일입니다. 김시습(1435~1493)은 아무 일 없는 그런 행복을 노래한 집구(集句, 옛사람이 지은 글귀를 모아서 만든 시)를 남겼습니다.

산은 아지랑이 낀 햇빛으로 엷게 물들었는데
사립문은 대숲 사이의 방을 허술하게 가려주네
세간에선 안락을 청복으로 삼지만
나는 차 달이며 평상에 앉았다네

- 『매월당시집』 권7, 산거집구(山居集句).

이 시는 네 명의 시에서 한 구절씩 취해서 다시 배열했을 뿐이지만, 뭐라 말할 수 없는 담박한 분위기를 만들어냈습니다. 그야말로 스크린처럼 산중 생활을 무심하게 그려냅니다. 비록 아무것도 없는 산중 생활이지만 시인은 무엇을 더 욕망하거나 숨기거나 꾸미는 것이 없어서 편안합니다. 그 군더더기 없는 편안함이 우리의 영혼마저 편안하게 합니다.

차를 마시고 있는데 베란다 망창에 매미가 붙이 요란하게 울어댑니다. 매미는 여름을 대표하는 곤충입니다. 매미 소리가 시작되면 여름이 시작되고, 매미 소리가 끝나면 더위도 끝납니다. 저 울음소리는 지하에서의 오랜 굼벵이 생활을 청산한 기쁨의 환호성이자 짝을 부르는 세레나데이며 동시에 죽음을 위로하는 레퀴엠입니다.

매미의 허물은 생각보다 많아서 살펴보면 주위에 수두룩하게 널려 있습니다. 우는 놈은 수컷입니다. 큰 소리를 내기 위해 수컷 매미는 뱃속의 절반 정도는 울림통으로 텅 비워놓습니다. 소리가 워낙 커서 수컷 매미는 근육으로 자신의 고막을 막아 청력을 줄여야 합니다. 고양이든 개구리든 매미든 사람이든 짝을 찾을 때는 저리도 애틋하고 시끄럽게 울어 쌓습니다.

나는 가는 귀가 먹어서 매미 소리가 옛날처럼 시끄럽지 않습니다. 이제는 매미 소리도 귀를 기울여야 들립니다. 귀 기울여 듣기 위해서는 마음을 정지해야 하고, 알고 있는 모든 지식을 내려놓아야 합니다. 가만히 귀 기울이면 매미 소리가 들려옵니다. 그 소리의 가장자리에 나는 앉아 있습니다.

자, 차나 한 잔 할까요?

때로는 인생은 한 잔의 커피가 가져다주는 따스함의 문제라고 리처드 브라우티건(미국 소설가, 1935~1984)이 어딘가에 썼습니다. 커피에 관해 쓴 문장 가운데 이 글이 가장 마음에 든다고 무라카미 하루키는 말했습니다. 한 잔의 차에도 이처럼 심원한 세계가 있습니다. 심원한 세계일수록 일상에서 시작해야 합니다.

우리는 차를 한 잔 마시며 스스로 반성하기도 하고, 차로써 친구를 사귀거나 만나기도 하며, 손님을 접대하기도 합니다. 손님이 왔을 때 가장 큰 환대도 바로 환영의 의미로 차 한 잔을 대접하는 것입니다. 손님이 갑자기 찾아와도 차 한 잔 대접할 수 있으면 당황하지 않아도 됩니다.

"자, 차나 한 잔 할까요" 하면서 장면을 전환할 수 있다면 그것은 차 생활의 기쁨 중 하나입니다. '차 한 잔도 주지 않는 것'은 손님을 내쫓는 것과 같습니다. 잡념 없이 물을 끓여 차 한 잔 우려 내어 마실 수 있으면 더 바랄 것이 없습니다. 파스칼은 일찍이 이렇게 말했습니다.

> 인간이란 아무리 슬픔으로 가득 차 있더라도, 만약 누군가가 그의 마음을 딴 데로 돌리는 데 성공하기만 하면, 그동안만큼은 행복해지는 존재이다. 기분전환이 없으면 기쁨이 없고, 기분 전환 거리기 있으면 슬픔이 없다.
>
> － 파스칼, 『팡세』, 1670.

파스칼식으로 말하자면 차를 마시는 행위로 마음을 돌릴 수만 있다면, 그동안만큼은 행복해질 수 있습니다. 퇴직 얼마 후에 만나보면 폭삭 늙어버린 친구도 있습니다. 기분 전환 거리가 없으니 기쁨이 없고 삶이 지루해지는 겁니다. 차를 마시는 행위는 기분 전환을 하는 일입니다. 차를 마시는 행위는 우리들의 물러터진 일상에 탄력을 줍니다. 차를 마신다는 것의 의미는 원대합니다.

밥 먹고 나서

밥 먹고 한숨 자고 나서

일어나 두어 잔 차를 마시네

고개 들어 해 그림자 보니

벌써 서남쪽으로 기울었구나

즐거운 사람은 해가 빨리 감을 아쉬워하고

걱정 많은 사람은 세월이 느리다고 답답해하네

나야 근심도 없고 즐거움도 없으니

길건 짧건 한평생 살아갈 뿐이라오

- 백거이, 『백씨장경집』, 「식후」.

백거이(772~846)는 시를 지을 때마다 문자를 모르는 할머니에게 들려준 뒤 할머니가 알아듣지 못한 부분은 알아들을 때까지 고쳐 썼다고 합니다. 죽을 때까지 서민적 감각을 중시했던 위대한 시인의 풍모를 보여주는 일화입니다.

일자무식한 할머니도 알아들을 수 있는 쉬운 시이지만 그 속에 유유자적하는 시인의 풍모가 드러납니다. 밥 먹고 차 마시는 가운데 시인은 즐거움도 없지만, 근심도 없는 평온한 하루하루의 행복을 말하고 있습니다. 물론 시인의 시를 문자 그대로 해석하면 헛다리를 짚기 일쑤입니다. 시는 종종 현재 상황을 이야기하는 것이 아니라 희망 상황을 이야기하기도 하니까요.

이 시는 시인이 멀리 남쪽 강주사마(江州司馬)로 좌천되어 있던 시기입니다. 그는 주제넘게 직언했다는 게 빌미가 되어 조정에서 밀려나 좌천되었으니, 시에서는 '근심도 즐거움도 없다'지만 실제 심정은 그렇지 않았을 것입니다. 이 시기 이후부터 시인은 불경과 노장 서적을 열심히 읽고 '얼굴에 근심과 기쁨의 기색 드러내지 않고, 가슴으론 시시비비를 깡그리 없앤' 채 세속의 욕망에서 멀어지기 시작했던 것입니다.

비슷한 시기에 『다경』을 쓴 육우(?~704)는 끽다의 의례화된 행위가 삶의 지각과 찬미 행위라 믿었습니다. 육우는 차를 마시는 순간은 일상의 바쁜 것에서 벗어나 다시 자기 자신으로 돌아오는 기회이며, 차 의식을 인생의 필수요소인 아름다움과 평온을 만들어내는 수단으로 보았습니다.

차에 대한 가장 심원한 메시지는 당나라 말기 9세기에 살았던 한 가난한 선승에게서 나왔습니다. 조주(778~897) 스님은 80세가 되었을 때 비로소 작고 가난한 절의 주지가 되어 그 후 120세까지 살았습니다. 그 시절 조주가 남긴 간결한 메시지, '끽다거(喫茶去)'는 지금은 공안(公案)이 되었습니다.

공안이란 공적으로 안건을 심리할 때 쓰던 큰 책상을 가리키는 말이었습니다. 차츰 상부의 공문, 법령, 규칙, 판례 등을 가리키는 행정·법률 용어가 되었다가, 불교에서는 부처님과 역대 조사 선지식들이 깨달음을 얻게 된 기연(機緣)이나 오도(悟道) 인연,

또는 선문답을 가리킵니다.

> 스님께서 새로 온 두 스님에게 물었다.
> "스님들은 여기에 와 본 적이 있는가?"
> 한 스님이 대답했다.
> "와 본 적이 없습니다."
> "차나 마시게!"
> 또 한 사람에게 물었다.
> "여기에 와 본 적이 있는가?"
> "와 본 적이 있습니다."
> "차나 마시게!"
> 원주가 물었다.
> "스님께서는 와 보지 않았던 사람에게 차를 마시라고 하신 것은 그만두고라도, 무엇 때문에 왔던 사람도 차를 마시라고 하십니까?"
> 스님께서 "원주야!" 하고 부르니 원주가 "예!" 하고 대답하자 "차나 마시게!" 하였다.
>
> - 『오등회원』 권4, 「조주끽다」.

조주 스님은 가난한 절이라 맛이 별로 없는 일상 차를 주며 오직 '끽다거'라고 말했을 뿐입니다. '끽다거'라는 말 자체도 일상에서 늘 주고받는 평범한 일상용어에 지나지 않습니다. 이렇게 일상용어로 화두를 던졌기 때문에 세 사람 가운데 누구도 그 말뜻을 알아차리지 못했습니다. 조주가 남긴 '끽다거'의 의미는 심원하고 다양하지만, 그냥 평범한 일상용어로 받아들여도 그 의미가 얇아지는 것은 아닙니다. 조주의 스승이었던 남전의 '평상심이 도'라는 말을 생각하면 더욱 그렇습니다.

조주 스님은 불법을 배우러 오는 사람들이 잔뜩 긴장하고 있는 것이 안타까웠던 것입니다. 부처님을 구하고 하나의 경계를 구하느라 잔뜩 긴장하고 있는 사람들에게 너무 긴장하지 말고 모든 것을 내려놓고 차나 한 잔 하라고 말한 것입니다. 정말로 모든 것을 내려놓을 수만 있다면 그 경계가 바로 보리입니다. 갈구하는 마음이 잠시 쉬면 그것이 곧 보리라는 걸 깨우쳐 주려 한 것인지도 모릅니다(『능엄경』 권4, "狂性自歇, 歇卽菩提.").

살아 있다는 느낌은 '지금, 여기에' 집중함으로써 경험하는 것이니, 지금 여기서 눈앞에 놓인 차 한 잔을 그저 편안하게 마시라는 뜻인지도 모릅니다. 불법은 가능태가 아닌 현실태로 이미 눈앞에 완전한 상태로 있다는 뜻인지도 모릅니다.

아이고! 공안에 대한 해설은 우리들의 분수에 넘는 일입니다. 해설은 없는 것이 오히려 낫다는 말씀이 예로부터 있었습니다.

작은 지식이 큰 지혜를 가리기 때문에 종종 아는 사람이 더 어두워지기 쉽습니다. 그냥 저잣거리 담벼락에 낙서한 글도 읽다 보면 사람의 마음에 섬세한 울림을 줄 때가 있습니다. 쿤밍의 어느 찻집 담벼락에 갈겨 쓴 낙서입니다.

옛날이 좋았지
아부지 따라가서 차 먹으러 가던 때가
찻집 문 앞에서
조개껍질 비비며 흙장난하던 때가

- 왕증기, 『맛 좋은 삶』, 2020.

인생은 때로는 한 잔의 차가 주는 따스함의 문제일지도 모릅니다. 따뜻한 차로 말미암아 추억은 또 얼마나 따뜻해지는 걸까요. 이처럼 '일상을 따뜻하게 데워주는 차', '평범한 차'가 차의 이념이 되었으면 좋겠습니다. 노인이든 젊은이든 기본적인 고뇌에서 해방되면 사람은 티미해집니다. 사회에서 볼 때 있는 듯 없는 듯 보이지 않는 존재라 할지라도 자신만의 보폭을 잃지 않고 평범한 얼굴로 살아가는 사람이 많아졌으면 좋겠습니다. 어깨에 힘을 빼고 차 한 잔 마시며 녹진하게 인생을 써 내려가는 필묵이 될 수 있다면 더욱 좋겠습니다.

저자 **서종택**

《서울신문》 신춘문예 당선(1976년 시). 전 대구시인협회 회장. 대구대학교 사범대 겸임교수, 전 영신중학교 교장. 전 대구시인협회상 수상(2000년). 저서로 『보물찾기』(시와시학사, 2000), 『납작바위』(시와반시사, 2012), 『글쓰기 노트』(집현전, 2018) 등이 있다.

서종택 선禪 에세이
설레는 마음으로 오늘도 걷습니다

초판 1쇄 인쇄　2025년 9월 3일
초판 1쇄 발행　2025년 9월 10일

지은이　　서종택

발행인　　원택(여무의)
발행처　　도서출판 장경각
등록번호　합천 제1호
등록일자　1987년 11월 30일

본사　　　경상남도 합천군 가야면 해인사길 118-116, 해인사 백련암
서울사무소　서울시 종로구 삼봉로 81(수송동, 두산위브파빌리온) 1232호
전화　　　(02)2198-5372
홈페이지　www.sungchol.org
편집·제작　선연

ⓒ 2025, 서종택

ISBN 979-11-91868-59-3 (03810)

책값 18,000원

※이 책에 실린 내용은 무단으로 복제하거나 전재할 수 없습니다.
※잘못된 책은 교환해 드립니다.